Franz Stuhlhofer

„Das Ende naht!"

Franz Stuhlhofer

„Das Ende naht!"

Die Irrtümer der Endzeitspezialisten

BRUNNEN VERLAG GIESSEN / BASEL

ABCteam-Bücher erscheinen in folgenden Verlagen:
Aussaat Verlag Neukirchen-Vluyn
R. Brockhaus Verlag Wuppertal
Brunnen Verlag Gießen
Christliches Verlagshaus Stuttgart
(und Evangelischer Missionsverlag)
Oncken Verlag Wuppertal und Kassel

Die Deutsche Bibliothek — CIP-Einheitsaufnahme
Stuhlhofer, Franz:
„Das Ende naht!" : Die Irrtümer der Endzeitspezialisten /
Franz Stuhlhofer. — 2. Aufl. — Giessen ; Basel : Brunnen-Verl., 1993
(ABC-Team ; 2469 Paperback)
ISBN 3-7655-2469-7
NE: GT

2. Auflage 1993
© 1992 Brunnen Verlag Gießen
Umschlaggestaltung: Helmut Pfindel
Der Verlag dankt der Deutschen Bundespost
für die Bereitstellung des Umschlagbildes
Satz: AbSatz, Klein Nordende
Herstellung: St.-Johannis-Druckerei, Lahr
ISBN 3-7655-2469-7

Inhalt

Teil B
Die Folgen der Demnächsterwartung 55

Einführung

Es ist bekannt, daß es Glaubensgemeinschaften gibt, die bei der Deutung der biblischen Endzeitaussagen voreilig waren: Zeugen Jehovas, Neuapostolische, die Vorläufer der Adventisten. „Das Ende naht!" Immer wieder konnte man diese Ankündigung hören, mitunter auf bestimmte Daten präzisiert. Für einen solchen Umgang mit der Bibel gibt es auf seiten der Evangelikalen auch scharfe Kritik. Wie reagieren wir jedoch, wenn in unseren eigenen Reihen Ähnliches vorkommt? Ich kann mich des Eindrucks nicht erwehren, daß wir hier oft mit zweierlei Maß messen. Was bei anderen — etwa Zeugen Jehovas — scharf verurteilt wird, wird bei uns selbst wesentlich nachsichtiger beurteilt: „Irren ist menschlich", „Natürlich gibt es manchmal Einseitigkeiten — wer wäre da frei davon?", „Man darf nicht vergessen, was der Betreffende Positives gewirkt hat", so und ähnlich lauten die Reaktionen. Wer wegen solcher Geringfügigkeiten einen Endzeitautor kritisiert, dem wird liebloses Verhalten vorgeworfen, der verstoße — so heißt es — gegen den üblichen brüderlichen Umgang.

Vielleicht sollte ich kurz den Begriff „evangelikal" erläutern. Darunter versteht man eine Strömung innerhalb der evangelischen Christenheit, die dreierlei betont: Die Erfahrung von Bekehrung und Wiedergeburt als grundlegend für eine Beziehung zu Gott; die Autorität der Bibel als Ausdruck des Willens Gottes; die Evangelisation als vorrangige Aufgabe.

Die wichtigste Frage bei einer Beurteilung von Endzeitautoren ist natürlich die nach ihren biblischen Grundlagen. Und hier ist eine starke Warnung davor, im Namen Gottes falsche Vorhersagen zu machen, augenfällig — näheres dazu in Kap. A, 9. Wir werden darüber hinaus auch verschiedene negative Folgen mitbedenken — Näheres dazu in Teil B.

In Teil E werde ich dann die im deutschen Sprachraum stark verbreiteten evangelikalen Endzeitautoren unter die Lupe nehmen, um festzustellen, inwieweit ihre vor 10 oder 20 Jahren erfolgten Vorhersagen eingetroffen sind: Hal Lindsey, David Wilkerson, Wim Malgo und einige weitere. (Diese drei Autoren habe ich auszugsweise von Juli bis

Nov. 1991 bereits in der Zeitschrift PUNKT behandelt.) Ich habe mich bei der Untersuchung auf jene Endzeitliteratur beschränkt, die in deutscher Sprache vorliegt. Teils handelt es sich um original deutsch geschriebene Bücher, teils um Übersetzungen aus dem Englischen.

Die genannten Autoren sind aber nicht die einzigen — und schon gar nicht die ersten —, die sich bei der Auslegung der biblischen Endzeitaussagen weit vorgewagt haben. Hier gibt es im evangelischen Bereich schon eine lange Tradition, beginnend mit dem Reformator Martin Luther. Wichtiger als alle Namen ist dabei aber die Ermittlung der dahinterstehenden Faktoren: Welche Fehler waren es, die manche von uns dazu verleitet haben, bei der Auslegung biblischer Endzeitaussagen zu falschen Annahmen zu kommen? Diese Fehler sollen benannt und charakterisiert werden, wobei uns die Zeugen Jehovas als negatives Vorbild dienen können. Es handelt sich im wesentlichen um vier Fehler: eine Überbewertung schwacher Anhaltspunkte, die fixe Annahme „Wir sind die letzte Generation", eine tendenziöse Zitat-Auswahl und die dogmatische Verkündigung der eigenen Vermutungen.

In den weiteren Teilen besprechen wir die Folgen dieser Art von Endzeitliteratur, weiter die Frage, inwieweit sich Korrekturbereitschaft zeigt, und einige Leitlinien zum Umgang mit den biblischen Endzeitaussagen.

Wenn der Leser sich durch diese Teile durchgearbeitet hat, mag ihm der letzte Teil, die detaillierte Untersuchung des Vorhersage-Ergebnisses der bekannteren evangelikalen Endzeitautoren, weniger wichtig erscheinen. Ja, auch mir erscheint es durchaus sinnvoll, wenn ein Leser sich auf die Lektüre der ersten vier Teile beschränkt und vom Teil E nur die Behandlung jener Endzeitautoren liest, von denen er schon Bücher gelesen hat. Ganz verzichten wollte ich auf eine umfassende Untersuchung solcher Endzeitautoren jedoch nicht, und zwar aus folgendem Grund: Bei der systematischen Betrachtung der verschiedenen Fehler, wie sie von Endzeitautoren begangen werden, könnte ein Leser versucht sein zu denken: „Ja, bei diesen Endzeitautoren gab es gewisse Einseitigkeiten, aber im großen und ganzen war ihre Endzeitauslegung doch wertvoll."

Um zu verhindern, daß manche Leser vorschnell bei einem insgesamt positiven Eindruck stehenbleiben, war eine solche gründliche Analyse nötig. Diese Analyse zeigt, daß die Vorhersagen samt und sonders nicht eintrafen (soweit sie so konkret waren, daß eine Überprüfung möglich ist).

Fehler im Umgang mit den biblischen Endzeitaussagen

1. Die Zeichen der Zeit — schon 1521 sichtbar?

Die Erwartung des Kommens Jesu versetzt uns in eine Spannung: Sollen wir für längere Zeit planen — oder eher damit rechnen, daß es bald aus ist? In dieser Spannung gibt es Extreme: Die eine extreme Haltung wäre, mit dem Knecht im Gleichnis Jesu zu sagen: „Mein Herr kommt noch lange nicht" (Mt 24,48). Mit einer solchen Haltung würden wir uns all jenen Menschen annähern, die überhaupt nicht mit dem Kommen Jesu rechnen. Es gibt aber auch das andere Extrem: Sich darauf festzulegen, daß Jesu Kommen unmittelbar bevorstehe, daß es sich in den allernächsten Jahren ereignen werde. Dieses Extrem beobachten wir nicht bloß bei einigen exklusiven Sekten, sondern auch inmitten der evangelischen Bewegung.

Beginnen wir mit Martin LUTHER. Bei ihm können wir sehen, wie alt das Empfinden schon ist, in der eigenen Gegenwart jene Zeichen beobachten zu können, die als unmittelbare Vorboten des Endes zu werten seien. So predigte Luther am zweiten Adventssonntag 1521 über Jesu Endzeitrede nach Lukas 21:

„Ich will niemanden zwingen oder drängen, mir zu glauben, ich will es mir aber auch von niemandem nehmen lassen, daß ich halte, der jüngste Tag sei nicht ferne. Dazu bewegen mich eben diese Zeichen und Worte Christi. Denn wenn jemand alle Chroniken liest, so findet er von Christi Geburt an nichts, was den letzten hundert Jahren dieser Welt gleicht." (In der Gesamtausgabe von Walch Bd. 11; das Deutsch habe ich behutsam modernisiert.)

Luther geht auf verschiedene Erscheinungen ein, etwa auf die Wirtschaft: „Wer hat auch je von einer solchen Kaufmannschaft gelesen, wie sie jetzt um die Welt fährt und alle Welt verschlingt?"

Was Luther wohl gesagt hätte, wenn er die heutige Weltwirtschaft hätte beobachten können? Und auch auf geistlichem Gebiet meinte

Luther, daß es nicht mehr ärger werden könne als zu seiner Zeit: „... es ist nicht möglich, daß noch größere Lügen, greulicherer Irrtum, schrecklichere Blindheit, verstocktere Lästerung kommen werden, als sie jetzt schon in der Christenheit regieren, durch Bischöfe, Klöster und Hochschulen, wo sogar der tote blinde Heide Aristoteles die Christen lehrt und regiert, mehr als Christus selbst."

Wer heute als Christ apologetisch tätig ist, würde sich nach der Zeit Luthers zurücksehnen! Damals war die Zahl der Irrlehren noch einigermaßen überschaubar, Kurt Hutten hätte sich anstelle seiner tausendseitigen Sektenkunde mit einer dünnen Broschüre begnügen können. (Genauere Literaturangaben finden sich am Ende meines Buches.) Und die Vermischung mit aristotelischem Denken ist auch nicht das einzige, wohl auch nicht das Ärgste, das dem christlichen Glauben seither passiert ist.

Auch für die weiteren Bestandteile der Endzeitrede Jesu hatte Luther seine Deutungen: Daß die Sonne ihren Schein verlieren sollte, bezog er auf die häufiger werdenden Sonnenfinsternisse, und den Feigenbaum, der blühen sollte, identifizierte er mit der Bibel.

Man könnte noch viele weitere Menschen der Vergangenheit nehmen, die glaubten, die auf das Ende hindeutenden „Zeichen der Zeit" bereits wahrnehmen zu können. Das Beispiel Luthers habe ich herausgegriffen, um deutlich zu machen, daß man auch schon vor Jahrhunderten diesen Eindruck haben konnte. Diese Erfahrungstatsache sollte uns vorsichtig machen.

2. Männer Gottes kritisieren?

Wir haben nun Martin Luther betrachtet — und gezeigt, daß er sich geirrt hat. Zweifellos war Luther ein Mensch, den Gott gebraucht hat. Wenn so jemand kritisiert wird, stellt sich bei vielen Christen ein Unbehagen ein. Dieses Unbehagen artikuliert sich in verschiedenen Fragen:

• Dürfen wir einen „Gesalbten Gottes antasten"? Legen wir uns damit nicht mit Gott selbst an?

• Wer ist eigentlich dieser Kritiker, der sich anmaßt, den Stab über diesen Mann Gottes zu brechen? Was hat dieser Kritiker schon geleistet, um sich das erlauben zu können?

- Wo gesündigt wurde, sollten wir vergeben (bzw. erforderlichenfalls das seelsorgerliche Gespräch mit dem Betreffenden suchen). Aber wir sollten Sünden und Fehler nicht öffentlich zur Schau stellen.

Was ist zu diesen Einwänden zu sagen? Ganz sicher müssen wir festhalten: Wir können von denen, die uns im Glauben vorangingen, viel lernen. Das betrifft aber nicht nur ihren Einsatz, ihren Mut, ihr Gottesvertrauen, sondern auch ihre Fehler. Wenn sich ein bestimmtes Verhalten — vielleicht sogar erst nach dem Tod des Betreffenden — als Fehler herausgestellt hat, so kann uns eine Betrachtung dieses Fehlers helfen, ihn selbst zu vermeiden. Die Bibel exerziert das vor: Wir lesen von David oder Petrus nicht nur das Positive, das Vorbildliche, sondern auch ihre Schwächen und Fehler. Und wir können davon lernen!

In diesem Sinne ist auch alle noch folgende Kritik zu verstehen. Es geht nicht darum, andere Christen schlecht zu machen; nicht darum, sich über sie zu erheben (im Sinne von: „So etwas könnte mir nie passieren!"), sondern es geht darum, aus ihren Fehlern zu lernen. Sei es als Aktiver (als jemand, der sich selbst intensiv mit Endzeitfragen beschäftigt und vielleicht sogar darüber publiziert), sei es als Passiver (als jemand, der sich darüber Vorträge anhört und Bücher liest).

Ein Problem, das manche beim Lesen von Kritik haben, liegt an ihrem mangelnden Differenzierungsvermögen. Sie sehen Erscheinungen — und auch Menschen — entweder als weiß oder als schwarz an. Ohne zu merken, wieviele Zwischenstufen es da gibt! Lesen sie nun meine Kritik an einem Mann Gottes, so haben sie den Eindruck, ich möchte diesen Mann als „völlig schwarz" hinstellen. Doch darum geht es mir keinesfalls. Wenn jemand hingegeben im Dienst für Gott steht und dabei manche Fehler macht, so will ich das alles nüchtern sehen. Ich will ihm weder den Wert seiner Tätigkeiten absprechen und ihn als untauglich und unbiblisch diffamieren, noch möchte ich seiner Verdienste wegen alle seine Fehler krampfhaft leugnen oder verharmlosen.

Als Albert Betschel sich mit extremen Charismatikern auseinandersetzte, widmete er auch einige Seiten der Frage: „Sind geistliche Leiter unantastbar?" (In seinem Buch *Verführerische Lehren der Endzeit*. 1991, S. 37-39.) Darin betont er den Vorrang der Liebe (nach 1.Korinther 13) und wirft die Frage auf: „Haben wir das Recht, Männer im Reiche Gottes zu beurteilen, die äußerlich gesehen anscheinend viel mehr Resultate aufzuweisen haben als wir selbst?"

Betschel spricht also eine Situation an, die auch für mich gilt, wenn ich dabei bin, Männer wie Martin Luther, Billy Graham oder David Wilkerson zu beurteilen. Betschel gibt zwei Dinge zu bedenken: „Erstens: Niemand ist so groß und unfehlbar oder so erfolgreich, daß seine Verkündigung nicht am Worte Gottes geprüft werden müßte. Zweitens: Aus einer übergroßen Rücksichtnahme einzelnen Menschen gegenüber, in unserem Fall den Bibellehrern und Predigern gegenüber, nehmen wir in Kauf, daß vielleicht Tausende oder gar Millionen von anderen Menschen verführt werden."

Wenn wir in 1.Samuel 26 sehen, wie sich David weigert, König Saul zu töten, stellen wir beim Weiterlesen mit Betschel fest: „Der David, der sagt, ich lege meine Hand nicht an den Gesalbten des Herrn, hat keine Probleme, Saul öffentlich vor dem ganzen Volk zur Rede zu stellen und dabei die Gesinnung und das falsche Handeln des Saul ebenso öffentlich an den Pranger zu stellen."

Die Hemmung, den „Gesalbten Gottes anzutasten", dürfen wir also nicht falsch verstehen.

In Kap. A, 9 befassen wir uns mit der biblischen Beurteilung von Fehlvorhersagen. Dort werden wir sehen, was in 5.Mose 18,18-22 über falsche Propheten gesagt wird. Damals wurde geboten, einen im Namen Gottes falsch Vorhersagenden zu steinigen. Es handelt sich dabei demnach um eine sehr schwerwiegende Sache! Zur Zeit des AT wurde er also gesteinigt, in unserer Gegenwart darf er nicht einmal kritisiert werden?

Es wäre auch zu prüfen, ob es stimmt, „daß die meisten biblischen Schriften in der Auseinandersetzung mit anderen Ansichten entstanden sind" (Alexander Prieur im Vorwort zu Grier — genauere Literaturangaben finden sich am Ende meines Buches). Wenn ja, dann könnte das Aufdecken der Mängel bestimmter Ansichten und Vorgehensweisen nicht so leicht mit dem Hauch des „Unchristlichen" umgeben werden.

3. Das erste Problem: Überbewertung schwacher Anhaltspunkte

Wir können für Martin Luthers Erwartung durchaus Verständnis aufbringen. Wenn wir Jesu Endzeitrede betrachten und uns in Luthers Zeit zurückversetzen — gewisse Parallelen zwischen Jesu Aussagen und

Luthers Zeitereignissen waren damals schon zu erkennen. Die Parallelen waren jedoch nicht zwingend, nicht so eindeutig, daß man hätte mit Sicherheit sagen können: „Das ist es!"

Was lernen wir aus diesem Fehler? Wenn wir in unserer Gegenwart gewisse Parallelen erkennen, wenn wir Anhaltspunkte beobachten, die mit Endzeitaussagen Jesu in Verbindung stehen *könnten,* so dürfen wir nicht vorschnell schlußfolgern, daß nun unbedingt das Ende vor der Tür stehen muß.

a) Verfrühtes Ausrufen biblischer Erfüllung

Eine Parallele zur Bibel ließ sich „erkennen" (besser: vermuten), als die EG gerade 10 Mitglieder hatte. Das war der Fall, nachdem Griechenland (1981) und bevor Spanien und Portugal dazugestoßen waren (1986). Damals schrieb Klaus Gerth: „Heute sind es zehn Staaten, so wie die zehn Zehen des Standbildes Nebukadnezars es voraussagen" (S. 149). Das ist ein typischer Auslegungsversuch: Eine gegenwärtige Erscheinung zeigt eine gewisse Analogie zu einem Bibelvers — sofort wird darin die Erfüllung gesehen. Peinlich wird es aber, wenn der weitere Verlauf doch anders ist: „Heute sind es zwölf Staaten", sagt Gerth 1989 an derselben Stelle lapidar (S. 156), ohne noch irgendeine biblische Parallele heranzuziehen.

Mitunter wird in winzigen Anhaltspunkten bereits die volle Erfüllung gesehen, etwa bei Wim Malgo: „Bitte unterschätzt die antizionistische Resolution vom 11. November 1975 in der UNO nicht. Sie ist die *politische* Erfüllung von Sacharja 14,2, wo der Herr sagt, daß Er alle Heiden nach Jerusalem bringen wird. ... Weltpolitik gegen Zion bedeutet im Wesen schon Weltkrieg gegen Zion" (Schatten 46). Nun ist zwischen einer Resolution und einem Krieg für die meisten Menschen doch ein wesentlicher Unterschied. Auch Marius Baar schließt aus dieser Resolution sehr viel: „Die ganze Welt hat sich 1973 mit der Unterschrift vor der UNO in das Lager des Islam begeben. Als nächstes verlangen die Araber den Ausschluß Israels aus der UNO, und die Völker beugen sich. Sie haben es bereits getan, als am 11. 11. 1975 der Zionismus verurteilt wurde" (S. 22).

b) Überbewertung bestimmter Tatbestände

Atomkrieg steht bevor

Wenn ein Außenminister sagt, wofür sein Land eintritt, so bedeutet das nicht unbedingt, daß er bereit wäre, dafür auch einen Atomkrieg zu riskieren. Doch zu solch voreiligen Schlußfolgerungen kommt es besonders leicht, wenn ein Autor die politische Szene in der inneren Erwartung des unmittelbar bevorstehenden Krieges von Harmagedon beobachtet: „... 1974 sagte Gromyko bei seinem Besuch in Damaskus: ‚Ich brauche nicht noch zu versichern, daß die Sowjetunion für die Beendigung der israelischen Besatzung in allen annektierten Gebieten eintritt. Alle anderen Fragen sind im Vergleich zu dieser von sekundärer Bedeutung.‘ Ein direktes, aktives militärisches Eingreifen russischer Streitkräfte in den Kampf gegen Israel ist also angekündigt" (Baar 214). Da Israel damals die Atombombe bereits besaß, konnte man sich ausmalen, wie groß die Gefahr eines Atomkrieges im Nahen Osten schon damals war.

1974 schrieb Malgo: „Ägypten bekam einen Reaktor und den nötigen Brennstoff und ist trotz amerikanischer Kontrolle imstande, selbst Atombomben herzustellen" (Israel 165).

Seither sind jedoch fast zwei Jahrzehnte vergangen, und soweit wir wissen, hat Ägypten die Atombombe noch immer nicht. Malgo hat also zu früh Alarm geläutet.

Islam hat gesiegt

Marius Baar neigt zu Übertreibungen. Wenn in einem Land begonnen wird, eine Moschee zu errichten, bedeutet das für ihn bereits den Sieg des Islam und die Niederlage des Abendlandes. „Nach 296 Jahren wird die siegreiche Schlacht bei Wien zur Niederlage, zur Niederlage des Abendlandes! Im Jahre 1683 wurde in dieser Schlacht der Wesir Cara Mustapha Pascha geschlagen" (S. 102). Und weiter: „296 Jahre nachdem der Islam bei Wien zu Tode verwundet wurde, erscheint seine Niederlage als Sieg der islamischen Welt. Doch diesmal nicht durch den Krieg. Die erste Moschee Österreichs wird zur Zeit in Wien, im Park an der Donau, errichtet. König Khaled von Saudi-Arabien stiftete zu diesem Bau acht Millionen D-Mark. Das Programm war also nur aufgeschoben!" (S. 103).

Baar nennt hier ein spezielles Jahr: 296 Jahre nach 1683, also 1979. Was geschah in diesem Jahr Besonderes? Inwiefern sollte der Islam gerade in diesem Jahr den Sieg errungen haben? Vom Bau einer Moschee in einem Land bis zur Islamisierung der ganzen Bevölkerung ist doch ein weiter Weg!

666 im Waren-Strichcode

Die Neigung einiger Endzeitautoren, in winzigen Anhaltspunkten viel zu sehen, hat auch den Waren-Strichcode nicht verschont. Mit diesem wird die „Europäische Artikelnummer" (abg. EAN) dargestellt. Als dieser Code sich immer mehr verbreitete und jemand bemerkte, daß die jeweils zwei Trennungsstriche am Anfang, am Ende und in der Mitte — diese dienen bloß der Trennung, nicht der Darstellung bestimmter Ziffern — ähnlich aussehen wie jene Striche, die für die Zahl 6 stehen, war es für manche sofort klar: Die Zahl 666 ist bereits auf den meisten Waren zu finden, das antichristliche Zeitalter ist schon weit vorgerückt. Wim Malgo griff das sofort auf, übernehmend aus der Zeitschrift *Diagnosen* (im *Mitternachtsruf* vom Nov. 1983, S. 4f).

Dazu ist folgendes zu sagen: Die erwähnten Striche (jeweils zwei parallel nebeneinander) ähneln tatsächlich jenen schwarzen Strichen, unter denen die Zahl 6 steht. Der jeweilige Zahlenwert ergibt sich allerdings nicht bloß aus den schwarzen Strichen, sondern auch aus den weißen Zwischenräumen. Eine Ziffer ist durch die Kombination von vier jeweils verschieden breiten, abwechselnd weißen und schwarzen Balken codiert. Und da den Doppelstrichen am Beginn, in der Mitte und am Ende keine eindeutige Gesamtbreite zugeordnet ist, kann für sie auch kein Zahlenwert berechnet werden.

Die Ähnlichkeit mit der Zahl 6 ist sicherlich auffallend, und auch, daß es sich um insgesamt drei Doppelstriche handelt, so daß man tatsächlich auf den Gedanken kommen könnte, hierin 666 zu sehen. Aber auf diesen Gedanken könnte man auch bei anderen Gelegenheiten kommen. Wie soll man reagieren, wenn man in einer Telefonnummer dreimal die Zahl 6 findet, vielleicht gar unmittelbar hintereinander? Sollen wir annehmen, daß alle Inhaber solcher Telefonnummern Antichristen seien? Hier wird doch deutlich, wohin es führt, wenn man winzige Anhaltspunkte sofort als sichere Beweise nimmt.

In einem Aufsatz hat sich Werner Gitt diesem Thema zugewandt: *Der Waren-Strichcode und die Zahl 666* (factum Sept. 1984, S. 12-24), worin er den Waren-Strichcode ausführlich erläutert und sich gegen die endzeitliche Ausdeutung ausspricht. Ähnlich Martin Schweikert in seinem Artikel *Der Strichcode — Vorbote des Antichristen?* (Bibel und Gemeinde 1985, S. 300-307).

c) Korrekte Einschätzung eines Phänomens: Das Beispiel New Age

Durch welche Bewegung der Antichrist an die Macht kommen wird — ob durch die UNO, die EG, den Islam, den Kommunismus, die New Age-Bewegung — bezüglich dieser Frage möchte ich mich keinesfalls festlegen. Bei dem folgenden Fallbeispiel will ich lediglich zeigen, daß mitunter aufgrund geringfügiger Anhaltspunkte feste Behauptungen aufgestellt werden — ohne zu bedenken, wieviel diesen Behauptungen entgegensteht.

Im Zuge evangelikaler Warnungen vor der New Age-Bewegung wurde gelegentlich auch die Ansicht geäußert, daß der Antichrist mit Hilfe dieser Bewegung an die Macht kommen werde. Diese Bewegung werde sich immer mehr ausbreiten, verschiedenste Instanzen, ja selbst die Kirchen durchdringen, und somit eine geeignete Basis für einen Weltführer gleicher Gesinnung darstellen. Wobei selten vergessen wird, darauf hinzuweisen, wie rasch sich das alles schon ereignen werde. In einem Artikel mit dem aussagestarken Titel „Hat die Endzeit schon begonnen?" nimmt Ulrich SKAMBRAKS an, daß die New Age-Bewegung eine solche Funktion haben wird (in: idea-spektrum 1991, Nr. 5, S. 15-17).

Inwieweit zeigt die New Age-Bewegung (im folgenden abgekürzt mit NAB) entsprechende Voraussetzungen, um eine entscheidende Vorreiterrolle für den demnächst auftretenden endzeitlichen Antichristen spielen zu können? In mehrfacher Hinsicht begegnen wir hier einer Übertreibung des tatsächlich Vorhandenen.

1. Was gehört zu New Age?

Wir müssen uns darüber im klaren sein, was überhaupt unter „New Age" zu verstehen ist. Es ist wichtig, zwischen dem Gesamtbereich des Esoterischen einerseits und der New Age-Bewegung andererseits zu unterscheiden. Was ist eigentlich die NAB? „Die New-Age-Bewegung ist der von Kalifornien ausgehende Versuch von Wissenschaftspublizisten, das sich seit den sechziger Jahren in allen Lebensbereichen zeigende neue Denken und Handeln als ein zusammenhängendes Denk- und Verhaltensmodell (Paradigma) zu beschreiben, weltweit bewußtzumachen und netzwerkartig auszubreiten" (Günther Schiwy in *Entschluß* 1988, Nr. 7-8, S. 8).

Erinnern wir dazu noch an das bereits im Namen „New Age" enthaltene Kennzeichen: Nämlich an die Erwartung, daß wir nun am Beginn eines neuen Zeitalters stehen. Eine Erwartung, die durchaus nicht von allen esoterischen Richtungen geteilt wird.

Mit den kalifornischen Wissenschaftspublizisten sind vor allem Marilyn Ferguson (deren Klassiker *Die sanfte Verschwörung* 1980 erschien) und Fritjof Capra gemeint. Es handelt sich jedenfalls um eine junge Bewegung. Dagegen gibt es viele esoterische Richtungen (die nun z.T. von der NAB aufgegriffen und miteinander verbunden werden) seit vielen Jahrhunderten. Horoskope wurden auch früher erstellt; wenn ich heute ein Astrologie-Buch sehe, darf ich nun nicht voreilig denken: „Aha, New Age!"

Sehr oft beziehen aber Kritiker der NAB alles Esoterische in ihre Betrachtung mit ein — als ob all das nun zur NAB gehören würde. Durch diesen Miteinbezug erscheint die NAB als eine wesentlich größere Bewegung, als sie tatsächlich ist.

2. Wie verbreitet ist die New Age-Bewegung?

Die NAB im engeren Sinn hat im Verlaufe ihrer jetzt etwa ein Jahrzehnt währenden Existenz zwar viel Aufsehen in der westlichen Welt erregt, ist aber weit davon entfernt, so etwas wie eine die gesamte Menschheit bewegende und erfassende Kraft zu sein.

Die wirkliche Verbreitung wird von Wolfgang Simson realistisch umschrieben, wenn er sagt, „daß das New-Age-Gedankengut vor allem in den westlichen Industrienationen Fuß gefaßt hat" *(Glauben an die neue Zeit?* S. 76). Der Großteil der Weltbevölkerung weiß nichts von der NAB. Aber auch was die sogenannte westliche Welt betrifft, „ist New Age erst für einen relativ geringen Teil der Bevölkerung von Interesse" (Simson S. 9). Und Helmut Burkhardt urteilt in seinem Buch *Wiederkehr der Religiosität?* (1990): „Der Säkularismus bleibt die Großmacht unserer Zeit. Das sogenannte New Age ist Ausdruck einer gewissen Wellenbewegung des kollektiven Gefühls, wie wir sie in der Geschichte immer wieder beobachten können. ... Ein solcher Stimmungsumschwung kann aber so schnell wieder gehen, wie er gekommen ist" (S. 12f).

Wir dürfen also das tatsächliche Ausmaß, in dem die NAB die Menschheit erfaßt hat, nicht überschätzen. Es müßte noch ein umfassendes Umdenken stattfinden, bis die gesamte Menschheit — etwa in Richtung NAB — gleichgeschaltet wäre. Da ist einmal die Milliarde Moslems mit ihrer mitunter fanatischen Überzeugung, die dem New Age-Denken keineswegs nahe steht. Was ist mit der Milliarde Chinesen, die großenteils in einem Land mit atheistischer Beeinflussung aufwuchsen? Werden diese alle ihre Erziehung so schnell und so völlig abschütteln? (Die Proteste in China richten sich ja gegen Diktatur und Bevormundung, nicht primär gegen den Atheismus.) Daß die atheistische Beeinflussung in kommunistischen Gebieten durchaus Wirkung zeigt, kann an einem Vergleich zwischen West- und Ostdeutschen festgestellt werden, also zwischen zwei Gruppen mit gemeinsamer Geschichte und Sprache, die zudem geographisch benachbart sind. „Ich glaube, daß es Gott gibt", sagen im Westen 61 Prozent, im Osten dagegen nur 21 Prozent (lt. idea-spektrum 1990, Nr. 47, S. 8). Das ist ein enormer Unterschied!

Und schließlich die sogenannte „westliche Welt": Zwar nimmt hier die Neigung zum Spirituellen wieder zu, aber es gibt doch auch weiterhin einen beträchtlichen Anteil von nichtreligiösen, rational-skeptischen Menschen. Auch deren Umdenken müßte erst noch bewirkt werden. Diese Hinweise machen bewußt, daß der Weg zu einer „gleichgeschalteten", einheitlich denkenden Menschheit noch sehr, sehr weit ist.

3. Begünstigt die New Age-Bewegung eine Diktatur?

Wir dürfen auch den Charakter der NAB nicht falsch einschätzen. Handelt es sich um eine militante, intolerante Bewegung? Auch wenn es Äußerungen in dieser Richtung gibt, wäre es eine Verengung, nur noch diese Äußerungen zu sehen. Würde die NAB eine zentrale, diktatorische Weltregierung begrüßen? Eine Umfrage unter Personen, die Marilyn Ferguson als der NAB zugehörig ansah, brachte folgendes Ergebnis: „Eine dezentralisierte Regierung wurde von 89 Prozent befürwortet, eine streng zentralistische Regierung von 11 Prozent" (In ihrem Buch *Die sanfte Verschwörung* S. 483f.). Nach dieser Umfrage sieht es also nicht so aus, als ob die NAB eine einheitliche Weltregierung anstreben würde! Tatsächlich geht die Grundtendenz der NAB dahin, gesellschaftliche Veränderungen nicht mit Gewalt zu erreichen, sondern durch Bewußtseinsveränderung bei allen Menschen.

4. Wie homogen ist die esoterische Szene?

Die esoterischen Zweige sind — insgesamt gesehen — zwar eine große und derzeit wachsende „Bewegung", sie sind aber untereinander in vieler Hinsicht uneinig. Eine derart in sich gespaltene „Bewegung" würde kaum eine starke, geschlossene Unterstützung für einen Antichristen darstellen.

Führende Vertreter der NAB versuchen es so darzustellen, als ob die verschiedenen esoterischen Strömungen immer stärker erkennen, daß sie letztlich alle das gleiche wollen und sich daher auch immer mehr miteinander verbünden. Was etwa Marilyn FERGUSON als „Netzwerk" hinstellt, erweist sich aber bei näherem Hinsehen als gelegentliche, vereinzelte Kontakte zwischen Angehörigen verschiedener Strömungen. Kontakte solcher Art hat es schon immer gegeben — der Weg bis zu einer wirklichen Zusammenarbeit ist aber noch sehr weit.

Hier darf auch folgendes nicht übersehen werden: Was aus der Ferne betrachtet wie eine diffuse, einheitliche, (für Außenstehende) fremdartige Masse erscheint, erweist sich bei näherem Hinsehen als eine Anzahl verschiedenartiger, einander widersprechender Gedankensysteme. Da gibt es die Horoskope schreibenden Astrologen, deren Vorhersagen auch durchaus einschränkend sein können („heute ist ein ungünstiger Tag, keine Geschäfte abschließen!"), andererseits die New Ageler, denen Einschränkungen dieser Art unsympathisch sind — es liegt ja ein Reich der Freiheit vor uns! Da gibt es New Ageler, denen der Umweltschutz wichtig ist, da gibt es andererseits politische Aktivisten, die zwar gleichfalls den Umweltschutz als einen wichtigen Programmpunkt haben, die aber befürchten, daß die NAB mit ihren irrationalen Spekulationen, mit ihrer Neigung zur „Verinnerlichung", mit ihrer Erwartung eines „harmonischen Wandels" und damit verbunden ihrer Abneigung gegen Konflikte und Kämpfe die Anhänger von gezielten politischen Aktionen eher abhält. Da gibt es die östlichen Meditationstechniken, in die man durch Gurus eingeführt wird — diese Gurus haben dann eine dominierende Rolle. New Ageler lehnen eine solche Verehrung einzelner Menschen ab, im Mittelpunkt steht bei ihnen das universelle Bewußtsein.

Und so könnte man fortfahren aufzulisten: Überall sind Meinungsverschiedenheiten zu sehen, vom bevorstehenden Zusammenschluß dieser letztlich doch sehr verschiedenartigen Strömungen zeigt sich keine Spur. Die Gründung der Theosophischen Gesellschaft im Jahr 1875 wird oft als eine wichtige Vorstufe der NAB angesehen. Wie sehen nun die gegenwärtigen Kontakte zwischen diesen beiden Richtungen aus? Haben sie erkannt, daß sie ja auf genau der gleichen Linie liegen? Weit gefehlt! Stephan HOLTHAUS hat in seinem Buch über die Theosophie die Verbindungen untersucht: „Der Einfluß der Theosophie auf die New-Age-Bewegung stellte sich auf organisatorischer Ebene als unerwartet gering heraus. Eine organisatorische Abhängigkeit oder Zusammenarbeit konnte nicht nachgewiesen werden, die theosophischen Kreise in Deutschland zeigten sogar eine kritisch-distanzierte Einstellung gegenüber der modernen New-Age-Welle" (S. 168f).

d) Einseitige Nachrichtenauswahl

Bei der Bewertung einer bestimmten Erscheinung sollte man also immer das Umfeld der Erscheinung mitbedenken. Ein Hinweis darauf, daß die New Age-Bewegung bereits sehr verbreitet ist, darf nicht isoliert betrachtet werden. Es gilt dann ihre Verbreitung abzugrenzen. Man muß also auch mitbedenken, wo überall diese Bewegung noch kaum bekannt bzw. einflußreich ist. Zur Überbewertung einer bestimmten Erscheinung kann es dort leichter kommen, wo diese Erscheinung isoliert gesehen wird. Das geschieht vor allem, weil wir sämtliche auf uns einströmende Nachrichten filtern; mitunter registrieren wir nur jene Nachrichten, die in unsere Erwartung hineinpassen. Das kann mehr oder weniger beabsichtigt geschehen. So wird mitunter zwar zur Kenntnis genommen, was für einen baldigen Wiederaufbau des Jerusalemer Tempels spricht, alles andere jedoch ignoriert: „Nach unbestätigten Berichten sollen bereits Steine dafür behauen und nach Jerusalem transportiert worden sein . . ." (Goetz 161) — Schlußfolgerung u.a. daraus: „Es ist uns bekannt, daß ein ziemlich starkes Interesse für einen Wiederaufbau des Tempels vorhanden ist."
Eine wichtige israelische Persönlichkeit spricht sich für den Wiederaufbau des Tempels aus — Schlußfolgerung wie vorhin. Hal Lindsey berichtet davon, daß der Historiker Israel Eldad gefragt wurde: „Trägt man sich heute in Israel eigentlich mit dem Gedanken, den Tempel wieder aufzubauen?" (S. 66). Daraufhin meint Eldad, es werde dazu innerhalb einer Generation kommen. Daraus schließt Lindsey: „Viele fromme Juden, manche von ihnen in einflußreichen Regierungsämtern, hegen also die Absicht, bei sich bietender Gelegenheit ihren Tempel wieder aufzubauen."

Damit wird jedoch das Stimmungsbild sehr einseitig wiedergegeben. Erstens machen die „frommen Israelis" nur etwa ein Zehntel der israelischen Gesamtbevölkerung aus. Zweitens sind auch von diesen viele gegen einen Wiederaufbau des Tempels: Zum Teil sind sie der Meinung, daß nur der Messias persönlich den Tempel wiederaufbauen kann, und die meisten können sich mit blutigen Tieropfern nicht anfreunden. Drittens schätzt die Mehrheit der Israelis die Existenz der auf dem Tempelplatz stehenden Moschee als Sicherheitsgarantie — gilt diese Moschee doch als eines der wichtigsten moslemischen Heiligtümer. Eine massive Bombardierung von Jerusalem ist daher seitens der Araber nicht zu erwarten, und schon gar nicht der Einsatz einer Atombombe in der Umgebung von Jerusalem, wodurch ja auch die Moschee auf Jahrzehnte hin unbenutzbar werden würde. Hier macht Lindsey also aus einem schwachen Anhaltspunkt — ein Israeli wird interviewt — eine sehr große Sache. Etwas polemisch hat Samuele Bacchiocchi gemeint: „Has the rebuilding of the great Temple already begun in any form? To my knowledge, the only fabrication begun is not that of the Temple but of stories about it" (S. 40).

Die Neigung, aus der Mücke einen Elefanten zu machen, ist oft in einer einseitigen Auswahl von Nachrichten begründet.

Wenn geringe Anhaltspunkte genügen, ist es dann nicht schwer, die Endzeitereignisse schon heraufkommen zu sehen und das Ende unmittelbar bevorstehend zu wissen. Die Erwartung des nahen Endes wurde mitunter auch präzisiert, so daß sogar konkrete Jahreszahlen genannt wurden. Das kam im Verlauf der Geschichte immer wieder vor, aber keine andere Gruppe hat derart viele präzisen Voraussagen über das Ende gemacht wie die Zeugen Jehovas. Diesen wenden wir uns jetzt zu.

4. Die Zeugen Jehovas — unsere Gesinnungsgenossen?

Zukunftsvorhersagen sind von Anbeginn an ein wesentliches Merkmal der Zeugen Jehovas. 1914, 1918, 1925, zuletzt 1975 — die Liste der präzisen Endzeit-Daten kann sich sehen lassen. Daneben gab es aber auch immer wieder Zeitangaben, die kein präzises Jahr beinhalteten, aber doch eine ungefähre Eingrenzung erlaubten. So ist es bis zur Gegenwart (heute behaupten die Zeugen Jehovas, daß jene Generation, die 1914 noch miterlebt hat, nicht vergehen werde, bevor das Ende da ist).

Ich konnte die Zeugen Jehovas dieses Verhaltens wegen kritisieren — ohne mir dessen voll bewußt zu sein, daß ähnliche Verhaltensweisen auch in meiner eigenen Bewegung verbreitet sind. Aber durch die Beschäftigung mit den Zeugen Jehovas war mein Blick geschärft, so daß mir danach ähnliche Tendenzen im evangelikalen Raum viel schneller auffielen. Durch zahlreiche Gespräche mit Zeugen Jehovas wurde ich außerdem mit möglichen Rechtfertigungsversuchen für solche falschen Vorhersagen gut vertraut — diese Vertrautheit kam mir auch jetzt bei der Beschäftigung mit Endzeitautoren zugute, denn auch dort erleben wir z.T. ähnliche „Verteidigungsstrategien".

Kurt Hutten hatte die Frage aufgeworfen, ob die außerhalb der Kirche stehenden „Sekten" vielleicht von Gott das Amt bekommen haben, auf Lücken in der kirchlichen Verkündigung hinzuweisen, und somit Mahner der Kirche zu sein (im Vorwort seines Buches *Seher, Grübler, Enthusiasten*). Abgesehen davon können diese „Sekten" aber auch die Funktion haben, daß wir uns bei ihrer Betrachtung selbst überprüfen können: Wir meinen manches bei ihnen kritisieren zu müssen — gibt es vielleicht ähnliche Fehler auch unter uns, eventuell in abgeschwächter Form?

Wenn ich hier einen Vergleich mit den Zeugen Jehovas anstelle, so würde ich mich nun gerne beeilen hinzuzufügen, daß man jene natürlich in keiner Weise mit evangelikalen Endzeitautoren vergleichen kann. Leider kann ich das nicht hinzufügen, denn es gibt eine ganze Reihe von Parallelen zu manchen Evangelikalen, nämlich:

1. Die fixe Annahme: „Wir sind die letzte Generation" — an diese Annahme haben sich Bibelauslegung und Bewertung des Zeitgeschehens anzupassen (siehe Kap. A, 7 oder C, 1 u. 2).
2. Ein leichtfertiger Umgang mit biblischen Aussagen, indem diese aufgrund vereinfachender Schlußfolgerungen herangezogen werden, um vorgegebene Vorstellungen zu stützen (Kap. B, 4 oder E, 4e).
3. Die Beziehung des Jesus-Wortes „diese Generation wird nicht vergehen" auf das 20. Jahrhundert — bei den Zeugen Jehovas die Ge-

neration, die 1914 erlebte, bei manchen Evangelikalen die Generation, die 1948 erlebte (Kap. E, 2c oder 8c).

4. Die einschränkende Auslegung von Jesu Wort („niemand kennt Tag oder Stunde") darauf, daß niemand den genauen Zeitpunkt kennt, wir aber — aufgrund der „Zeichen der Zeit" — sehr wohl den ungefähren Zeitraum erkennen (Kap. D, 4b).

5. Das Nebeneinander der Ansicht, daß das Ende jetzt innerhalb der nächsten Jahre kommen müsse, mit der Behauptung, den Zeitpunkt nicht zu kennen (Kap. A, 10b).

6. Mehrmalige Fehlvorhersagen — mit entsprechenden Folgen, z.B. für das Image der Bibel (Kap. A, 6).

7. Eine positive Sichtweise auch der fehlgeschlagenen Demnächsterwartung (Kap. B, 1).

8. Die wiederholte Anpassung der Vorhersagen an eine neue politische Situation (Kap. E, 2c).

9. Die gelegentlich auftauchende Behauptung, richtig vorhergesagt zu haben (Kap. C, 5).

10. Das Miteinander von hohem Anspruch und Fehlbarkeitseingeständnis (Kap. A, 10c).

11. Die Ansicht, daß Gott jetzt am Ende der Zeit manchen Christen besonderes Verständnis für die biblische Prophetie schenkt (Kap. A, 10a).

12. Die Ansicht, bloß die Aussagen der Bibel wiederzugeben (Kap. A, 10d).

13. Die dogmatische Verkündigung der eigenen Vermutungen (Kap. A, 10).

14. Die Aufforderung des Endzeitautors bzw. des Verlages, daß dessen Schriften wiederholt und intensiv zu lesen sind (Kap. A, 10a).

15. Auch die Zeugen Jehovas sind Dispensationalisten, wie die hier in Teil E untersuchten Autoren, und rechnen mit einem mehrmaligen Wiederkommen Jesu (Kap. A, 10e).

16. Eine tendenziöse Zitat-Auswahl: Der jeweilige Autor liest sehr viel und stellt dann einseitig solche Äußerungen zusammen, die seinem eigenen Bild entsprechen (Kap. A, 8).

17. Die negative Haltung gegenüber der UNO und überhaupt gegenüber Friedenskonferenzen (Kap. B, 12 oder 16).

18. Die Aufforderung, angesichts des nahen Endes sein Geld der Mission zu spenden (Kap. B, 5 oder E, 8c).

Ich kann mir vorstellen, daß manche Leser entsetzt sind, wenn hier Parallelen zwischen den Zeugen Jehovas einerseits und geachteten evangelikalen Größen andererseits aufgezeigt werden. Keineswegs möchte ich behaupten, daß diese nun in jeder Hinsicht vergleichbar seien. Es besteht eine Reihe von grundlegenden Unterschieden: Die Zeugen Jehovas wollen das Heil in ihrer Organisation finden (Belege dazu in meiner Russell-Biographie Kap. 12). Ihre Publikationen stellen die Wirklichkeit weitgehend so dar, daß die eigene Organisation nahezu vollkommen und alle anderen Kirchen deutlich negativ erscheinen (Kap. 13). Bei der Darstellung der eigenen Geschichte betreibt die Wachtturmgesellschaft mitunter eindeutige Irreführung (Kap. 7, 10 und 11). Derartiges ist mir bei evangelikalen Endzeitautoren nicht aufgefallen.

Allerdings besteht eine ganze Reihe von Parallelen, und wenn wir darüber entsetzt sind, dann um so besser. Vielleicht führt dieses Entsetzen zu einer Abwendung von solchen Praktiken, wie wir sie bei den Zeugen Jehovas finden — aber eben nicht nur dort!

Angesichts solcher Parallelen halte ich es für nötig, daß wir bei der Beurteilung zu einer einheitlichen Linie finden. Entweder ist das leichtfertige Vorhersagen im Namen Gottes nicht so schlimm, dann sollten wir es auch z.B. den Zeugen Jehovas nicht immer wieder vorhalten. Oder es ist sehr wohl eine gefährliche und abzulehnende Sache, dann sollten wir prüfen, inwieweit das auch unter uns vorkommt. Daß oft mit zweierlei Maß gemessen wird, läßt sich etwa im Buch von William Goetz erkennen. Einerseits wird darin das Buch *Alter Planet Erde, wohin?* von Hal Lindsey empfohlen (S. 47) — ein Buch mit vielen falschen Vorhersagen. Andererseits werden die Zeugen Jehovas und andere ihrer falschen Vorhersagen wegen als „Endzeit-Wirrköpfe" bezeichnet (S. 19).

Wie es so schön heißt, soll man ja zuerst vor der eigenen Tür kehren. Ich habe diese Reihenfolge, wie ich gestehe, nicht ganz eingehalten. Aber nachdem ich bereits ausgiebig vor der Tür der Zeugen Jehovas gekehrt habe (mit meinem Buch *Charles T. Russell und die Zeugen Jehovas. Der unbelehrbare Prophet*, 1990), beeile ich mich nun, auch vor der Tür der Evangelikalen einen Frühjahrsputz vorzunehmen.

Eine Beurteilung abzugeben ist allerdings gar nicht so einfach, da auch eine Reihe von Unterschieden zu beachten sind: Etwa der Unterschied, ob jemand eine bloße Vermutung äußert oder ob jemand mit dem Anspruch auftritt, Sicheres zu präsentieren. Der Unterschied, ob jemand sagt, was kommen werde — unter Offenlassung des Zeitfaktors —, oder ob jemand die angekündigten Ereignisse für die unmittelbare Zukunft, vielleicht auf einige Jahre, festlegt.

Beim Feststellen dieser Unterschiede ist aber noch in anderer Hinsicht zu differenzieren, nämlich zwischen Form und Inhalt: Manche Zugeständnisse sind bloße Lippenbekenntnisse und ändern nichts am Inhalt. So wird gelegentlich Jesu Wort, daß niemand Tag oder Stunde kennt, zitiert — der voreilige Leser könnte denken, daß der betreffende Endzeitautor also die Zeitfrage völlig offenlassen möchte. Eine genauere Betrachtung zeigt jedoch oft, daß dieses Wort Jesu dahingehend interpretiert wird, daß niemand den ganz genauen Augenblick kenne, während aber — aufgrund der „Zeichen der Zeit" — doch klar zu sein scheint, daß das Ende nun in den nächsten Jahren kommen müsse. So gibt es also manches, was der Leser zwecks korrekter Einschätzung sowie fairer Beurteilung eines Endzeitbuches beachten muß.

5. Wie kann der Wert eines Endzeitbuches beurteilt werden?

Aus meiner Zeugen Jehovas-Beschäftigung ergab sich auch meine Vorgangsweise: Wie ich den Zeugen Jehovas in meinem Buch *Charles T. Russell und die Zeugen Jehovas* anhand der konkreten Ergebnisse ihrer Vorhersagetätigkeit klarzumachen versuchte, daß diesbezüglich eine größere Zurückhaltung angebracht wäre, versuche ich das nun auch hier. Ich untersuche also jene evangelikalen Bücher, die vor ein oder zwei Jahrzehnten erschienen sind und die aufgrund der damaligen politischen Konstellation das Ende als unmittelbar bevorstehend darlegen wollten. Haben sich die damaligen Vorhersagen als richtig herausgestellt? (Anstelle von „Vorhersagen" sollte ich vielleicht präziser von den damaligen Versuchen der konkreten Ausdeutung biblischer Endzeitaussagen sprechen.) Es handelt sich also um eine Art empirische Erfolgskontrolle.

Ich möchte meine Fragestellung noch etwas präzisieren. Es könnte ja sein, daß ein Autor im Jahr 1970 aufgrund der seinerzeitigen Weltsituation ein ganz konkretes Endzeitszenarium entworfen hat, das sich etwa im Jahr 2000 wirklich erfüllt. In gewisser Weise könnte man dann sagen, daß der Autor doch recht gehabt hat. Er hat die Ereignisse vielleicht etwas zu nahe geglaubt, aber doch immerhin die konkreten Beteiligten richtig identifiziert und Ereignisse, die irgendwann tatsächlich eintreffen, vorhergesagt. Meine Frage ist nun nicht in erster Linie, ob das von einem Autor Vermutete irgendwann doch einmal eintreffen wird (was ich mit letzter Sicherheit ja nie ausschließen kann). Meine Fragestellung lautet: *War das von diesem Autor im Jahr 1970 Entworfene für seine damaligen Leser eine Hilfe?*

Angenommen, der Autor sagt Ereignisse vorher, die in mehreren Jahrzehnten tatsächlich eintreten, aber präsentiert sie seinen Lesern als Geschehnisse der nächsten Jahre. Die Leser stellen sich nun darauf ein, die Ereignisse bleiben jedoch jahrzehntelang aus. In diesem Fall müssen wir urteilen, daß dieses Buch für die damaligen Leser keine Hilfe war.

Ich möchte also objektiv die Ergebnisse überprüfen. Ich werde feststellen, inwiefern Vorhersagen sich erfüllt haben und inwiefern nicht. Getreu dem Motto: „Im nachhinein weiß man es immer besser."

Ich werde gelegentlich auch angeben, inwiefern die bisherige Entwicklung eher in die andere Richtung geht. Damit will ich aber nicht sagen, daß es nicht doch noch geschehen könnte. Ob ich selbst die Erwartung einer bestimmten zukünftigen Entwicklung für wahrscheinlich halte oder nicht, ist nicht wichtig. Ich möchte ja nicht selbst an dem „Ratespiel" mitmachen.

Zu welchen Ergebnissen hat meine „empirische Erfolgskontrolle" bei den Zeugen Jehovas geführt? Das betrachten wir im folgenden Kapitel. Im Anschluß daran können wir prüfen, inwieweit es dazu Parallelen auch im evangelikalen Raum gibt.

6. Rückblick auf die Vorhersagetätigkeit der Zeugen Jehovas

In meinem Buch über die Zeugen Jehovas habe ich mich besonders auf deren Vorhersagen konzentriert. Für die Zeit bis 1914 hatte ihr Gründer Russell eine vollständige Weltveränderung vorhergesagt: Die weltlichen Regierungen werden abgesetzt, Jesus wird ab dann sichtbar und weltweit auf der Erde regieren — das Tausendjährige Friedensreich bricht an, während der Satan gebunden ist. Tatsächlich brachte aber 1914 nicht den Frieden, sondern den bis dahin größten Krieg.

Daraufhin wurde der Zeitpunkt der Wende auf 1918 verschoben, danach auf 1925. Als auch dann die Wende noch ausblieb, wurde kein konkretes Jahr mehr angegeben. Die weiterhin aufrechterhaltene Demnächsterwartung manifestierte sich aber darin, daß ein Haus gekauft wurde, das den Patriarchen des Alten Testaments — deren Auferstehung erwartet wurde — bei ihrer Rückkehr sofort zur Verfügung stehen sollte.

In den folgenden Jahrzehnten kam es nicht zu besonderen Vorhersagen, bis neuerlich ein konkretes Jahr ausgerufen wurde: 1975, allerdings vorsichtiger als früher — mit Unsicherheitsklauseln versehen. Auch 1975 ging vorüber. Heute geben die Zeugen Jehovas kein konkretes Jahr mehr an, aber doch einen ungefähren Rahmen. Es wird behauptet, daß jene Generation, die 1914 miterlebt hat, auch das Ende (= Harmagedon, Beginn des Millenniums) miterleben werde.

Vor 1975 wurde diese Aussage dahingehend präzisiert, daß es um jene Menschen geht, die 1914 *bewußt* miterlebt hatten — was ein Mindestalter von 12 Jahren bedeuten sollte. Außerdem wurde in Anlehnung an Psalm 90 eine Generation mit 70 oder höchstens 80 Jahren umgrenzt. Diese Deutung schien recht schön zu dem ohnedies verkündeten Ende für die Mitte der 1970er Jahre zu passen. Als dieses nicht eintraf, begann eine schrittweise Aufweichung sowohl der Länge einer Generation als auch des Mindestalters derer, die 1914 miterlebt hatten: nur behutsam, Schritt für Schritt.

Man gewinnt folgenden Eindruck: Einerseits sollte der erwartete Endzeitpunkt hinausgeschoben werden (und vertuscht werden, daß die bisherige Vorhersage eigentlich schon fehlgegangen war). Andererseits sollte die Demnächsterwartung aufrechterhalten werden (im Sinne von: „Es ist höchster Einsatz gefordert, bis zum Ende ist es nur noch eine ganz kurze Zeit!").

Die konkrete Art und Weise, wie Bibelstellen ausgelegt und kombiniert werden, hat sich also im Laufe der Jahrzehnte gewandelt. Fest stand jedoch immer das Ergebnis: „Jetzt gleich kommt das Ende, wir sind die letzte Generation!" Hier sind wir also beim nächsten Fehler, der aber leider nicht auf die Zeugen Jehovas beschränkt ist.

7. Das zweite Problem:
„Wir sind die letzte Generation!"

a) Ein gleichbleibendes Gefühl: Das Ende zieht herauf

Ob in den 1980er Jahren, ob 1953, ob 1930 — die Zeit scheint stehengeblieben zu sein, denn immer hatten die Beobachter das Gefühl, nun unmittelbar vor dem Ende zu stehen. Nach Jakob Zopfi (1983) kann es nicht mehr lange dauern: „Dieser Diktator = Antichrist steht damit vor der Tür" (S. 73).

Nach William Goetz (1981) ist es „offenbar, daß die prophetische Stunde weit vorgerückt ist. Harmagedon — die Kulissen werden gesetzt, und zwar sehr schnell" (S. 230).

Das klingt dramatisch, und dem Leser wird zu erkennen gegeben, daß nicht mehr viel Zeit bleibt. Blickt er aber in ältere Bücher, so findet er dort ganz ähnliche Formulierungen.

Bei Billy Graham konnte man schon 1953 lesen: „Der Antichrist, vor dem die Propheten warnten, daß er in den letzten Tagen erscheinen würde, wächst und nimmt Gestalt an vor unseren Augen" (Ich zitiere nach der 10. Taschenbuchauflage 1971, S. 151).

Graham war sich damals ziemlich sicher, daß die Endzeit-Ereignisse unmittelbar bevorstanden: „Wir wissen, daß der Antichrist erscheinen und versuchen wird, die Seelen und Herzen der Menschen zu verführen. Die Zeit rückt nahe, die Zielstrecke ist schon abgesteckt — Verwirrung, Panik und Furcht herrschen draußen vor. Die Anzeichen des falschen Propheten sind überall zu erkennen, und viele von uns mögen lebendige Zeugen des furchtbaren Augenblicks werden, wenn der letzte Akt dieses uralten Dramas beginnt. Es kann sehr wohl in unserer Zeit geschehen, denn das Tempo ist sehr rasch, die Ereignisse überstürzen sich ..." (S. 46; 1954er-Ausgabe S. 56f).

Und wenn wir noch weiter zurückgehen, nämlich bis 1930, lesen wir Ähnliches: „Wir können nur sagen, daß heute sowohl auf politischem als auch auf wirtschaftlichem und religiösem Gebiete geradezu fieberhaft gearbeitet wird, um das Erscheinen des Antichristen vorzubereiten." (Friedrich HEITMÜLLER in: *Die kommenden Dinge*, Hamburg 1930, S. 32). Er lebte von 1888-1965, gehörte den freien evangelischen Gemeinden an und war in Norddeutschland diakonisch und evangelistisch tätig.

1981 hieß es also: „Die prophetische Stunde ist weit vorgerückt", aber schon 1953 war zu lesen: „Die Zeit rückt nahe."

1981 hieß es: „Die Kulissen werden gesetzt, und zwar sehr schnell", aber bereits 1953 war zu lesen: „Die Zielstrecke ist schon abgesteckt ... das Tempo ist sehr rasch."

1953 hieß es: „Der Antichrist ... wächst und nimmt Gestalt an vor unseren Augen", aber schon 1930 war zu lesen: Es wird „geradezu fieberhaft gearbeitet, um das Erscheinen des Antichristen vorzubereiten".

Ob 1981, ob 1953 oder 1930: Immer konnte man den Eindruck haben, unmittelbar vor den allerletzten Ereignissen zu stehen. Immer konnte man davon überzeugt sein, der letzten Generation anzugehören. Aus Überzeugung heraus werden leicht alle Gegenwartserscheinungen mit den biblischen Endzeitaussagen verknüpft — und siehe da, es scheint immer zu passen!

Man wird dabei an die Worte des Predigers (1,9) erinnert: „Was man getan hat, wird man wieder tun: Es gibt nichts Neues unter der Sonne." Diesen Ausspruch könnte man hier auf das Schema anwenden. Was Subjekte — also Endzeitautoren — betrifft, sowie Objekte — also die Schauspieler auf der Bühne des Endzeitdramas —, so gibt es durchaus Neues. Neue Namen treten auf, und neue Kombinationen. Aber das Schema bleibt gleich, nämlich:

Die Voraussetzung: Die heutige politische Konstellation ist die unmittelbare Ausgangsbasis für die Endzeitereignisse; bis dahin gibt es keine größeren politischen Veränderungen mehr, sondern bloß ein Fortschreiten auf den absehbaren Bahnen.

Die Aufgabenstellung: Die heutige politische Konstellation muß mit den biblischen Endzeitaussagen kombiniert werden.

b) Die heutige politische Konstellation als Ausgangsbasis

Veränderte politische Konstellationen

Zu Heitmüllers Zeit gab es den Völkerbund, den Vorläufer der UNO. Und da die damalige politische Konstellation direkt in die Endzeitereignisse einmünden sollte, war auch für den Völkerbund eine wichtige Aufgabe vorgesehen:

„Wenn ich recht sehe, wird sich aus dem jetzigen Völkerbund der zukünftige Zehnstaaten-Bund entwickeln, an dessen Spitze der Antichrist stehen wird" (S. 32). Da „der Zehnstaaten-Bund der Endzeit das wieder erstandene römische Reich" sein soll (S. 36) — und zwar in den damaligen Grenzen —, wird nicht bloß das linksrheinische Gebiet weiterhin bei Frankreich bleiben, sondern auch „Baden, Württemberg und der größte Teil von Bayern ... werden in kommenden Tagen von Norddeutschland losgerissen werden und wieder zum römischen Reiche gehören" (S. 37).

Der Völkerbund ist vergangen, das Ende ist noch immer nicht da. Und derzeit sieht es so aus, daß sich auch der Kommunismus stalinscher Prägung aus Europa verabschiedet. 1953 sah das noch anders aus. Das Jahr, in dem William (= Billy) Franklin Grahams Buch herauskam, ist gleichzeitig auch das Todesjahr Stalins. Graham hatte beim Schreiben also die Sowjetunion zur Zeit ihrer größten politischen Macht vor Augen:

„Vor allem stehen wir der gewaltigen Macht des Kommunismus gegenüber — des größten, bestorganisierten und unverhohlensten Feindes des Christentums, der der Kirche seit den Tagen des heidnischen Roms entgegengetreten ist. Der Antichrist, vor dem die Propheten warnten, daß er in den letzten Tagen erscheinen würde, wächst und nimmt Gestalt an vor unseren Augen — ein kühner, eherner, gut bewaffneter Antichrist, der sich nicht bücken wird, um seine Identität zu verhüllen oder seine Absicht zu verdecken" (S. 151f).

Die Einschätzung des Kommunismus als mächtiger Christenfeind ist sicherlich richtig. Doch können wir wirklich sicher sein, daß der Antichrist aus dem Lager des Kommunismus kommen wird? Graham sagt es nicht ganz ausdrücklich, vom Zusammenhang her führt er den Leser aber doch in diese Richtung. (Übrigens hat Wilhelm Busch im Geleitwort auf diesen möglichen Kritikpunkt an Grahams Buch, die Verbindung des Antichristen mit dem Kommunismus, hingewiesen.)

So beobachten wir bei zahlreichen Endzeitautoren das, was Lindsey im Vorwort über Gerths Buch sagt: „In seinen Ausführungen wird biblische Prophetie mit großer Genauigkeit, Einfühlungsvermögen und geistlichem Durchblick auf die Ereignisse unserer Zeit angewandt" (S. 6).

Das wird man Gerth und anderen Endzeitautoren teilweise zugestehen. Aber ob man das tun *soll* — hier setze ich ein Fragezeichen. Die permanenten Mißerfolge jener, die sich bisher versucht haben, zeigen doch deutlich, daß wir nicht die biblische Prophetie auf unsere jeweilige Gegenwart anwenden sollen, um unsere Aussagen dann alle paar Jahre wieder ändern zu müssen. Mit einem respektvollen Umgang mit biblischen Aussagen hat solche Zukunftsdeuterei nichts mehr zu tun.

Diese Gefahr wird auch in Gerths Warnung angerissen: „Bei der Einordnung von Ereignissen in das Endzeitpuzzle müssen wir uns vor falscher und spekulativer Prognose hüten" (S. 80).

Nun zeigt die Erfahrung, daß es für die „Puzzlespieler" kaum möglich ist, vor „falscher und spekulativer Prognose" bewahrt zu bleiben. Das gilt auch für Gerth selbst – auch ihm ist es nicht gelungen, seine eigene Warnung zu befolgen. Daraus ergibt sich die Frage, ob wir denn bei diesem Puzzle unbedingt mitspielen müssen? Hat Gott uns dazu beauftragt?

In seinem Buch *Armageddon Now* dokumentiert Dwight WILSON die Neigung, bestimmte Rollen im unmittelbar bevorstehenden Harmagedon über viele Jahrzehnte hinweg auf die jeweiligen zeitgenössischen Größen zu verteilen.

Gleiche politische Konstellationen

Betrachten wir noch ein konkretes Beispiel aus dem Jahr 1949. Beobachten können wir dabei, wie 1. Demnächsterwartung, 2. Anhaltspunkte-Überbewertung und 3. Nachrichtenselektion zusammenwirken. Ergebnis: „Jetzt gleich ist es soweit!"

Fünning schrieb damals sein Büchlein über Israel. Kurz nach der Staatsgründung Israels (1948) gab es dort eine starke Einwanderung von Juden. Fünning zitiert verschiedene Statistiken und Prognosen. Die einen rechnen mit 11 000 Auswanderern monatlich, andere mit 25 000. Welche Zahl auch immer stimmte, bei ca. 3 Millionen europäischen Juden war es jedenfalls offensichtlich übertrieben, was im *American Hebrew* geschrieben wurde: „In einem Jahr oder mehr wird die sogenannte Zerstreuung der Juden in Europa, die 2 000 Jahre währte, ein Ding der Vergangenheit sein."

Dennoch wird dieser Satz von Fünning zitiert, und auch seine eigene Schlußfolgerung ist übertrieben: „Bei diesem Tempo wird Europa in einigen Jahren seine Juden verloren haben ..." (S. 14).

Das Tempo hat sich mittlerweile verlangsamt, und auch heute hat Europa erst einen Teil seiner Juden verloren. Aber auch 1980 war ein Endzeitautor in dieser Stimmung, als ob der Abschluß dieser Sammlung schon bevorstände: „Je mehr sich aber die Sammlung der Kinder Israels ihrer Vollendung nähert, desto mehr nähert sich auch die kosmische Katastrophe, von der die Bibel spricht, ihrer Erfüllung" (Malgo: Heil 40).

Bemerkenswert an Fünnings Schrift aus dem Jahre 1949 ist vor allem der Vergleich mit der neueren Endzeitliteratur. Wie sehr sich doch die Formulierungen gleichen! Auch damals rechnete man mit dem Wiederaufbau des Tempels und registrierte vielfältige Anhaltspunkte dafür, die teilweise nur unbestätigte Gerüchte waren: „Schon heute soll in Jerusalem ein Talmud-Seminar vorhanden sein, in welchem die Tieropfer mit großem Eifer heimlich studiert werden, in der Hoffnung, daß der salomonische Tempel bald wieder an seiner früheren Stätte gebaut wird, in welchem sie dann die Tiere opfern wollen" (S. 17).

Wieviele der damaligen Studenten werden heute wohl noch am Leben sein? Bemerkenswert bei solchen Gerüchten ist: Das alles geschieht natürlich heimlich, d.h. auch unüberprüfbar.

In der Gerüchteküche brodelt es weiter, 1981 „ist uns bekannt, daß ein ziemlich starkes Interesse für einen Wiederaufbau des Tempels vorhanden ist (nach unbestätigten Berichten sollen bereits Steine dafür behauen und nach Jerusalem transportiert worden sein ...)" (Goetz 161).

Für Fünning war es damals „klar und deutlich, der Einfall Rußlands in Palästina rückt immer näher. Ja, der Eifer, und die Leidenschaft, mit der Rußland im Osten vordringt, läßt auf eine baldige gewaltsame Katastrophe schließen" (S. 39).

Deshalb sollten sich die Juden auch nicht über die russische Absicht freuen, in Tel-Aviv ein Konsulat einzurichten: „Wenn die Juden ihre eigene Bibel (z.B. Hes 38) kennen würden, dann hätten sie sich nicht so gefreut. ... Das sind gründliche Vorbereitungen für Hes 38,13" (S. 15).

Fünnings Befürchtung hätte sich dann als sinnvoll erwiesen, wenn es wenige Jahre darauf tatsächlich zu diesem russischen Angriff gekommen wäre. Wenn es aber zu diesem Angriff erst wesentlich später kommt, so kann die Pflege diplomatischer Beziehungen mit Rußland über ein halbes Jahrhundert hinweg für Israel durchaus nützlich sein. Im Jahr 1980 gilt dieser Angriff noch immer als unmittelbar bevorstehend: „Wenn bei der Drucklegung dieser Zeilen die Sowjets noch nicht bis zum Persischen Golf durchgestoßen sind und Israel noch nicht überrannt haben, so ist es unnötig zu sagen, daß diese letzte Aggression der Russen bevorsteht" (Malgo: Aufmarsch 97).

Rußland braucht den Iran als Verbündeten, um auf dem Landweg auf Israel zumarschieren zu können. Aber alles das zeichnete sich

1949 schon ab: „Dann in Iran (Persien) fand kürzlich ein Regierungswechsel statt; die neue Regierung ist russenfreundlich. ... Dies ist ein weiterer Schritt zu den reichen Ölfeldern Irans, und für den Einfall in Palästina" (S. 37).

Und 1980 hieß es: „Noch hat der ‚russische Bär' erst Afghanistan eingeheimst, aber bald schon wird er seine Pranke auf den Iran legen" (Malgo: Aufmarsch 35).

An solchen Beispielen sehen wir, daß die Demnächsterwartung der Endzeitliteratur sich nicht bloß auf die Wiederkunft Jesu bezieht. Auch für ganz konkrete politische Ereignisse gilt, daß sie immer wieder für die unmittelbar nächsten Jahre erwartet wurden. Ist das wirklich unsere Aufgabe als Christen, uns selbst und andere in dieser Dauerspannung zu halten?

Ich verwende den Begriff „Demnächsterwartung" zur Kennzeichnung einer Haltung, die das Ende und die damit zusammenhängenden Ereignisse für die nächsten Jahre erwartet. Den gebräuchlichen Begriff „Naherwartung" vermeide ich deshalb, weil oft davon gesprochen wird, daß Jesus und seine Anhänger in einer Naherwartung lebten (und auch die späteren Christen das tun sollen). Weil es bis zum Ende doch noch länger dauern könnte, ist dieser Begriff nicht mehr so gut mit einem auf wenige Jahre eingeschränkten Sinn zu verbinden.

Fünning lebte in solch einer Demnächsterwartung. 1949 schrieb er, „daß der Antichrist nun bald erscheinen wird". Ist er vielleicht schon da? Fünning: „Ich glaube, daß derselbe schon am Leben ist, doch als Antichrist ist er noch nicht geoffenbart worden ..." (S. 4f).

40 Jahre später schrieb Gerth über den Antichristen: „Ich gehe davon aus, daß er irgendwo bereits lebt" (S. 166). Die Äußerungen sind nahezu austauschbar.

c) Welche Motive stehen hinter der Demnächsterwartung?

Im Hintergrund der Demnächsterwartung scheint die Überzeugung zu stehen, daß die Generation, der wir selbst angehören, eine ganz besondere Bedeutung hat:

„Es ist beinahe unglaublich: wir erleben ... eine Zeit menschlicher Geschichte mit, in der eine solche Fülle von Prophetie ... vor unseren Augen buchstäblich Wirklichkeit wird!" (Goetz 70).

„Vor unseren Augen entstehen die Staatenbünde für dieses endzeitliche Geschehen! Vor unseren Augen erfüllt sich das göttliche Prophetenwort" (Zopfi 65).

„Die Prophetie der Bibel wird Geschichte, Gegenwartsgeschichte. Und wir sind Zeugen!" (Baar 12).

„Wenn wir offene Augen und Ohren haben, um den gewaltigen Heilsplan Gottes zu verstehen, können wir erkennen, daß wir in der aufregendsten Zeit der Weltgeschichte leben" (Gerth 61).

Ähnliche Aussagen konnte man aber auch schon 1949 lesen: „Wir leben heute in einer sehr wichtigen Zeit. ... Weissagungen vor Jahrtausenden geschaut und gegeben, gehen heute in Erfüllung. Das war vielen Geschlechtern vor uns nicht vergönnt, zu erleben, das erleben wir" (Fünning 45).

Auslöser dieser Endzeiterwartungen kann gut und gern eine Überschätzung der eigenen Bedeutung sein. So daß ich also denke: „Mit mir hat die Weltgeschichte ihren Höhepunkt erreicht, mit mir muß sie auch enden, nach mir kann nichts mehr kommen." Mitunter ist auch — insbesondere bei älteren Menschen — der Wunsch damit verknüpft, nicht mehr sterben zu müssen, sondern unmittelbar in das Reich Gottes hinübergehen zu können.

Übrigens läßt sich der Pietist Johann Albrecht Bengel nicht hier einordnen. Zwar ist er dafür bekannt, die Wiederkunft Jesu für 1836 berechnet zu haben, aber er selbst lebte etwa ein Jahrhundert vor diesem Zeitpunkt. Bei ihm handelte es sich also nicht um die Haltung „Wir sind die letzte Generation".

8. Das dritte Problem: Tendenziöse Zitat-Auswahl

a) Bevorzugt: „In drei Jahren große Katastrophe!"

Auch von der Bibel her argumentierende Autoren verwenden mitunter gerne „weltliche Autoritäten", um die eigene Ansicht zu stützen. Das geschieht aber meist nur selektiv. Derselbe Autor, der ein „wissenschaftliches Ergebnis" zitiert, wo es sich zur Bestätigung der eigenen Ansicht eignet, kann bei anderer Gelegenheit auch durchaus die Unzuverlässigkeit aller Wissenschaft hervorheben — dort, wo seine Ansicht mit wissenschaftlicher Meinung kollidiert.

In ähnlicher Weise führt auch die Haltung „Wir sind die letzte Generation!" dazu, bestätigende weltliche Größen heranzuziehen, während aber alles andere, was nicht dazupaßt, als unmaßgeblich beiseitegelassen wird. So verweist Fritz Hubmer, als er im Jahr 1958 das Ende bevorstehen fühlte, auf Richard Wagner, der das ja schon lange zuvor geahnt zu haben schien: „Mit einem überraschenden Scharfsinn hat Richard Wagner aus der damals sich anbahnenden Entwicklung heraus geahnt, daß um die Mitte des 20.Jahrhunderts der Lauf der Geschichte das endgeschichtliche Weissagungsbild der Offenbarung Johannes erreicht haben könnte" (S. 199).

Wird der kommunistische Osten einmal Westeuropa überrollen? Heute können wir in Osteuropa nicht mehr viel Kommunistisches erkennen, aber 1988/89 war das noch nicht so deutlich zu sehen. Folgende Einschätzung werden zu diesem Zeitpunkt aber nicht mehr viele Experten gehabt haben: „Henry Kissinger hat sogar schon behauptet, daß ganz Westeuropa in einigen Jahren kommunistisch sein werde" (Gerth S. 90).

Bei dem hier zitierten Kissinger handelt es sich zweifellos um einen kompetenten Mann, aber dessen Äußerung liegt schon einige Zeit zurück. Klaus Gerth führte dieses Zitat bereits 1982 an (ohne Beleg und ohne Zeitangabe). Wenn er dieses Zitat auch in der „vollständig überarbeiteten und aktualisierten" Auflage von 1989 unverändert beibehalten hat, so hat er damit eine sehr einseitige Auswahl vorgenommen, denn dieses Zitat ist sicherlich nicht repräsentativ für die Einschätzung der Situation um 1989 seitens der Experten, entspricht vielleicht nicht einmal mehr Kissingers Ansicht von 1989.

Im Jahr 1982 gab es eine seltene Planetenstellung: Alle Planeten unseres Sonnensystems standen genau in einer Linie. Zu dieser Planetenkonstellation konnte man in *Bibel und Gemeinde* (1985, S. 305) recht scharfe Worte lesen: „Das war schon ein bemerkenswertes Ereignis, aber zur Ursache für Katastrophen konnte es nur durch unwissende Phantasten hochstilisiert werden."

Tatsächlich brachte dieses Ereignis auch keine Katastrophen. Nun zitierte Klaus Gerth in seinem 1982 erschienenen (also wohl 1981 geschriebenen) Buch ausgerechnet einen solchen Astronomen, der die Wirkung dieser Planetenparade äußerst stark veranschlagt hatte (nämlich Heinz Kaminski, Honorar-Professor an der Gesamthochschule

Essen): „Die starken Gravitationskräfte werden die Erde regelrecht auseinanderziehen. ... Der Boden der künstlich angelegten Stauseen wird dem ungeheuren Gravitationsdruck nicht gewachsen sein. Riesige Erdrisse sind die Folgen" (S. 23).

Wenn Gerth einzig eine solche extreme Einschätzung zitiert, geht er sehr selektiv vor.

Der durch Jimmy Carter vermittelte Friedensvertrag zwischen Ägypten und Israel paßte überhaupt nicht in die politische Erwartung von Wim Malgo — hatte dieser doch mit dem Besitz der Sinai-Halbinsel durch Israel bereits den von Gott gewollten Endzustand erreicht geglaubt. Daher meinte Malgo, daß dieser Vertrag keinen wirklichen Frieden bringen werde. Als Gewährsmann (etwa als „neutrale Autorität"?) dafür zitiert er Yassir Arafat (Heil 33).

Bei solchen Auswahlen erhält man den Eindruck: Bevorzugt wird nicht der kompetenteste Fachmann, sondern derjenige, der die schlimmsten Befürchtungen zum Ausdruck bringt. Dadurch erhält der Leser ein verzerrtes Bild der Lage.

Nun beurteile ich die Weltsituation durchaus nicht als rosig. Aber niemandem ist gedient, wenn Bücher mit der Ankündigung von zwar möglichen, aber nicht sehr wahrscheinlichen militärischen Angriffen und ökologischen Katastrophen gefüllt und die Leser damit in eine „apokalyptische Stimmung" versetzt werden. „Welch apokalyptisches Bild!" beklagt Marius Baar (S. 57). Richtig. Doch es war Baar, der durch eine Zusammenstellung verschiedener Nachrichten dieses Bild erzeugt hat.

„Eine wahrlich angstmachende Aussage!" Diese Charakterisierung Gerths trifft auf viele in solchen Endzeitbüchern enthaltenen Aussagen zu. Gerth bezieht das auf die 1980 geäußerte Erwartung von Deng Xiaoping, daß die Sowjetunion — unter Hinweis auf die Invasion in Afghanistan — den Nahen Osten seiner Ölquellen wegen beherrschen will: „Der starke Mann Chinas läßt uns noch wissen, daß sich die Europäer mit der Hoffnung selbst betrügen, den Krieg vermeiden zu können" (Gerth 1989, S. 148). Warum brachte Gerth eine solche „angstmachende Aussage" zu einem Zeitpunkt, wo sie sicherlich nicht mehr aktuell war? (Ganz abgesehen davon, daß ein chinesischer Spitzenpolitiker auch nicht derjenige ist, von dem eine objektive Beurteilung der Sowjetunion zu erwarten ist.)

Es fällt auch auf, daß vorzugsweise solche Zitate zusammengestellt werden, die von besonderen Gefahren in den unmittelbar bevorstehenden Jahren sprechen. Dem Leser wird dadurch suggeriert, daß gemäß übereinstimmender Ansicht auch weltlicher Experten gerade die nächsten Jahre eine besonders dramatische Zuspitzung bringen werden.

Das 1981 erschienene Buch von William Goetz zitiert eine Quelle, wonach die Sowjetunion *um 1983* einen vorübergehenden großen militärischen Vorsprung vor den USA haben werde, woraus die Versuchung entstehen könnte, diesen Vorsprung in einer Militäraktion auszunutzen (S. 125f). Auch auf einem anderen Gebiet würden die nächsten Jahre Dramatisches bringen: „Experten warnen, ... daß Mitte der achtziger Jahre eine besonders starke Erdbebenhäufigkeit eintreten könnte" (S. 193).

b) Korrektes Zitieren

Bei der Beurteilung der Auswahl von Zitaten ist auch die Frage aufzuwerfen, ob die Zitate überhaupt stimmen. Abgesehen von Bibelversen, verzichten viele Endzeitautoren teils ganz auf die Belege, teils bringen sie diese nur ungenau. Oft weiß der Leser weder, wann sie geäußert wurden, noch kann er den Zusammenhang nachlesen.

Eine Nachprüfung, ob die Zitate überhaupt stimmen, ist dann auch nicht möglich. Wäre eine solche Nachprüfung nötig? Vielleicht. Ich nenne hier ein Beispiel für einen zweifelhaften Sachverhalt. Klaus Gerth schrieb 1982: „Vielleicht scheint uns das Wort ‚Scherbenhaufen' ein wenig zu grob gewählt. Aber betrachten wir nur den wirtschaftspolitischen Zustand *der Bundesrepublik Deutschland zum Zeitpunkt der Haushaltsdebatte im Deutschen Bundestag im Sommer 1981,* so finden wir diese Vokabel bestätigt. ‚Untergang', ‚finanzielles Fiasko', ‚furchtbares Defizit', so und ähnlich lauteten die Bezeichnungen der Bundestagsabgeordneten für die Wirtschafts- und Finanzpolitik" (S. 138).

Sehen wir nun von der Frage ab, ob die wirtschaftliche Situation der BRD durch die Wiedergabe solcher Kennzeichnungen wirklich treffend charakterisiert wurde. In der neubearbeiteten Auflage von 1989 behielt Gerth diesen Abschnitt bei, ersetzte aber das in meinem Zitat kursiv Gedruckte durch folgenden Text:

„mancher EG-Länder (als Beispiel nenne ich Portugal und Griechenland)" (S. 147).

Die von den Bundestagsabgeordneten verwendeten Ausdrücke bleiben also gleich, nun erscheint diese Diskussion aber so, als hätte sie sich um schwächere EG-Länder gedreht! Subjekte und Ausdrücke bleiben gleich, das Objekt wurde ausgetauscht. Ein solcher Austausch — innerhalb eines Zitates! — wirkt mißtrauenserweckend.

Auch Wim Malgo paßt Zitate an die veränderte Situation an. 1984 zitierte er einen „neueren Bericht", in dem z.B. „die jetzige Nachrüstung der USA durch Präsident Reagan" angesprochen wurde (Bibel 29). In einer Neuauflage von 1990 wurde aus dem „neueren Bericht" einfach ein „Bericht". Die Erwähnung Reagans würde dem Leser zeigen, daß der Bericht schon mehrere Jahre alt ist, so daß die darin angesprochene „jetzige Nachrüstung der USA" auf 1990 vielleicht gar nicht mehr zutrifft. Malgo verändert das Zitat nun insoweit, daß er einfach „die jetzige Nachrüstung der USA" sagt, ohne aber die Auslassung „durch Präsident Reagan" zu kennzeichnen. Und an späterer Stelle des Zitates schreibt er anstelle von *Reagan-Administration* einfach *US-Administration*. Darf der Leser nicht wissen, daß sich dieses Zitat auf die Zeit Reagans bezieht? Soll dem Leser der Eindruck vermittelt werden, daß es auch 1990 in den USA noch eine Nachrüstung gibt, obwohl das vielleicht gar nicht mehr stimmt? (Falls es doch stimmt, könnte Malgo sich ja auf eine aktuellere Quelle beziehen.)

Hier zeigt sich eine äußerst bedenkliche Methode des Zitierens! Wie sehr können wir uns auf Zitate verlassen, wenn sich der Zitierende frei fühlt, diese an manchen Stellen zwecks Aktualisierung einfach auszubessern?

Im selben Buch bringt Malgo auch das fälschlich Heinrich Heine zugeschriebene Gedicht:
„Zerschlagen ist die alte Leier
am Felsen, welcher Christus heißt..." (S. 125).

Die Quellenangabe fehlt, eine solche wäre auch kaum möglich. Peter Walter ist den religiösen Äußerungen Heines sowie dem Ursprung dieses Gedichtes nachgegangen (veröffentlicht im factum 1987, Sept. und Okt.). Dabei zeigt er, daß ein Gedicht dieses Inhaltes erstens in der Heine-Forschung völlig unbekannt ist und zweitens zu Heines Denken, auch jenem der späteren Jahre, nicht passen würde. Den Ursprung dieses Gedichtes konnte er bis 1973 zurückverfolgen, wo es erstmals (ohne Quellenangabe) auftaucht. Seither hat es sich in der evangelistischen Literatur verbreitet und scheint dort nicht mehr auszurotten zu sein. Daran wird auch Walters Artikel nicht schlagartig etwas ändern, denn factum erscheint in einer Auflage von knapp 10 000, das Buch Malgos hat die Million bereits deutlich überschritten (und wurde in über 20 Sprachen übersetzt). Malgos Text ist also um ein Vielfaches so verbreitet wie der von Walter.

Bei dieser Art der Textproduktion ist auch an die warnenden Worte von Weyer-Menkhoff zu erinnern: „Können christliche Prediger und Schriftleiter es verantworten, so ungenau mit der Wahrheit umzugehen, Prediger, die doch Stimme dessen sein wollen, der die Wahrheit ist?" (S. 5).

Die Tatsache, daß diese Art von Endzeitliteratur eine so enorme Verbreitung findet, war in Verbindung mit den gewichtigen Mängeln dieser Literatur ein starkes Motiv für mich, mein Buch zu verfassen.

9. Biblische Beurteilung von Fehlvorhersagen

Das Schema „Wir sind die letzte Generation" führt auch immer wieder zu Präzisierungen, die sich jedenfalls in der Vergangenheit durchwegs als Irrtümer erwiesen haben. Wie sollen wir solche Irrtümer beurteilen? Handelt es sich einfach um Irren, das ja bekanntlich menschlich ist — und daher verständlich und entschuldbar? Oder messen wir hier mit zweierlei Maß — je nachdem, ob es sich um „Sektierer" oder um anerkannte Evangelisten handelt?

Erinnern wir uns nochmals an die lange Geschichte der falschen Vorhersagen der Zeugen Jehovas. Wir sind uns wohl alle einig darin, daß die Vorgangsweise der Zeugen Jehovas nicht richtig ist. Da fallen uns auch harte Urteile ein. Wie heißt es doch in 5.Mose 18,20-22:

„Ein Prophet, der sich anmaßt, in meinem Namen ein Wort zu verkünden, dessen Verkündigung ich ihm nicht aufgetragen habe, oder der im Namen anderer Götter spricht, ein solcher Prophet soll sterben. Und wenn du denkst: Woran können wir ein Wort erkennen, das Jahwe nicht gesprochen hat?, dann sollst du wissen: Wenn ein Prophet im Namen Jahwes spricht und sein Wort sich nicht erfüllt und nicht eintrifft, dann ist es ein Wort, das nicht Jahwe gesprochen hat. Der Prophet hat sich nur angemaßt, es zu sprechen."

Auf dieses Kriterium weisen Kritiker der Zeugen Jehovas regelmäßig hin. Nun sind die Zeugen Jehovas auch nicht auf den Mund gefallen, und so finden sie zahlreiche Wege der Verteidigung. Der erste Weg heißt Möglichkeit, nicht Sicherheit: „Die damaligen Zeugen Jehovas hatten lediglich von der Möglichkeit gesprochen, daß es so kommen könnte."

Inwieweit das stimmt, prüfen wir im nächsten Kapitel. Jedenfalls sind wir hier auf einen wichtigen Unterschied aufmerksam geworden. Mit welchem Anspruch verkündet jemand seine Endzeitdeutungen?

Tatsächlich müssen wir uns davor hüten, jemanden vorschnell als „falschen Propheten" zu etikettieren. Wie ist jemand zu beurteilen, der sich beim Lesen der biblischen Endzeitaussagen darüber Gedanken macht, wie diese gemeint sein könnten, diese Gedanken jedoch für sich behält — und seine Gedanken stellen sich nachträglich als falsch heraus? War dieser Bibelleser nun ein „falscher Prophet"?

In einem solchen Fall wäre eine solche Bezeichnung nicht treffend. Denn es ist sicherlich zu unterscheiden, ob jemand für sich persönlich von einer bestimmten Erwartung überzeugt ist (eventuell auch mit einem vertrauten Freund darüber spricht) oder *ob er seine Vorhersage öffentlich bekanntmacht*, indem er sie etwa in einem Buch mit hoher Auflage verbreiten läßt. Nur in letzterem Fall tritt er ja wirklich als Prophet auf.

Ein weiteres Kriterium hatten wir schon angesprochen: Es ist zu unterscheiden, ob jemand seine Vorhersage als etwas Sicheres oder doch zumindest sehr Wahrscheinliches hinstellt oder bloß von einer Möglichkeit spricht.

Dann gibt es noch ein drittes Kriterium: Es ist zu unterscheiden, *ob sich jemand auf Gott beruft als Quelle seiner Vorhersage*, ob er also „im Namen Gottes" spricht. Wenn jemand etwas vorhersagt, ohne sich dabei auf Gott als seine Quelle zu berufen, ist er kein „falscher Prophet" im Sinne von 5.Mose. Dabei denke ich etwa an Vorhersagen in den Bereichen von Sport, Wirtschaft oder Politik („Ich nehme an, daß die Partei XY bei dieser Wahl nicht mehr die absolute Mehrheit bekommen wird ..."). Entscheidend ist, ob er sich auf Gott als seine Quelle beruft. Wie dabei der Weg aussieht, auf dem er die Vorhersage von Gott bekommen haben will, scheint mir nicht so wichtig zu sein. Ob er sich also auf eine Vision beruft oder ob er meint, beim Bibellesen von Gott so erleuchtet worden zu sein, daß er bisher unentdeckte Zusammenhänge erkennt und nun durch Kombination und neuartige

Ausdeutung verschiedener Bibelstellen auf diese Vorhersage kommt — in beiden Fällen beruft er sich letztlich auf Gott, der ihm diese Vorhersage übermittelt hat. Etwas anderes ist es natürlich, wenn diese Vorhersage wortwörtlich in der Bibel enthalten ist und ein Bibelleser darauf stößt und nun andere darauf hinweist — sollte diese Vorhersage dann nicht eintreffen, so läge die Schuld nicht bei dem Bibelleser, sondern bei der Bibel selbst. Das sollen sich auch alle Endzeitautoren vor Augen halten, wenn sie ihre Auslegungen im Sinne von „ich lege nur dar, was die Bibel sagt" präsentieren. Ein Versagen ihrer Auslegungen würde dann um so stärker die Bibel belasten.

Betrachten wir noch ein — auch von der Wachtturmgesellschaft selbst zitiertes — konkretes Beispiel für einen falschen Propheten, wie er im Buch Jeremia beschrieben wird. Noch bevor der babylonische König Nebukadnezar Jerusalem erobert hatte, sagte Hananja das baldige Ende dieses Königs voraus. Jeremia dazu: „Der Prophet aber, der Heil weissagt — an der Erfüllung des prophetischen Wortes erkennt man den Propheten, den der Herr wirklich gesandt hat" (Jeremia 28,9).

Im Bericht heißt es weiter: „Da nahm der Prophet Hananja das Jochholz vom Nacken des Propheten Jeremia und brach es entzwei. Vor dem ganzen Volk erklärte Hananja: ‚So spricht Jahwe: Ebenso nehme ich binnen zwei Jahren das Joch Nebukadnezars, des Königs von Babel, vom Nacken aller Völker und zerbreche es.' Der Prophet Jeremia ging seines Weges" (Zeugen Jehovas, S. 84f).

Man könnte nun versuchen, die Vorhersage Hananjas noch irgendwie zu rechtfertigen: „Gut, seine Zeitangabe hat zwar nicht ganz gestimmt, aber der *Inhalt* seiner Botschaft war ja doch richtig. Zwar nicht innerhalb von zwei Jahren, aber doch innerhalb eines Jahrhunderts ging seine Vorhersage in Erfüllung."

Das könnte man zwar versuchen, aber Gott macht bei diesen Versuchen nicht mit. Der Bericht über den falschen Propheten endet tragisch: „Im siebenten Monat desselben Jahres starb der Prophet Hananja" (Jer 28,17).

Übrigens verweisen auch evangelikale Endzeitautoren häufig auf die klassische Stelle 5.Mose 18. So z.B. Lindsey (S. 19f). Dabei denken sie aber bloß an die alttestamentlichen Propheten, nicht so sehr an die Überprüfung ihrer eigenen Vorhersagen. Das deshalb, weil sie ihre eigenen Darlegungen weniger als „Vorhersagen" betrachten, sondern eher als Wiedergabe oder bestenfalls Auslegung der biblischen Vorhersagen. Auf dieses mitunter naive Verständnis ihres Auslegens gehen wir im nächsten Kapitel (im Abschnitt *Nur die Vorhersagen der Bibel wiedergegeben?*) ein.

10. Das vierte Problem: Eigene Vermutungen als Dogma

a) Wie Sicherheit zum Ausdruck kommen kann

Haben die Zeugen Jehovas bei ihren Voraussagen nur von der *Möglichkeit* gesprochen, nicht von der *Sicherheit?* (Im folgenden gebe ich bei wörtlichen Zitaten in Klammern die Seite meiner Russell-Biographie an, wo dieses Zitat behandelt und wo anschließend die Quelle angeführt wird. Die übrigen Aussagen entsprechen sinngemäß dem, was man in Wachtturm-Gesellschaft-Publikationen lesen bzw. mündlich von Zeugen Jehovas hören kann.)

Eine genaue Betrachtung der Formulierungen zeigt deutlich, daß es um *sichere* Vorhersagen ging (abgesehen von 1975). Das vollständige Ende der Herrschaft heidnischer Regierungen mit dem Jahr 1914 meinte Russell „als eine in der Schrift fest begründete Tatsache nachgewiesen" (S. 66) zu haben.

Ganz allgemein ist jedenfalls wichtig, daß wir bei der Einschätzung von Vorhersagen auch den dabei erhobenen Anspruch beachten: *Stellte ein Endzeitspezialist seine Deutungen als etwas Sicheres, als etwas Wahrscheinliches oder bloß als etwas Mögliches hin?*

Ein hoher Anspruch eines Endzeitautors kann auf verschiedene Weise deutlich werden:

Erstens durch die Behauptung, eine bestimmte Behauptung sei sicher richtig (vgl. das obige Russell-Zitat). Hören wir als evangelikales Beispiel Klaus Gerth: „So verhält es sich hinsichtlich des sowjetischen Angriffs auf Israel. Die Tatsache bleibt bestehen, aber wir wissen die Zeit nicht" (S. 79). Daß die Sowjetunion irgendwann Israel angreifen werde, wird hier als *Tatsache* präsentiert.

Zweitens durch die Rückführung seiner Botschaft auf Gott. Über Russell etwa wurde gesagt: „Er sagte, daß er seine Bücher niemals selbst geschrieben haben könnte. Alles kam von Gott durch die Erleuchtung des Heiligen Geistes" (S. 54). Einige Pfingstler wie David

Wilkerson und Steven Lightle beanspruchen, Visionen von Gott empfangen zu haben. Etwas schwächer, aber noch immer stark kann der Anspruch klingen, von Gott besonderes Verständnis für die biblischen Aussagen bekommen zu haben. So sagt Ulrich Hartmann in seinem Vorwort zum Buch *Was sagt die Bibel über das Ende der Welt?* von Wim Malgo: „Wir sind dankbar, daß der ewige Gott auch Wim Malgo Verständnis gegeben hat, tief in die göttliche Prophetie zu sehen. Es war schon früher so: Immer wieder hat Gott Männer beauftragt, die Menschen zu warnen und sie mit Seinem Plan bekanntzumachen" (S. 9f).

Drittens kann ein hoher Anspruch auch in der Forderung, das Buch *genau* zu lesen, sichtbar werden. So war Russell das *Wie* des Lesens seiner Schriften wichtig; wenn jemand Russells Bücher nur liest — das wäre „kein *Studieren* im rechten Sinne des Wortes".

„Ein rechtes Studieren würde heißen, über jedes Wort und jeden Satz nachzudenken" (S. 47). Im oben erwähnten Vorwort Hartmanns zu Malgos Buch bittet er den Leser: „Lesen Sie dieses Buch aufmerksam ... Lesen Sie das Buch nicht nur einmal, sondern zwei-, dreimal, und lassen Sie den Inhalt auf sich einwirken" (S. 9f).

b) *Wird der Zeitpunkt offengelassen oder einigermaßen festgelegt?*

Es ist bekannt, daß wir den Zeitpunkt für das Ende nicht kennen. Das wird von ziemlich jedem Endzeitautor zugestanden. Dieses Zugeständnis bedeutet aber jetzt nicht unbedingt, daß dieser Zeitpunkt völlig offengelassen wird. Das müssen wir bei dem regelmäßig eingestreuten Eingeständnis, daß niemand *Tag oder Stunde* der Wiederkunft Jesu weiß, beachten. Diese Begriffe werden dabei nämlich sehr wörtlich genommen: Den *genauen* Zeitpunkt kennen wir nicht, den *ungefähren* schon. Darauf kommen wir am Ende dieses Kapitels (sowie in Kap. D, 4) noch zu sprechen.

Aber auch sonst dürfen wir in das scheinbare Zugeständnis eines Autors, den Zeitpunkt nicht zu kennen, nicht zuviel hineinlesen. Betrachten wir z.B. Billy Graham. Auf der einen Seite scheint er die Frage nach dem Zeitpunkt offenzulassen: „Nach den Himmelskörpern gemessen, kann die Zeit uns noch zehn oder hundert oder tausend Jahre gewähren; aber es mag uns auch nur noch ein Tag, eine Woche oder ein Monat beschieden sein. Es mag sehr wohl von uns gelten,

‚daß dies Geschlecht nicht vergehen wird, bis alle diese Dinge erfüllt werden'" (Mt.24,34) (S. 152).

Graham grenzt sich auch von jenen ab, die ein Datum genannt haben: „Ich möchte gewiß nicht den Fehler William Millers oder so vieler anderer aufrichtiger, aber übereifriger Gottesmänner machen, indem ich auch nur ein annäherndes Datum für die Rückkehr Jesu angebe. Ich möchte jedoch in allem Ernst darauf hinweisen, daß die Zeiten, in denen wir leben, sich ganz wesentlich von jeder früheren Zeit unterscheiden. Das Tempo ist gesteigert" (S. 151; 1954er-Ausgabe S. 215).

Auf der anderen Seite führt Graham den Leser dahin zu glauben, daß der Antichrist aus dem Kommunismus kommen werde: „Vor allem stehen wir der gewaltigen Macht des Kommunismus gegenüber — des größten, bestorganisierten und unverhohlensten Feindes des Christentums, der der Kirche seit den Tagen des heidnischen Roms entgegengetreten ist. Der Antichrist, vor dem die Propheten warnten, daß er in den letzten Tagen erscheinen würde, wächst und nimmt Gestalt an vor unseren Augen — ein kühner, eherner, gut bewaffneter Antichrist, der sich nicht bücken wird, um seine Identität zu verhüllen oder seine Absicht zu verdecken" (S. 151f).

Durch eine solche Äußerung führt er den Leser doch zu der Annahme, daß die Endzeitereignisse unmittelbar vor der Tür stehen — und nicht vielleicht noch 100 Jahre auf sich warten lassen. Und woher meint Graham zu wissen, daß der Antichrist ein Kommunist sein werde? Etwa hundert Jahre später kann doch die politische Weltsituation ganz anders sein als 1950.

Bei Graham beobachten wir also, einigermaßen widersprüchlich, beides: Einerseits arbeitet er darauf hin, daß jetzt sehr bald das Ende da ist, und gibt auch schon das Lager an, aus dem der Antichrist kommen werde, andererseits äußert er sich auch so, daß die Frage nach dem Zeitpunkt des Endes völlig offen zu bleiben scheint.

Ähnlich ist es auch bei Klaus Gerth: „Es gibt Dinge, die die Bibel klar voraussagt. Die Tatsache eines Angriffs aus dem Norden gehört dazu. Andererseits wissen wir von Voraussagen, bei denen uns Zeit und Stunde nicht klar gesagt werden. So verhält es sich hinsichtlich des sowjetischen Angriffs auf Israel. Die Tatsache bleibt bestehen, aber wir wissen die Zeit nicht" (S. 79; unverändert S. 85). Aus dem Eingeständnis, die Zeit nicht zu wissen, darf nicht geschlossen werden, daß Gerth die Zeitfrage völlig offenlassen will. Der „Angriff aus dem

Norden" ist für ihn gleichbedeutend mit einem „sowjetischen Angriff"; d.h. die Sowjetunion wird zu jener Zeit noch bestehen, und das beinhalte zwar keinen präzisen zeitlichen Rahmen, aber zumindest soviel, daß sich die politische Konstellation bis dahin nicht mehr wesentlich ändern darf. Es hätte ja die Sowjetunion noch bestehen und den Angriff durchführen sollen.

c) Fehlbarkeitseingeständnis nur als Lippenbekenntnis?

„Wer hat die Gedanken des Herrn erkannt? Oder wer ist sein Ratgeber gewesen?" (Römer 11,34).

Mitunter beteuert ein Endzeitspezialist, kein Ratgeber Gottes zu sein — wie Friedrich Heitmüller bei der Frage, wie lange es noch bis zur Wiederkunft Jesu dauern wird:
„Wenn wir an die Beantwortung dieser tiefeinschneidenden Frage herantreten, dann sind und bleiben wir uns dessen bewußt, daß wir weder der Ratgeber Gottes gewesen sind, noch auch in das mit sieben Siegeln verschlossene Buch, das den Ratschluß des allmächtigen Gottes enthält, geschaut haben" (S. 12).

Mit solchen Aussagen dürfen wir uns jedoch nicht begnügen, sondern müssen beachten, wie der jeweilige Endzeitautor seine Vermutungen dann tatsächlich präsentiert. Mitunter geschieht das in sehr bestimmter Weise, so daß sich solche Eingeständnisse der eigenen Fehlbarkeit und Nicht-Allwissenheit eigentlich als Lippenbekenntnisse erweisen.

Solche Äußerungen finden wir schon beim Begründer der Wachtturmgesellschaft, Charles Russell. Auch diesem galt alleine der Text der Bibel als inspiriert. Da aber nun — knapp vor dem Ende — die Zeit zum Verständnis der prophetischen Aussagen der Bibel gekommen war, hat Gott durch seinen „Kanal" (d.i. Russell) den Christen gezeigt, wie diese Aussagen zu verstehen sind (S. 54-62). Ähnlich meinte auch Hal Lindsey: „In unserer Generation wurde das prophetische Wort ‚entsiegelt', wie es Gott verheißen hatte" (S. 215). Und: „Ich glaube, Gott gibt uns heute Erleuchtung für das Verständnis der Heiligen Schrift."

Daneben kann dann durchaus — wie bei Russell — auch das Eingeständnis der Nicht-Inspiriertheit stehen: „Glauben Sie bitte nicht, ich hielte mich für unfehlbar in dem Sinne, wie es die biblischen Propheten unter der Inspiration des Heiligen Geistes waren."

Und weiter: „Er schenkt uns jedoch keine unfehlbare Offenbarung wie den Verfassern der Bibel" (Lindsey 215).

Davon darf man sich aber wiederum nicht täuschen lassen, denn es gilt auch: „Ich möchte es dennoch wagen, aufgrund sorgfältigen Studiums der prophetischen Schriften und vieler Veröffentlichungen von gläubigen Theologen einige Voraussagen zu machen, die meiner Ansicht nach auf sicherer Grundlage ruhen." Hier wird doch einige Sicherheit beansprucht (ähnlich Lindsey 105).

d) Nur die Vorhersagen der Bibel wiedergegeben?

Bei der Verteidigung der prophetischen Tätigkeit der Zeugen Jehovas kann man mitunter hören: „Die Zeugen Jehovas haben selbst nichts vorhergesagt; sie haben lediglich auf die Vorhersagen der Bibel hingewiesen."

Hat sich demnach die Bibel geirrt, nicht die Zeugen Jehovas? Dabei wird die Schuld letztlich auf die Bibel abgewälzt. Aber sagt die Bibel wirklich vorher, daß es ab 1914 weltweiten Frieden geben wird? Doch sicherlich nicht. Also haben die Zeugen Jehovas sehr wohl etwas über die Bibel hinaus verkündet. Und für dieses Über-die-Bibel-hinaus sind sie verantwortlich.

Bei evangelikal geprägten Endzeitautoren erleben wir die Tendenz, das im eigenen Buch Dargelegte als (weitgehend) durch die Bibel gestützt anzusehen. Bei Lindsey klingt das so: „In diesem Buch versuchen wir, soweit wie möglich im Hintergrund zu bleiben und die Propheten Gottes zu Wort kommen zu lassen" (S. 8).

Das mag Lindsey *versucht* haben, *gelungen* ist es ihm nicht immer (vgl. unten Kap. E, 2). Malgo präsentiert Deutungen der biblischen Endzeitaussagen und redet gegen Ende des Buches den Leser folgendermaßen an: „Lieber Leser, nicht wahr, du hast innerlich gespürt, daß das, was du bis dahin gelesen hast, die Wahrheit ist, zumal es die Bibel so sagt" (Bibel 103).

Hat wirklich *alles*, was der Leser bis dahin in Malgos Buch gelesen hat, die Bibel so gesagt?

Betont ein Autor, daß er letztlich gar keine persönliche Meinung äußert, sondern nur wiedergibt, was die Bibel sagt, dann klingt das im ersten Moment sehr bescheiden und zurückhaltend. Bei näherem Hinsehen stellt sich aber heraus, daß dahinter ein enormer Anspruch steht: Die Darlegung des Autors ist nicht mehr hinterfragbar, sondern kann bloß widerspruchslos akzeptiert werden. Denn welcher Christ würde es noch wagen, der Bibel widersprechen zu wollen?

Im allgemeinen verbirgt sich hinter einer solchen Darstellungsweise auch ein Stück Naivität. Der Autor kommt gar nicht auf die Idee, daß die biblischen Aussagen vielleicht auch anders gemeint sein könnten, als er selbst sie versteht. So wie er die Bibel versteht, so ist sie wirklich gemeint. Wer daher seine Auslegungen anzweifelt, der zweifelt — so die naive Sicht des Autors — die Bibel an.

In dieser Gleichsetzung der eigenen Bibelauslegung mit der Bibel selbst wird eine dogmatische Haltung sichtbar. Bist du skeptisch gegenüber den „Heilsfahrplänen"? Dann bist du ein Bibelkritiker und ein Rationalist, wie Kurt Koch uns belehrt: „Bibelkritiker sprechen gern in einem verächtlichen Ton von einem sogenannten Heilsfahrplan. Diese neurationalistischen Tendenzen können uns aber in unserer Liebe zum Herrn Jesus und zu seinem Wort nicht irremachen" (S. 78).

Eine gewisse Mahnung zur Vorsicht findet man jedoch nicht nur bei „Bibelkritikern", sondern z.B. bei dem bekannten Schweizer Pfingstler Jakob Zopfi: „Die Endzeitzeichen sind nicht zur Erstellung von Heils- und Unheilsfahrplänen gegeben. ... Hände weg von festgefügten Zukunftschemata, ja gar Zeitfahrplänen ..." (S. 25).

Wim Malgo mußte die Feststellung machen, daß die von ihm vertretenen Ansichten in Norddeutschland nicht so gut aufgenommen werden wie weiter südlich. Ob das gegen Norddeutschland spricht? Nach Meinung Malgos schon, er zieht daraus weitreichende Schlußfolgerungen:

„Es ist eigenartig, aber auch auf unseren Verkündigungsreisen verspüren wir diese geistlichen Grenzen. Je nördlicher man kommt — zum Beispiel nach Norddeutschland, Skandinavien —, desto schwerer wird das Predigen. ... So stellen wir fest, daß der Herr in Süddeutschland und in der Schweiz noch ein großes Volk hat, während weiter nördlich die asiatische Kälte die Gemeinde Jesu überfällt" (S. 82).

Die Offenheit für die Botschaft Malgos — die, wie wir in Kap. E, 8 sehen werden, durchaus ihre Eigenheiten hat — wird hier also mit Offenheit für Gott gleichgesetzt.

e) Dispensationalismus

Jene Endzeitautoren, die dazu neigen, sich konkret festzulegen, gehören sämtlich zum Lager der Dispensationalisten. Der Name leitet sich von den sieben „Dispensationen" (= Heilsepochen) mit jeweils unterschiedlichem Rettungsweg ab. Ein Dispensationalist erwartet eine zweifache, durch sieben Jahre getrennte Wiederkunft Jesu: Zuerst eine unsichtbare, bei der die Gemeinde ihm entgegengerückt wird (= Entrückung); daraufhin soll es zur „großen Drangsal" während der Herrschaft des Antichristen kommen, der bei der zweiten Wiederkunft Jesu besiegt wird, woraufhin das 1000jährige Reich aufgerichtet wird. Israel als Volk spielt bei den Dispensationalisten auch in der Endzeit eine besondere Rolle.

Die Vertreter des Dispensationalismus würden auf einen derartigen Namen lieber ganz verzichten wollen und ihre Position einfach als die biblische gekennzeichnet sehen: „Die Meinung, die ich selber vertrete, wird oft als ‚Dispensationalismus' oder gar ‚dispensationalistischer Prämillenialismus' bezeichnet. Ich finde diese bombastischen Namen überflüssig. Ich möchte ganz einfach und in logischer Reihenfolge die biblischen Aussagen zu diesem Thema entfalten, denn die Heilige Schrift lehrt uns ganz deutlich, was wir in der Zeit vor und nach der Wiederkunft Jesu zu erwarten haben" (Hoyt in Clouse 51).

Diese Haltung ist für Dispensationalisten typisch. So wie sie die Bibel verstehen, so sei sie wirklich gemeint.

Diese feste Überzeugung, die eigene Endzeitsicht sei die eindeutig richtige und sie sei als solche von allen Menschen guten Willens erkennbar, erschwert ein Ernstnehmen der Kritik an der eigenen Position sowie ein Verstehenwollen anderer Positionen. „Darum hat es im Verlauf der letzten Jahre sehr wenige konstruktive Gespräche zwischen Dispensationalisten und den Anhängern anderer Schulen prophetischer Auslegung gegeben" (Ladd in Clouse 77).

Dieser Dispensationalismus wurde erstmals im 19. Jahrhundert von John Nelson Darby, einem Repräsentanten der Brüderbewegung, vertreten. Durch die sogenannte *Scofield-Bibel* wurde dieses System weit verbreitet. Man findet den Dispensationalismus aber nicht nur in der Brüderbewegung, sondern auch sehr stark in Pfingstkirchen (und charismatischen Kreisen). Generell kann man sagen, daß Dispensationalisten auch Fundamentalisten sind. Sie betonen also nicht einfach wie andere Evangelikale die Autorität der Bibel, sondern vertreten darüber hinaus ihre Irrtumslosigkeit in all ihren Aussagen. Damit verbunden ist oft die Neigung zu einer wörtlichen Interpretation. So sagt auch Herman A. Hoyt: „Die Heilige Schrift sollte immer in ihrem buchstäblichen und normalen Sinn verstanden werden" (Clouse 54).

Sehen wir einmal davon ab, ob ein Dispensationalist diese Regel selbst konsequent durchhält – ein Kritiker von Hoyts Beitrag bezweifelte das: „Ich fand folgende sechs Beispiele für Bibelstellen, die Hoyt nicht ‚buchstäblich‘ auslegte: . . ." (Hoekema in Clouse 87) Es besteht aber wohl nicht nur der Anspruch, sondern auch die Tendenz zu einer sehr wörtlichen Auslegung. Das wird etwa bei der Deutung von Jesu Ausspruch, daß niemand Tag oder Stunde kennt, sichtbar: Dispensationalisten nehmen diese Aussage sehr wörtlich: „Tag oder Stunde" = genauer Zeitpunkt. Den *ganz genauen* Zeitpunkt weiß niemand, aber den *ungefähren* meinen Dispensationalisten sehr wohl zu kennen (aufgrund der „Zeichen der Zeit"). (Näheres zu diesem Ausspruch Jesu in Kap. D, 4.)

Die in Teil E näher untersuchten Endzeitautoren sind also durchwegs Fundamentalisten. Für die übrigen Evangelikalen gilt diese Kritik nur zum Teil. Aber auch nicht alle Fundamentalisten vertreten den Dispensationalismus. (Etwa Samuel Külling, der Rektor der FETA Basel, lehnt ihn ab.) Betrifft also meine Kritik nur einen kleinen Teil der Evangelikalen? Hier ist zweierlei zu bedenken: Der Absatz dieser Art von Literatur ist jedenfalls enorm groß (im deutschen Sprachraum bringen vor allem die Verlage *Klaus Gerth,* ehemals *Schulte + Gerth,* und *Leuchter* solche Literatur heraus); nur wenige christliche Bücher kommen an diese Absatz-Zahlen heran. Wie auch immer diese Literatur verbreitet wird, sie landet jedenfalls in vielen Händen. Insofern scheint es mir wichtig, auf einige bedenkliche Gesichtspunkte öffentlich hinzuweisen. Dazu kommt, daß manche hier behandelte Erscheinungen, wie etwa der Signalismus (siehe Kap. D, 4), in schwächerer Form auch von vielen nichtfundamentalistischen Evangelikalen vertreten werden.

Schließlich ist auch die Wirkung auf außenstehende Beobachter nicht zu übersehen. Es zeigt sich, daß aufgrund der weiten Verbreitung dieser Literatur sie manchen nicht so gut informierten Außenstehenden als repräsentativ für „die Evangelikalen" gilt. So meinte etwa der „Beauftragte der Evangel.– Luth. Kirche in Bayern für religiöse und geistige Strömungen unserer Zeit" in einem Artikel, in dem er sich mit New Age kritisch auseinandersetzt: „Für gefährlich bis absurd halte ich allerdings die Reaktionen, die auf New Age aus dem evangelikalen Lager kommen. Daß ein Buch wie ,Die sanfte Verführung' von Constance Cumbey sich einer derartigen Aufmerksamkeit erfreuen kann, ist mir kaum erklärlich. Die dort vorgetragene Theorie von der Verschwörung satanischer, spiritistischer Mächte kann nur die Angst fördern. ... Daß sich das evangelikale Schrifttum, welches sich mit New Age beschäftigt, großer Beliebtheit erfreut, soll nicht darüber hinwegtäuschen, daß es für eine weiterführende Auseinandersetzung kaum hilfreich ist" (Erwin Haberer im *Deutschen Pfarrerblatt* 1988, S. 273-275).

Nun ist das erwähnte Buch von Cumbey keineswegs repräsentativ für die Evangelikalen insgesamt, weder für die Verlage noch für die Leser. Denn das 1985 im *coprint*-Verlag erschienene New Age-Buch von Hans-Jürgen Ruppert fand eine ähnliche Verbreitung wie das von Cumbey, und wohl vor allem unter evangelikal geprägten Lesern. Aber die Gefahr, daß ein von einem evangelikalen Verlag herausgebrachtes und massenhaft abgesetztes Buch als repräsentativ für „die Evangelikalen" genommen wird, besteht eben. Dadurch sind dann auch die anderen Evangelikalen zur Stellungnahme herausgefordert.

(Eine umfassende theologische Behandlung der Zukunftsthematik bringt Hans SCHWARZ: *Jenseits von Utopie und Resignation. Einführung in die christliche Eschatologie,* 1991. Da Schwarz lange Zeit in den USA unterrichtete, kennt er auch die dort erschienene Literatur sehr gut. Als Universitätstheologe steht er allerdings dem Dispensationalismus distanziert gegenüber, berücksichtigt ihn aber genauso wie die anderen — religiösen und säkularen — Strömungen. Speziell um die verschiedenen Positionen im Hinblick auf das Millennium geht es in Robert CLOUSE: *Das Tausendjährige Reich,* 1983, sowie in Werner STOY: *Hoffnung für unsere Erde? Das Tausendjährige Reich,* 1985.)

Die Folgen der Demnächsterwartung

Seit Jahrzehnten, ja seit Jahrhunderten haben manche Christen das Kommen Jesu als in den nächsten Jahren bevorstehend verkündet. Zu welchen Folgen kommt es, wenn diese Erwartung mehrmals enttäuscht wird? Und überhaupt: Mit welchen Erscheinungen ist diese Demnächsterwartung im evangelikalen Bereich gewöhnlich verknüpft?

Die folgenden Punkte gelten durchaus nicht für alle, sondern jeweils nur für manche Endzeitautoren.

1. Anfangs Eifer, schließlich Resignation und Zweifel

Wenn die Beschäftigung mit Endzeitfragen zu einer Demnächsterwartung führt, so liegen darin offenbar Gefahren. Nun gibt es Versuche, eine solche Demnächsterwartung trotz eingestandener Gefahren positiv zu sehen:

„Natürlich gibt es in Zeiten großer Unruhen und Wirren immer ekstatische Auswüchse mit Kurzschlüssen. Die zu starke Erwartung ist mir aber lieber als der kalte, rechnende Verstand, der gar keinen Zugang zum geistlichen Geschehen findet. So werte ich die starke Naherwartung vieler Israeliten durchaus als positives Zeichen. Beim Beginn des Wochenfestes am 14. Juni 1967 — kurz nach dem Krieg — sind fromme Israeliten auf den Berg Zion gezogen und meinten, die Ankunft des Messias stünde bevor. Kranke und Sieche ließen sich tragen oder fahren. Hunderte verbrachten die ganze Nacht betend auf dem Berg Zion." So berichtete und urteilte Kurt Koch in seinem Buch *Der Kommende* (S. 14).

Sich zwischen zwei schlechten Möglichkeiten entscheiden zu müssen, ist immer schwierig. Was ist mir lieber: Zu starke Erwartung mit wiederholten Datierungsversuchen einerseits oder Gleichgültigkeit andererseits? Die Alternative klingt für mich so wie die Frage: Ist es besser, wenn ich mir den linken Arm breche oder den rechten? Wie soll man darauf antworten?

Wenn irgendwie möglich, sollte ich mir überhaupt keinen Arm brechen, weder den rechten noch den linken. Und so wird man auch zur von Koch aufgeworfenen Alternative sagen: Weder das eine noch das andere Extrem ist gut, vielmehr sollen wir eine ausgewogene Haltung anstreben.

Übrigens hat schon Charles T. Russell, der Begründer der Wachtturmgesellschaft, angesichts des Offenbarwerdens des Versagens seiner Vorhersage unter Rechtfertigungsdruck stehend, diese Falschvorhersage positiv zu sehen versucht:

„Der Gedanke, daß die Kirche vor Oktober 1914 in Herrlichkeit vereint sein würde, übte zweifellos einen anspornenden und heiligenden Einfluß auf Tausende aus, von denen demgemäß alle den Herrn preisen können, selbst um des Fehlers willen" (S. 118f).

Doch Gott verurteilt das falsche Vorhersagen, egal wie wir die Folgen solcher falschen Vorhersagen einschätzen. Und wenn wir schon versuchen, die Folgen abzuschätzen, sollten wir doch auch die negativen Folgen nicht übersehen. Dazu in den folgenden Kapiteln mehr.

Der Hinweis auf das nahe Ende wird mitunter verwendet, um Christen zur Umkehr zu bewegen, zu neuer Hingabe. Das klingt zwar positiv, es kann sich dabei aber auch um einen Mißbrauch handeln: Wenn jemand unter Vorspiegelung falscher Tatsachen („in einigen wenigen Jahren kommt Jesus!") zu dieser Umkehr oder neuen Hingabe bewogen wird ... Außerdem, ganz praktisch betrachtet: Sehr oft kann man das nicht machen, denn nach mehreren Malen funktioniert das nicht mehr.

Überhaupt ist damit zu rechnen, daß derart beeinflußte Christen allmählich resignieren und abstumpfen. Somit kann sich eine solche permanente Demnächsterwartung für den Christen schädlich auswirken. Um 1970 las er, daß — laut biblischer Aussagen — für die 70er Jahre die Endzeitereignisse zu erwarten seien. Es geschah nichts. Um 1980 las er dann, daß — ebenfalls laut biblischer Aussagen — für die 80er Jahre die Endzeitereignisse zu erwarten seien. Die Gefahr ist groß, daß ein Christ auf die Dauer mit einer solchen ständigen Hochspannung nicht leben kann. Der Christ, der wiederholt in Aufregung versetzt wird: „Jetzt gleich kommt es, in den nächsten Jahren!", wird allmählich schläfrig. Nach Jahrzehnten äußerster Spannung wird jeder müde.

Ja, die negative Wirkung auf Christen kann sogar noch weitergehen, indem sie nämlich überhaupt in eine Glaubenskrise kommen. Manche Christen werden die richtigen Konsequenzen ziehen und aufhören, sich mit dieser speziellen Sorte von Endzeitliteratur zu beschäftigen. Es ist aber zu befürchten, daß andere Christen darüber hinausgehen und überhaupt die Erwartung der Wiederkunft Jesu in Zweifel ziehen, vielleicht sogar die ganze Beschäftigung mit der Bibel aufgeben. Schließlich hatten sie über Jahre hinweg die Bibel immer wieder mit der Brille dieser speziellen Demnächsterwartung gelesen. Daß man die Bibel auch anders lesen könnte, ist ihnen vielleicht nicht bekannt, jedenfalls sind sie darin nicht geübt. Eine Enttäuschung der Demnächsterwartung könnte sich somit auf die Bedeutung auswirken, die die Bibel für manche Christen hat.

2. Aktualität der Bibel beeindruckt vorerst manche, schließlich kommt sie in Mißkredit

Wenn Außenstehenden der Eindruck vermittelt wird, daß die Bibel ein sehr aktuelles Buch ist, so ist das natürlich positiv. Klaus Gerth berichtet, daß Lindseys Buch so auf ihn gewirkt hat. Haben sich vielleicht manche Menschen durch solche Endzeitbücher bekehrt? Ein solches *Ergebnis* wäre natürlich erfreulich, aber ist die *Methode* christlich? Wenn es sich dabei nämlich bloß um eine vorgetäuschte Aktualität handelt, so ist das negativ. Ein Beispiel: Wenn dem Leser der Eindruck vermittelt wurde, daß der Expansionsdrang der Sowjetunion (Afghanistan, demnächst Iran) bereits in der Bibel vorhergesagt wurde, so kann man den Leser damit vielleicht momentan beeindrucken. In weiterer Folge wird er jedoch von der Bibel um so enttäuschter sein, wenn er dann feststellen muß, daß er eigentlich einem Trick aufgesessen ist.
Doch jetzt ganz abgesehen von jenen, die anfangs beeindruckt waren. Für den Außenstehenden, dem die sich dann als falsch erweisenden Vorhersagen als biblisch präsentiert wurden, entsteht der Eindruck: „Man kann sich offenbar doch nicht auf die Bibel verlassen!"
Das ist vielleicht der schwerwiegendste Nachteil einer Demnächsterwartung, die sich auf das Kommen Jesu in den nächsten Jahren festlegt: Die Wirkung auf das Image der Bibel.

Da eine solche Demnächsterwartung unter starkem Hinweis auf biblische Aussagen präsentiert wird, kommt beim Versagen der konkreten, auf die nächsten Jahre festgelegten Erwartung nicht nur der jeweilige „Prophet", sondern gleichzeitig auch die Bibel in Verruf. Viele Menschen unterscheiden nicht so genau; bei ihnen bleibt dann einfach der Eindruck zurück, daß man sich eben auf die Bibel doch nicht so verlassen kann.

Selbst wenn diese Menschen differenzieren und festhalten, daß es einzelne Ausleger waren, die hier von der Bibel ausgehend zu falschen Erwartungen kamen, gerät dadurch doch auch die Bibel in ein ungünstiges Licht. Schließlich war sie die Grundlage, mit der diese Ausleger gearbeitet haben. Die Bibel erscheint dadurch als ein so vieldeutiges Buch, daß man verschiedenste falsche Vorstellungen von ihr ableiten kann. (Vgl. auch unten die 4. Folge: Eigentliche Aussagen der Bibel kommen nicht mehr zur Geltung).

3. Die Erwartung des Kommens Jesu sowie das Evangelium werden lächerlich gemacht

Von den biblischen Aussagen ist es insbesondere die Erwartung der Wiederkunft Jesu, die durch solchen Übereifer in ein schiefes Licht gerät. Die Öffentlichkeit erfährt — soweit sie derlei Ankündigungen überhaupt registriert — immer wieder, daß es nun gleich soweit ist. Die Ankündigung des Kommens Jesu wird dadurch immer mehr zu einer nicht ernstzunehmenden Sache. Wenn dann ein Christ seine Hoffnung auf das Kommen Jesu — ohne jede zeitliche Festlegung — auch nur erwähnt, denken viele Zeitgenossen aufgrund früherer Erfahrungen sofort an jene übereifrigen Fanatiker, die diese Wiederkunft schon recht genau vorhergesagt haben, ohne daß sie sich tatsächlich ereignet hatte. Die Vorstellung der „Wiederkunft Jesu" wird auf diese Weise vom Hauch des Schwärmerischen, ja Verrückten umgeben.

Wim Malgo stellt fest: „Überall, auch in Zeitungen, bricht Hohn und Spott auf, wenn es um die Erwartung des Wiederkommens Jesu geht. Das sind Zeichen der Endzeit" (Bibel 84).

Vielleicht sind das solche Zeichen, doch jedenfalls ist dieser Hohn auch ein Resultat wiederholter voreiliger Ankündigungen, an denen u.a. Malgo mitgewirkt hat (vgl. Kap. E, 8).

Solche negativen Folgen wurden übrigens von Hal Lindsey — dessen eigene Vorhersagen wir (in Kap. E, 2) einer eingehenden Untersuchung unterziehen werden — klar beschrieben: „Viele Theologen der vergangenen Jahre haben versucht, die Ereignisse des Ersten und Zweiten Weltkrieges irgendwie mit den prophetischen Endzeichen in Zusammenhang zu bringen. Als die Voraussagen nicht eintrafen, geriet die ganze Prophetie in Mißkredit. Die Leute, die in die Berge flohen und dort das Ende der Welt abwarten wollten, hatten nicht die blasseste Ahnung von der biblischen Weissagung. Auf Grund solcher und ähnlicher unschriftgemäßer Versuche, genaue Zeitpunkte zu errechnen, wurden viele skeptisch und wandten sich von der biblischen Prophetie ganz ab" (S. 48).

Abgesehen von der Wiederkunft Jesu: Auch ganz allgemein wird die Botschaft von Jesus negativ besetzt und somit die Evangelisation erschwert. Viele Menschen, denen nun etwas von Jesus erzählt wird, erinnern sich: „Ja, von diesem Jesus habe ich schon gehört — von dem reden doch auch die, die schon so oft zu wissen meinten, was in der nächsten Zeit geschehen sollte, und es geschah dann doch nicht."

Oder sie denken: „Das ist doch dieser Jesus, von dem es schon so oft hieß, daß er in den nächsten Jahren auftauchen sollte, doch bisher hat noch niemand eine Spur von ihm gesehen …"

4. Eigentliche Aussagen der Bibel kommen nicht mehr zur Geltung

Wenn die gegenwärtigen politischen Vorgänge vorschnell mit irgendwelchen Bibelversen kombiniert werden, so besteht die Gefahr, daß die eigentlichen Aussagen dieser Bibelverse kaum zur Geltung kommen. Sie dienen dann lediglich als Etikett für beliebige politische Vorgänge — so lange, bis deutlich wird, daß die Kombinationen doch nicht passen. Wie schon René Pache feststellte: „Will man in jedem Satz der Propheten das geringfügigste Ereignis der Gegenwart sehen, so läuft man Gefahr, mindestens alle zehn Jahre seine Deutungen revidieren zu müssen" (S. 26).

Betrachten wir zur Veranschaulichung einige Beispiele.

In Jesaja 19 finden wir eine Vorhersage über Ägypten. Mit lockerer Hand überträgt Malgo sie auf die Kämpfe in den 1970er Jahren zwischen Arabern im Libanon: „Das furchtbare Morden, das sich im Libanon abspielt, hat der Prophet Jesaja bereits vor Jahrtausenden gesehen, als der Herr von den Ägyptern und im weiteren Sinne von den Arabern sprach: ,... daß ein Bruder wider den andern, ein Freund wider den andern, eine Stadt wider die andere, ein Reich wider das andere streiten wird‘“ (Jes. 19,2) (Schatten 97f).

Sehr schnell werden alttestamentliche Aussagen auf die eigene Gegenwart bezogen, ohne lange zu fragen, auf welche Zeit sie tatsächlich hinweisen. Und auch das Objekt der Aussage wird schnell ausgetauscht. Auf diese Art passen dann tatsächlich viele Bibelverse auf die momentanen politischen Vorgänge.

Marius Baar neigt ebenfalls zu vorschnellem Gleichsetzen aufgrund möglicher Parallelen. „Nicht die Araber sind abhängig vom Abendland, nicht wir, sondern sie können uns boykottieren. Wie recht hat die Offenbarung! (Offenbarung 13,17)“ (S. 44f). An der angegebenen Stelle lesen wir, daß niemand kaufen oder verkaufen kann ohne das Malzeichen des Tieres. Ist es wirklich sicher, daß die Verfügungsgewalt der doch in verschiedener Hinsicht uneinigen arabischen Welt über einen großen Teil der Ölvorräte die Erfüllung dieses Offenbarungs-Wortes darstellt?

5. Verzicht auf Zukunftsvorsorge

Genaue, sich später als irrtümlich erweisende Vorhersagen können zu falschen Handlungen führen. Etwa dazu, daß jene, die an das Ende in den nächsten Jahren glauben, keine Zukunftsvorsorge mehr treffen. Es besteht also die Gefahr einer unrealistischen Zukunftsplanung. Wenn jemand vor 20 Jahren dahingehend beeinflußt wurde, mit der Wiederkunft Jesu und Entrückung in den nächsten Jahren zu rechnen, so besaß er wenig Motivation, für eine längere Zukunft vorzusorgen. Es kann ihm dann passieren, daß er schließlich ohne Pension oder ohne Ersparnisse dasteht. Das um so mehr, als manche Endzeitautoren den finanziellen Bereich direkt ansprechen. So beobachtet Malgo entsetzt: „... gibt es noch immer Gotteskinder, die es wagen, auf ihrem Bankkonto Geld anzuhäufen; sie leben von ihren Zinsen und Zinseszinsen. ... [er verweist auf Matthäus 6,19] ... Was geschieht denn mit deinem Sparguthaben, wenn heute die Entrückung stattfindet? Diese Mittel, die du für die Sache Jesu Christi hättest investieren können, gehen dann in den Besitz des Antichristen über" (Aufmarsch 65).

6. Vernachlässigung sozialer Aufgaben

Die Erwartung des nahen Endes hat nicht nur individuelle Folgen, sondern auch politische. Wer glaubt, daß in einigen Jahren das Ende da ist, wird sich kaum besonders für Anliegen engagieren, die bloß langfristig zu verwirklichen sind, also etwa für eine Änderung sozialer Strukturen, für Entwicklungshilfe, für Umweltschutz ... Engagement für Projekte, die erst im Laufe von Jahren wirksam werden, scheint unangebracht zu sein, wenn doch bis dahin ohnehin die Gemeinde entrückt ist und totales Chaos über die Welt hereinbrechen wird.

Im Rückblick betrachtet muß man sagen, daß die Anhänger der Zeugen Jehovas irregeführt wurden. Wiederholt wurde das baldige Ende angekündigt, für 1914, 1918 usw., zuletzt 1975. Seither ist schon einige Zeit vergangen. Ein soziales Engagement wäre im Hinblick auf mehrere nachfolgende Jahrzehnte durchaus sinnvoll gewesen; damals, wenige Jahre davor, erschien das jedoch kaum sinnvoll.

Viele Christen zögern, sich sozialen Aufgaben zu widmen. Den naiven Utopien von Weltverbesserern wollen sie nicht anhängen, da sie für den Christen keinen Auftrag sehen, die Welt zu verbessern. Hier beobachten wir wieder das Pendeln zwischen zwei Extremen: Auf der einen Seite die Erwartung, die Welt könnte durch unseren Einsatz, ohne Jesu Wiederkommen, zu einem guten Zustand kommen; auf der anderen Seite soziale Passivität und somit Unterstützung des doch wahrlich nicht guten Status quo.

Die Demnächsterwartung bildet einen weiteren Faktor, der dazu führt, daß Christen häufig politisch konservativ sind, trotz ihrer massiven Kritik an den Zeitverhältnissen. Was plausibel gewesen wäre, hätte es wirklich nur noch wenige Jahre bis zum Ende gedauert, wird im Rückblick auf mehrere Jahrzehnte, wo Christen im Hinblick auf das so nahe erwartete Ende sozial inaktiv waren, nicht mehr rechtfertigbar.

Es gibt Möglichkeiten, zur Linderung von Leid beizutragen, ohne dabei der Illusion anzuhängen, die Geschichte der Menschheit werde aus eigener Kraft zum Guten kommen. Denken wir etwa an zwei Christen des vorigen Jahrhunderts, an Henri Dunant, den Gründer des Roten Kreuzes, oder an Friedrich Wilhelm Raiffeisen.

Abgesehen von sozialen Aufgaben ist auch ganz allgemein an die Präsenz der Christen in der Gesellschaft zu denken: An deren soziales (= gesellschaftliches) Wirken im weitesten Sinne also.

Christen mit Demnächsterwartung neigen dazu, verschiedenste Kulturbereiche den „Heiden" zu überlassen. Wenn Christen in den Künsten und in den Medien tätig sind, können sie dazu beitragen, daß das Evangelium dort präsent ist und somit gute Chancen bestehen, daß die Bevölkerung des Landes damit auf verschiedene Weise konfrontiert wird. Eine besonders negative Einschätzung der gegenwärtigen Lage verbunden mit der Erwartung, daß ohnehin in wenigen Jahren das Ende da ist, begünstigt die Neigung, sich aus allen diesen Bereichen herauszuhalten. „Eine Vernachlässigung der Kultur, der Künste und der Medien birgt jedoch in sich eine große Gefahr, denn gerade diese Bereiche werden dann mangels christlichen Interesses von den materialistischen, säkularisierten Kräften übernommen und für antigöttliche Zwecke eingesetzt" (Clouse 168f).

7. Einseitig pessimistische Einschätzung der Gegenwart

Die Vorstellung, daß die Entwicklung der Menschheit auf die Herrschaft des Antichristen zusteuert, hat einen ausgeprägten Pessimismus zur Folge. Das Ursache-Wirkungs-Verhältnis könnte allerdings auch umgekehrt sein: Wer das Zeitgeschehen sehr pessimistisch beurteilt, wird dazu neigen, mit dem baldigen Ende zu rechnen. (So quasi: „Schlimmer als es jetzt ist, kann es nicht mehr werden ...") Es ist also schwer zu sagen, was hier Ursache und was hier Wirkung ist. Beide Faktoren — Pessimismus und Demnächsterwartung — können sich gegenseitig verstärken.

Ist eine extrem pessimistische Einschätzung des momentanen Zeitgeschehens gerechtfertigt? Sie ist sicherlich nicht aus der Luft gegriffen, aber vielleicht doch einseitig. Denn dabei werden positive Entwicklungen, die gleichfalls vorhanden sind, ignoriert. Darauf weisen insbesondere Postmillenialisten hin, etwa im Hinblick auf jene Länder, wo christliche Einflüsse wirksam waren: „Wenn wir an die hilflose Welt von damals, die in der Finsternis von Sklaverei, der Vielehe, der Unterdrückung von Frauen und Kindern, des Mangels an politischer Freiheit, der Unwissenheit, der Armut und der primitiven Krankenfürsorge denken, dann muß uns doch klar sein, daß eine Aufwärtsentwicklung stattfindet" (Loraine Boettner in Clouse 103).

Hinzuweisen ist auch darauf, daß die Bibel soweit übersetzt ist, daß zumindest Teile von ihr für 98 Prozent der Weltbevölkerung in ihrer Alltagssprache zugänglich sind.

Durch eine einseitige Auswahl möglichst negativer Nachrichten wird dem Zuhörer/Leser ein besonders schwarzes Bild vom Zeitgeschehen vermittelt, so daß kritisiert werden konnte: „Psychologische Druckmittel werden angewandt, um bei den Predigtzuhörern eine pessimistische Stimmung auszulösen" (Clouse 168).

In Kap. A, 8 hatten wir uns damit schon beschäftigt.

Mitunter wird dabei die Vergangenheit glorifiziert („Die gute alte Zeit …"), während ein kritischer Vergleich zeigen würde, daß es auch schon früher ähnliche negative Erscheinungen gab.

Eine solche negative Einschätzung geht oft auch mit der Neigung einher, hinter vielen Erscheinungen das Wirken von Dämonen zu vermuten. Bei einer solchen Sichtweise ist eine sachliche Auseinandersetzung mit den betreffenden Erscheinungen kaum noch möglich, man beschränkt sich auf laute Warnrufe. Auf diese Neigung wies Lutz von PADBERG hin, und zwar in einem Vortrag über „evangelikale Apologetik". (Unter *Apologetik* ist die *Verteidigung des christlichen Glaubens* zu verstehen.) Padberg ist Historiker und unterrichtet an der Ev. Theol. Faculteit in Löwen (Belgien) sowie an der FTA in Gießen. Er stellte bei seinem Vortrag große Mängel in der evangelikalen Apologetik fest („apologetische Defizite"). Als eine Ursache dafür nennt er „die von manchen Evangelikalen vertretene spezielle Sicht der Endzeit". Es handelt sich dabei, wie wir noch sehen werden, um genau jene Sicht, die wir in den im Teil E behandelten Endzeitbüchern durchwegs finden. Padberg erläutert:

„Aufgrund ihres Verständnisses der Offenbarung und anderer prophetischer Aussagen der Bibel kommen sie zu einer Art apokalyptischem Fahrplan, in den sie dann Ereignisse des Geschichtsverlaufes

einzutragen versuchen. Dieses Verfahren vermittelt ihnen den Eindruck, die Gegenwart habe endzeitliche Qualität. So gelten entsprechende Ereignisse als in der Bibel vorhergesagt, was wiederum im Umkehrschluß als Beweis für deren Autorität herangezogen wird."
Hier könnte man etwa an die Staatsgründung Israels denken.

Padberg weiter: „Der Zustand von Kirche und Gesellschaft wird als so übel angesehen, daß allein die Wiederkunft Jesu Besserung bringen könne. Konsequente Schlußfolgerung ist die Auffassung, die Gegenwart stehe unter der Herrschaft des Antichristen, weshalb man bei allen möglichen Geschehnissen dämonische Kräfte am Werke glaubt."
(Der Vortrag wurde veröffentlicht im *Materialdienst* der Evangelischen Zentralstelle für Weltanschauungsfragen, 1990, S. 177-189, Zitat S. 182f.)

Die pessimistische Einschätzung des Zeitgeschehens führt auch dazu, daß viele Christen eine möglichst große Distanz anstreben. Anstatt Politik, Kultur und Medien positiv mitzugestalten, ziehen viele Christen sich zurück und überlassen diese Bereiche anderen Menschen. Dadurch können die säkularisierten, mitunter antigöttlichen Kräfte um so ungehinderter wirken.

Padberg nennt keine Namen, keine konkreten Beispiele. Er erwähnt jedoch, daß eine solche Dämonisierung bei der evangelikalen Beurteilung der New Age-Bewegung verbreitet ist. Dabei schreckt er auch vor einer vernichtenden Kritik nicht zurück: „Manche in evangelikalen Verlagen zum Thema erschienenen Bücher sind intellektuell, man muß es leider deutlich sagen, ein Armutszeugnis, finden aber gleichwohl zahlreiche Käufer. Eine genauere Analyse dieser Problematik müßte sich mit der Affinität mancher evangelikaler Kreise zu relativ einfachen Denkmustern und Argumentationsreihen beschäftigen" (S. 184).

Sollte Padberg recht haben: Wäre es nicht doch nötig, die Situation gründlicher zu beleuchten, und dabei der Klarheit halber auch konkrete Beispiele zu nennen? Wenn wir wollen, daß sich an diesem Zustand etwas ändert, müssen wir wohl Namen und konkrete Sachverhalte nennen. Wir dürfen nicht außer acht lassen, daß die Endzeitliteratur immer wieder ganz oben in den evangelikalen Bestsellerlisten landet — also einen enormen Einfluß ausübt. Für Hal Lindseys *Alter Planet Erde* etwa wird eine „Weltauflage über 20 Millionen" angegeben, bei anderen Büchern kommt es eine zeitlang in kurzen Abständen zu einem Nachdruck.

8. Angst

Ein bedenklicher Aspekt kann darin gesehen werden, daß die Beschäftigung mit der Endzeit vielleicht nur die äußere Form ist, die sich die in uns wohnende Angst sucht. So meint Michael Weyer-Menkhoff in seinem Artikel *Angst vor der Endzeit?*, daß sich hinter dem eschatologischen Fieber Angst verbirgt. Er schreibt: „Merkwürdige Allianzen ergeben sich da übrigens. Mit der Computerfurcht, mit der Angst vor neuen Ausweisen und Scheckkarten, vor Volkszählung und EAN-Code sind sie in bester Gesellschaft mit den nichtchristlichen Gruppen in Westeuropa, die auch ‚Angst vor dem Computer‘ und vielleicht Angst vor der Zukunft überhaupt haben. Da scheinen beide vom selben Zeitgeist beeinflußt, hier nur eben christlich gefärbt" (S. 5).

Und diese Angst sollte wohl grundsätzlich behandelt werden, anstatt ihr ungehindert Raum zu geben. (Eine solche Überängstlichkeit ist das eine Extrem, aber natürlich gibt es auch das andere Extrem: Eine Sorglosigkeit, die real vorhandene Gefahren nicht beachtet. Und wie so oft sind auch hier beide Extreme schlecht.)

Unter diesem Gesichtspunkt sind auch Buchtitel wie *Der Antichrist kommt* (Gerth) oder *Die Apokalypse kommt!* (Goetz) zu sehen. Solchen Titeln möchte ich einen anderen Satz entgegenstellen: „Jesus kommt!" Denn das ist es, worauf sich unser Augenmerk richten soll. Nicht der Antichrist ist es, auf dessen Kommen wir wie gebannt starren sollen, sondern er, der den Antichrist „beseitigen wird durch den Hauch seines Mundes" (2. Thess 2,8).

Eine solche Angst wird durch Nachrichten gefördert, daß der Antichrist schon im Anmarsch ist. Und umgekehrt: Wo diese Angst da ist, werden plötzlich antichristliche Indizien wahrgenommen, die es gar nicht gibt. Mehren sich die Indizien, so heißt es dann, daß sein Auftreten schon unmittelbar bevorstehe. Da kann man lesen, „daß Berichten von Besuchern in Jerusalem zufolge die öffentlichen Verkehrsmittel der Stadt, wie Busse usw., auf ihren Nummernschildern die Zahl 666 tragen. Ob das auch ein Hinweis auf Offenbarung 13,18 ist? Jedenfalls ist die Zahl immer öfter anzutreffen" (Neumann 139).

Nun sind die Nummernschilder von öffentlichen Verkehrslinien gewöhnlich dazu da, die Linien voneinander zu unterscheiden. Schon aus diesem Grund ist es nicht anzunehmen, daß in Jerusalem alle Linien „666" heißen.

Weyer-Menkhoff nennt eine Reihe von Beispielen aus sogenannten christlichen Traktaten, die Meldungen über das Vorkommen der Zahl 666 liefern (S. 2-5). Sein Resumé zu diesen Berichten: Oft werden unklare Behauptungen aufgestellt, die sich kaum überprüfen lassen; ist eine Angabe konkret genug, um sich überprüfen zu lassen, so erweist sie sich zumeist als falsch.

Voraussetzungen für das Aufkommen sowie die rasche Verbreitung solcher Gerüchte sind die in Teil A genannten zwei ersten Probleme: Erstens die Demnächsterwartung — wenn das Auftreten des Antichristen unmittelbar bevorsteht, so wirken alle Nachrichten über bereits beobachtbares Antichristliches (wie z.B. ein Vorkommen der Zahl 666), von vornherein sehr glaubwürdig. Und zweitens die Überbewertung schwacher Anhaltspunkte. Als dritter Faktor könnte hier noch die tendenziöse Auswahl von Nachrichten genannt werden. Es gibt unbestreitbar äußerst beunruhigende Nachrichten, etwa in ökologischer Hinsicht. Oft machen es sich (nicht nur) Christen aber zur Aufgabe, vorzugsweise negative Nachrichten zu sammeln und zusammenzustellen. Die solcherart zustandegekommenen Bücher vermitteln dem Leser ein übertrieben einseitig negatives Bild.

Allerdings ist es schwer, einem Christen, dessen eigenes Weltbild durch derartige Literatur geprägt ist, klarzumachen, daß dieses Bild zu einseitig negativ ist. Ich greife daher auf ein Beispiel aus dem Jahr 1949 zurück. In Fünnings Israel-Büchlein konnte man lesen: „‚Wir hier zittern ob des kommenden Krieges mit Rußland‘, schreibt ein Prediger aus Deutschland. Und diese schreckliche Angst wird dadurch vermehrt, daß der nächste Krieg höchst wahrscheinlich mit Atom-Bomben geführt werden wird" (S. 6).

Nun könnten wir hinzufügen: „Diese schreckliche Angst" wird nicht nur durch Atombomben, sondern auch durch derartige christliche Literatur noch vermehrt. Sicherlich bestand die Gefahr eines Krieges mit Rußland, aber es gab auch starke Gründe, die dagegen sprachen, daß diese Kriegsgefahr Wirklichkeit wurde. Und tatsächlich kam es ja auch nicht dazu. Das Zittern des zitierten Predigers war also unnötig. Fünning konzentriert sich auf derartige Negativ-Nachrichten. Ein amerikanischer Ex-Gouverneur sagte „in einer Ansprache: ‚Wenigstens 90 Prozent aller jetzt lebenden Amerikaner werden innerhalb 5 Jahren durch Atombomben getötet sein‘. Und doch leben die meisten Menschen, leider auch viele Gläubige, wie in den Tagen Noah's" (S. 46).

Diese Ansprache behauptete etwas, was zwar möglich schien, aber keineswegs sicher war und sich auch tatsächlich nicht bewahrheitet hat. Die Fortsetzung Fünnings läßt diese feste Behauptung aber unwidersprochen stehen und leitet Verhaltenskonsequenzen daraus ab. Heute, ein knappes halbes Jahrhundert danach, wissen wir, daß dieses Schüren von Angst nicht sinnvoll war. Natürlich ist jedem Christen klar, daß sein Leben jederzeit zu Ende sein kann. Darüber hinaus sollte er sich aber für konkrete Aufgaben einsetzen, anstatt sich auf mögliche Gefahrenmomente zu konzentrieren und diese plastisch und anschaulich auszumalen.

9. Politische Nebeneffekte religiöser Propaganda

a) Förderung der Ausländerfeindlichkeit

Die evangelikal geprägte Arbeitsgemeinschaft für Ausländermission (AfA) in Gießen beobachtete, „daß sowohl in säkularen wie christlichen Medien die Meinung herrsche, nach dem Zusammenbruch des Kommunismus in Osteuropa drohe jetzt die Gefahr durch den Islam. Auf diese Weise werde ein neues Feindbild aufgerichtet ... Mit der Furcht vor dem Islam wachse die Ausländerfeindlichkeit in Deutschland" (laut idea-spektrum 1991, Nr. 15, S. 2).

Da Marius Baar die Meinung vertrat, daß der Islam die Machtbasis des bald auftretenden Antichristen sein werde, könnte die Befürchtung der AfA auch Baars Bücher betreffen. Jene Leser, die sich von Baar beeinflussen lassen, werden den Moslems besonders negativ gegenübertreten. Denn die Moslems sind es ja, aus deren Mitte binnen kurzem der Antichrist hervorgehen werde, und sie seien es auch, die ihm durch ihre Unterstützung zur Macht verhelfen. So könnte tatsächlich ein neues Feindbild aufgerichtet werden.

Ein Endzeitautor muß sich überlegen, welche möglichen politischen Nebeneffekte seine veröffentlichte Bibelauslegung hat. Wenn Christen dazu beitragen, daß eine bestimmte Gruppe von Ausländern besonders negativ gesehen wird, sind sie auch für die weiteren Folgen mitverantwortlich. Die einen bereiten geistig den Boden, die anderen setzen auf diesem Boden Taten: Etwa militante Rechtsradikale, die Türken zusammenschlagen.

Bei Baar lesen wir z.B.: „Wo Araber hinkamen oder durchzogen, haben sie eine Wüste zurückgelassen" (S. 18).

Solche pauschalen Urteile könnten zu Vorurteilen gegenüber bestimmten Ausländern führen.

Mitunter kann auch die bei dispensationalistischen Autoren gewöhnlich anzutreffende konservative politische Haltung daran mitwirken, daß Ausländer im eigenen Land nicht gerne gesehen werden. Wim Malgo wurde einmal gefragt: „Wie stellen Sie sich als Mann Gottes zum Asylantenproblem in der Schweiz?"

Seine Antwort: „Den Asylanten, für soweit sie irgend eine Ahnung von der Bibel haben, möchte ich das Wort Gottes aus Psalm 37,3b zurufen: ‚Bleibe im Lande und nähre dich redlich.' Ich meine damit sein Vaterland; denn der Asylant wird, ob in der Schweiz, Deutschland, Holland, Großbritannien oder in welcher Nation er auch sei, immer wieder mit seinem Anderssein als Problem zu kämpfen haben. Er gehört eben in sein eigenes Land, wobei ich jetzt das Problem der physischen Bedrohung in seinem Land nicht näher behandeln will" (Mitternachtsruf Okt. 1988, S. 18).

Ob Malgo aus diesem Psalm nicht doch etwas zuviel herausliest?

b) Chaosfördernde Propaganda

Die Zeugen Jehovas sind stark auf politische Neutralität bedacht. Dennoch kann auch ihre propagandistische Tätigkeit politische Wirkungen haben. Insofern sind die Zeugen Jehovas nur scheinbar neutral. Wenn sie empfehlen, nicht zur Wahl zu gehen, muß man bedenken, daß auch die Nichtwähler das Wahlergebnis beeinflussen. Zurecht wird von der „Partei der Nichtwähler" gesprochen, die es durchaus in der Hand hätte, jede Wahl wesentlich anders ausgehen zu lassen.

In der menschlichen Gesellschaft findet sich sicherlich sehr viel Kritikwürdiges. Dabei können die Politiker natürlich nicht ausgeklammert werden. Wenn wir auf Mängel hinweisen — welche Form sollen wir wählen? Sollen wir die gesellschaftlich Verantwortlichen scharf und massiv kritisieren? Und sollen wir uns auf diese beschränken, oder müßten wir nicht eigentlich auch die übrige Bevölkerung miteinbeziehen?

In der Zwischenkriegszeit haben die Zeugen Jehovas (ursprünglich noch „Bibelforscher" genannt) auch in Deutschland die Pamphlete ihres Präsidenten Rutherford verteilt. Darin wurden nicht nur die Verantwortlichen im kirchlichen Bereich mit scharfen Worten kritisiert, sondern auch die politischen und wirtschaftlichen Führer. So wurde etwa eine Broschüre mit dem Titel *Gericht über die Richter, die Prediger, die Nationen, die Politiker, die Hochfinanz, die Organisation Satans, und das Volk* verbreitet. (Mit „Nationen" sind hier die nationalstaatlichen Organisationen gemeint.)

Die amerikanische Ausgabe erschien 1929, die deutsche Übersetzung wurde teils in den USA, teils in der Schweiz gedruckt. In der Einführung lesen wir (S. 2): „Wissen Sie, warum die Gegenwart ein solch ungewöhnlicher Zeitabschnitt der Weltgeschichte, ein solcher Tag allgemeiner Kritik und Enthüllung von Unrecht ist? Der Welt Richter, Prediger, Nationen, Geldmänner und Politiker, d.h. alle solche, die zu Satans Organisation gehören, stehen vor den Schranken göttlichen Gerichts. Es ist eine gefahrvolle Zeit für diese. Für das Volk aber steht eine gerechte Beurteilung seiner Nöte und Bedürfnisse vor der Tür. Der Ausgang dieses Gottesgerichtes für die Menschheit wird herrlich sein."

Auf diese Weise trugen die Zeugen Jehovas dazu bei, das Klima der Unzufriedenheit zu schüren und anarchische Zustände zu fördern. Somit haben sie auch ihren kleinen Anteil daran, daß der Aufstieg einer so extremen Gruppe wie der Nationalsozialisten Hitlers möglich wurde.

Zur Verteidigung könnte man sich darauf berufen, daß die Zustände in den herrschenden Schichten tatsächlich kritikwürdig waren. Dennoch: Wer etwas tut, muß sich auch die Nebenwirkungen seines Tuns überlegen.

Mit der Möglichkeit politischer Nebenwirkungen religiöser Propaganda ist jedenfalls zu rechnen.

10. Willkürliche Deutung des Zeitgeschehens

Eine bestimmte Endzeiterwartung kann Scheinerklärungen für verschiedene Vorgänge liefern. Unser Evangelisieren bringt in den westlichen Ländern wenig Ergebnisse? Anstatt nun kulturelle Faktoren zu untersuchen (materielle Übersättigung, vielfältiges weltanschauliches

Angebot), gibt es dafür im Rahmen der Demnächsterwartung eine rasche „Erklärung": Die Zeit der Heiden geht eben zu Ende, nun beginnt die Erweckung bei den Juden. So zu lesen bei Wim Malgo: „Weshalb wandelt sich Israel? Antwort: Israel wandelt sich heute, weil der Strom der Barmherzigkeit Gottes, der sich zwei Jahrtausende lang um Israels Unglaubens willen über uns Heiden ergoß, nun langsam versiegt beziehungsweise umgeleitet wird" (Schatten 166).

Nun zitiert Malgo Röm 11,30f und setzt fort: „Welch ein kostbares Wort! Es erklärt alles. Deswegen wird das Evangelisieren in unseren Ländern immer schwieriger. Unser Auftrag besteht darin, die letzten Garben einzusammeln, auch in Südamerika. Denn das Werk ist bald getan! Die Vollzahl ist nicht mehr fern! ... nun offenbart Er Sein Volk, das zu Jesus Christus hin verwandelt wird" (S. 167).

Diese „Erklärung" ist allerdings voreilig, denn von einer größeren Offenheit für das Evangelium von Jesus ist unter Juden zur Zeit noch überhaupt nichts zu bemerken. Die Mission unter Juden ist in Israel nicht gerne gesehen.

Gleichzeitig bemerken wir eine starke Hinwendung zu Jesus unter Heiden. Zwar nicht in Westeuropa, aber in anderen Gegenden der Welt, z.B. in Südamerika.

Warum nimmt heute die Isolierung der Menschen, insbesondere in Großstädten, zu? Hier könnten soziologische Faktoren geprüft werden, doch damit hält sich Wim Malgo nicht auf. Die Demnächsterwartung liefert auch hierfür ein einfaches Schema: Das antichristliche Zeitalter zieht herauf, und diese Isolation ist wichtig für die Überwachung durch den Antichristen: „Das ist Harmagedon, das in unseren Tagen immer dunkler werdende Schatten vorauswirft.

Nicht nur weltweit sehen wir diese unheimlichen Schatten heraufziehen, sondern auch individuell; er erfaßt auch den einzelnen Menschen.

Das zeigt sich zum Beispiel in der Isolierung des einzelnen Menschen. Es wäre vor einigen Jahren unvorstellbar gewesen, daß heute Menschen jahrelang im gleichen Häuserblock wohnen und einander überhaupt nicht kennen. ... Diese Isolierung des einzelnen Menschen ist notwendig zur individuellen Überwachung durch die antichristliche Schreckensherrschaft, vergleiche Offenbarung 13,15" (Schatten 21).

Mir ist nicht klar, inwiefern diese Isolierung notwendig zur Überwachung ist oder inwiefern sie zumindest einen Vorteil dazu darstellt.

Man könnte zumindest ebensogut im gegenteiligen Zustand — jeder kennt jeden — eine Erleichterung für die Überwachung sehen.

11. Interesse für politische Vorgänge, aber verzerrte Sicht

Positiv an der Beschäftigung mit Endzeit-Fragen finde ich das daraus folgende politische Interesse. Christen, die sonst vielfach zu politischem Desinteresse neigen, verfolgen das Zeitgeschehen sehr intensiv.

Allerdings handelt es sich hierbei um ein passives Beobachten. Einerseits sehen die Christen bei dem, was geschieht, intellektuell interessiert zu — andererseits tun sie nichts, um irgendwo unterstützend einzugreifen. Das Endzeitinteresse fördert also eine „Zuschauermentalität"; eine Haltung, wie sie unserer Generation ohnehin schon durch das Fernsehen stark anhaftet. Man beobachtet, um beurteilen zu können, ist aber nicht gewillt, irgend etwas zu tun. Es besteht die Gefahr der Erstarrung.

Ein weiteres Problem liegt darin, daß politische Ereignisse aufgrund von Endzeiterwartungen verzerrt wahrgenommen werden. Manche Autoren sehen alles in Verbindung mit Israel: „Alles in der Welt hängt entweder direkt oder indirekt mit Israel zusammen" (Malgo: Israel 70).

Konkreter: „... wüten im Fernen Osten jahrzehntelang blutige Kämpfe: erst zwischen Frankreich und Vietnam, dann zwischen Amerika und Korea. Später bekriegten sich Amerika und Vietnam, dann China und Vietnam, Kambodscha und Vietnam. Für viele ist es verdeckt, für manch andere aber offenbar, wer die tiefste Ursache dieser um sich greifenden Auseinandersetzungen ist: Israel, das auf dem Mittelpunkt der Erde liegt. An diesem Volk entzündet sich der Haß der Völkerwelt" (Malgo: Heil 31f).

Alle Konflikte scheinen alleine Israel als Objekt zu haben, jede Kontaktaufnahme zwischen zwei Staaten wird bereits als Fusionierung angesehen (natürlich mit dem Ziel, gemeinsam gegen Israel vorgehen zu können): „Denken wir nur an den Friedensvertrag zwischen China und Japan, der als ein geschichtliches Ereignis gefeiert wurde. Dadurch wurden zwei große Völker gegen den Strand, Israel, zusammengeschmolzen. Dann haben wir als weiteres den weltbewegenden Zusammenschluß von China und Amerika zu beachten. ... mit dem Zusammengehen Amerikas und Chinas kehrt sich Amerika von Israel ab" (Malgo: Heil 25f).

Auch für Fritz May scheint letztlich alles im Hinblick auf Israel zu geschehen: „Der Vorbereitung zum Marsch auf Jerusalem dient zweifelsohne schon heute der Krieg, den der Iran gegen den Irak (selbst ein erklärter Feind Israels) führt, um den Weg über Bagdad und den Euphrat nach Jerusalem freizumachen" (S. 235).

Nun ist dieser Krieg zu Ende — ist deswegen der Iran dem „Marsch auf Jerusalem" nähergekommen? (Vgl. auch Kap. B 13.)

12. Überlegenheitsbewußtsein
im politischen Urteilen

Politische Vorgänge sind oft sehr komplex — daher Vorsicht vor Urteilen! Wir dürfen unsere christliche Haltung nicht vorschnell mit vielleicht einseitigen politischen Urteilen vermengen. Manche Christen meinen, mit der Bibel in der Hand alle aktuellen politischen Vorgänge einschätzen zu können. Sie meinen zu wissen, wie Gott die verschiedenen Vorgänge sieht, und wie Gott selbst darin am Wirken ist. So beurteilt Wim Malgo den Friedensvertrag zwischen Ägypten und Israel (1979) sehr skeptisch; er werde keine Lösung bringen. Warum nicht? „Der Herr ist nicht dabei!" (Heil 34).

Das ist ein gewagtes Urteil, denn erstens hat dieser Friede in den 13 Jahren seither recht gut gehalten (daß mit diesem Vertrag zwischen diesen beiden Ländern nicht die gesamte Nahostproblematik gelöst war, war natürlich allen Beteiligten bewußt), und zweitens beurteilt Gott das Bemühen, zu friedlichen Lösungen zu kommen (anstatt sich zu bekriegen), prinzipiell positiv (vgl. Mt 5,9: „Selig die Friedensstifter"). Wenn Malgo dennoch zu wissen meint, daß hier Gott nicht dabei ist, dann beansprucht er ein sehr genaues Wissen um Gottes Wirken für sich. Ähnlich urteilt Baar: „Dieses Bündnis geschieht nicht nach dem Willen des Herrn" (S. 195).

„... kann der Friedensbund zwischen Israel und Ägypten ... nicht von Dauer sein. Es ist eine Scheinlösung und eine Ersatzlösung, die Gott ablehnen wird, da es nicht sein Friedensplan ist" (S. 226).

Von anderen Endzeitautoren wird dieser Friedensvertrag aber positiver beurteilt. Goetz sieht darin die Erfüllung göttlicher Prophetie (S. 69.111).

Daß sich Malgo mit diesem Friedensvertrag nicht anfreunden konnte, erklärt sich daraus, daß er in Israels Sinai-Besitz bereits den in der Bibel angekündigten Endzustand gegeben sah: „An der Südgrenze zu Ägypten herrscht nun gemäß dem prophetischen Wort Ruhe. Die Südgrenze ist nicht etwa der Nil, sondern der Bach Ägyptens, welcher sich von El Arish durch die Wüste schlängelt" (Israel 62).

Soweit Malgo 1974. Nun abgesehen von der Frage der richtigen Bibelauslegung: Stillschweigend vorausgesetzt wird bei einer solchen Bibelauslegung immer, daß wir in der allerletzten Zeit leben, und die heutige politische Konstellation in die Schlußereignisse einmündet.

Aus diesem Überlegenheitsbewußtsein heraus werden dann auch den Politikern Ratschläge erteilt. So meint Malgo: „Präsident Carter ist vorläufig gescheitert, ... einen wahren Frieden zwischen Israel und Ägypten zustandezubringen, trotz der jetzigen ‚Friedensübereinkunft' vom 26.März 1979" (Heil 29).

Malgo weiß aber auch, was Carter hätte besser machen können: „Wenn Präsident Carter von seinem Glauben an die Bibel, an das prophetische Wort, getrieben würde, dann wäre manches anders gelaufen, und auch die wiederaufgenommenen Gespräche in Camp David würden ein viel breiteres und dauerhafteres Ergebnis gezeitigt haben: Jordanien und Saudi-Arabien hätten sich angeschlossen usw" (S. 30).

Während Jesus die Friedensstifter selig preist (Mt 5,9), wischt Malgo alle menschlichen Friedensbemühungen mit einem Handstreich vom Tisch und bezeichnet sie — Psalm 2 aufgreifend — als gegen Gott gerichtet: „Wozu denn heute all die Konferenzen und Gipfeltreffen, die Helsinki-Friedenskonferenz und so weiter? Das wird nicht ausgesprochen, aber ich sage aufgrund der Schrift: Es ist letztlich alles wider den Herrn und Seinen Gesalbten. Aber der im Himmel sitzt, lacht ihrer" (Schatten 169; ähnlich Israel 137).

Wäre es also besser, die Konfliktparteien würden mit ihren Armeen aufeinander losgehen, anstatt sich an den Verhandlungstisch zu setzen? Auch hier wird wieder Malgos Überlegenheitsbewußtsein sichtbar: Mit der Bibel in der Hand, ist es ihm ein Leichtes, alle politischen Vorgänge zu be- und verurteilen.

Malgo weiß auch genau, daß letztlich Gott selbst hinter den innerarabischen Kämpfen im Libanon steht, etwa zwischen Syrern und Palästinensern: Auch über dieses rätselhafte Geschehen gebe uns die

Bibel Aufschluß, es gehe dabei „um die ausgleichende Gerechtigkeit Gottes, indem die Mörder von israelischen Frauen und Kindern von ihren eigenen Förderern ermordet werden" (Schatten 102).

Kurz: „Was im Libanon geschieht, ist göttliche Vergeltung" (S. 103).

Werden bestimmte Kriege zwischen Menschen von Gott bewirkt? Bei der Beantwortung dieser Frage müssen wir sehr vorsichtig sein.

13. Willkürliche politische Unterstützung

Die jeweilige Endzeitsicht kann auch zu praktischen politischen Anweisungen führen. So riet Wim Malgo vor der deutschen Wahl vom 5. Oktober 1980: „Wenn Sie am 5. Oktober nicht wählen, dann wählen Sie im Grunde genommen doch. Nur hat dann die Regierung, die nach Gottes Willen an die Macht kommen soll, Ihre Stimme nicht ... Die katholische CDU/CSU aber bejaht das Vereinigte Europa, d.h. das werdende antichristliche Reich, sehr stark. Soweit ich das prophetische Wort erkenne, wird Deutschland früher oder später von solch einer politisch-religiösen Richtung regiert werden, denn das antichristliche Reich muß entstehen. Gottes Wort ist Wahrheit! So würde ich an Ihrer Stelle von zwei Übeln das bessere wählen, und das ist in diesem Fall gewiß Strauß ... weil die CDU/CSU sich nach dem Vereinigten Europa ausstreckt, sprich Wiederherstellung des Römischen Reiches, entspricht sie diesbezüglich der Erfüllung des prophetischen Wortes. ... Wird nun Deutschland am 5.Oktober eine konservative Regierung bekommen, sprich CDU/CSU, dann wird die Wiedererrichtung des Römischen Weltreiches beschleunigt" (*Mitternachtsruf* September 1980, S. 20f).

Der dahinterstehende Gedanke ist folgender: Das antichristliche Reich muß und wird entstehen, und zwar — hier kommt eine stillschweigende Voraussetzung hinzu — sehr bald. Wir sollen daher möglichst daran mitwirken, daß dieses Reich bald entsteht, denn so ist es der Wille Gottes.

Das ist natürlich ein schiefes Bild vom Willen Gottes, denn demnach sollten wir ja — gemäß dem „Willen Gottes" — alle antichristlichen Tendenzen möglichst unterstützen, damit das Reich des Antichristen schneller kommt!

Hat Malgo die Konsequenzen seiner Anweisung wirklich bedacht? Oder ist seine Anweisung vielleicht ein Ausfluß einer Neigung zu konservativen politischen Parteien? Manche seiner auf Mode bezogenen Äußerungen lassen eine konservative Grundhaltung vermuten:

„Der langmähnige junge Mann, der vor seiner Bekehrung wie eine Frau ausgesehen hat, wird durch die Wirkung des Heiligen Geistes in ihm bald zum Coiffeur gehen und sich die Haare schneiden lassen. Ebenso wird eine junge Frau, die wiedergeboren wurde zu einer lebendigen Hoffnung, bald einen Ekel davor bekommen, sich wie ein Mann mit Hosen zu bekleiden; ihr Äußeres wird sich mit der Zeit verändern" (Heil 70f).

Allgemein läßt sich bei den verbreiteten Endzeitautoren eine stark prowestliche Haltung feststellen. In erster Linie pro Israel, dann auch für die USA, für Westeuropa, gegen die Sowjetunion ... Diese Sympathie ist mitunter so einseitig, daß sie die tatsächliche Situation schief einschätzt — wie sich im nachhinein manchmal feststellen läßt. Gerth schrieb 1989 nach Erwähnung Chruschtschows: „Ähnlich militant sind auch heute noch Gorbatschow und seine Genossen, obwohl sie mit Glasnost und Perestroika ihren wahren Charakter vertuschen wollen. Das ganze Ausmaß der sowjetischen Militanz zeigt sich übrigens in dem unstillbaren Durst nach nahöstlichen Ölquellen" (S. 98).

Diese Einschätzung Gerths müssen wir heute doch als einseitig beurteilen.

Eine voreingenommene Beurteilung des Verhaltens verschiedener Staaten führt auch zu einer einseitigen Unterstützung bestimmter Staaten und Parteien.

14. Blinde politische Parteinahme für Israel

Die in der Bibel berichtete Heilsgeschichte spielte sich in Israel ab. Jesus war Jude, und die Schreiber der Bibel waren zumindest großenteils Israeliten. Schon von daher haben Christen, die sich ja intensiv mit der Bibel beschäftigen, ein emotionales Naheverhältnis zu den Juden. Dieses Empfinden drückt sich in verschiedener Weise aus.

a) Taten und Fähigkeiten von Israeliten werden bewundert

Kurt Koch berichtet über die lange Belagerung und schließliche Einnahme der Burg Masada durch die Römer im Jahr 73 n.Chr. Als die Römer die Burg endlich erobert hatten, fanden sie darin 960 Leichen. Es lebten nur noch zwei Frauen und fünf Kinder, die sich versteckt hatten. Die anderen Frauen und Kinder waren von den Männern getötet worden; danach hatten sich die Männer gegenseitig selbst getötet. Ich will jetzt nicht generell über Selbstmorde urteilen – sicherlich muß man den einzelnen Fall, die einzelne Situation, in der ein Mensch stand, mitbedenken. Aber glorifizieren werden wir einen Selbstmord nie! Im Fall Masada ging es ja auch nicht durchwegs um Selbstmorde, sondern um ein vereinbartes Sich-Töten-Lassen. Wobei vermutlich die Frauen und Kinder nicht gefragt wurden, sondern als Besitz der Männer angesehen wurden – so daß die Männer sie töten konnten, wenn sie der Meinung waren, das sei für sie besser. Daß einige Frauen und Kinder sich versteckt haben, deutet auf die Möglichkeit hin, daß vielleicht noch mehr diesem Tod hätten entgehen wollen. Jedenfalls waren es Israeliten, die das taten, und Koch ist voll Bewunderung: „Die tapferen Verteidiger hatten es vorgezogen, ihre Frauen und Kinder zu töten. . . . Woher weiß die Nachwelt von diesem heroischen Zeugnis der Tapferkeit und Freiheitsliebe? Zwei Frauen und fünf Kinder hatten sich versteckt. Sie berichteten den anstürmenden Römern den Vorgang dieses Heldentums. . . . dieser Stätte eines unerhörten Mannesmutes . . . Dieser heroische Geist lebt heute in Israel wieder auf" (S. 25).

Mit einer derartigen Bewunderung des Tötens und Selbstmordens vertritt Koch m.E. keine christliche Position.

Israelbegeisterung zeigt sich auch, wenn alttestamentliche Aussagen über Israel überinterpretiert werden: Beim Propheten Sacharja etwa geht es bloß darum, daß Gott sich gegen jene wendet, die Israel ausgeplündert haben. Insofern wird Israel mit Gottes Augapfel verglichen. Daß Israel einen besonderen politischen Durchblick hätte, wird damit nicht gesagt (das läßt sich auch allgemein dem AT nicht entnehmen; nur in dem Maße, in dem Israel auf von Gott gesandte Propheten gehört hat, hatte es den entsprechenden Durchblick, aber nicht von Natur aus, etwa rassisch-biologisch begründet!). Doch Wim Malgo meint: „Man will noch immer nicht erkennen, daß Israel Gottes Augapfel ist (Sach 2,12) und daß Israel deshalb als das Auge Gottes bezüglich der Gefahren, die im Anzug sind, viel besser und klarer durchblickt als die restliche Welt" (Heil 34f).

b) Heißt „für Gott sein" Parteinahme für Israel gegen Araber?

Für Gott sein bedeutet für viele Christen für Israel sein; wer dagegen für die Araber ist, der ist damit auch gegen Gott: „Das Ergebnis des letzten Nahostkrieges ist, daß die meisten Staaten die Seite der Araber gewählt und sich damit gegen Gott entschieden haben" (Malgo: Israel 137).

Somit scheint Israel ein Stück weit die Stelle Jesu einzunehmen. Man könnte hier den Eindruck gewinnen, daß sich die Geister nicht mehr an Jesus scheiden, daß nicht mehr die Stellung für oder gegen Jesus über das Heil entscheidet, sondern die Stellung zu Israel. Wer ist Gottes Segensvermittler für die Welt? Etwa Jesus? Bei Malgo ist das zumindest stellenweise Israel! „Israel ist Gottes Segens- und Heilsvermittler für diese Welt" (S. 122).

Und weiter: „Äußerlich haben Israel und Jesus scheinbar noch nichts miteinander zu tun, aber in Gottes Augen sind sie bereits eins, untrennbar zusammengefügt."

Hier wird die Nähe (Identität?) zwischen Israel und Jesus ausdrücklich festgestellt.

Und wenn sich israelische Soldaten falsch verhalten? Der Präsident von World Vision hat zu weltweiten Protesten gegen israelische Übergriffe auf christliche Einrichtungen für Palästinenser aufgerufen (nach idea-spektrum 1992, Nr. 8, S. 16). Eine solche Kritik wird man in israelbegeisterter Literatur wie jener Malgos kaum jemals finden.

Wiederholt wird darauf verwiesen, daß Gott zu Abraham sagte: „Ich will segnen, die dich segnen" (1.Mose 12,3), wobei Israel mit Abraham gleichgesetzt wird. Wir sollen Israel Gutes wünschen; wenn Israel erlebt, daß der Gott der Bibel wirksam ist, dann wird es sich diesem Gott zuwenden. So sagt Malgo, daß zwar die Heiden zuerst glauben müssen, dann werden sie Wunder sehen; aber bei den Juden läuft es umgekehrt: „Bei den Juden handelt der Herr umgekehrt: Er läßt sie Wunder erleben, damit sie glauben!" (Schatten 166).

Das wäre jedenfalls eine neue Linie Gottes, denn als Jesus auf der Erde wirkte, hat er die Wunderforderungen auch seitens der Juden stets zurückgewiesen. In der Geschichte vom reichen Mann und dem armen Lazarus läßt Jesus die Meinung, daß ein aus den Toten Auferstehender die Brüder des reichen Mannes zur Umkehr bewegen würde, durch Abraham zurückweisen: „Wenn sie auf Mose und die Propheten nicht hören, werden sie sich auch nicht überzeugen lassen, wenn einer von den Toten aufersteht" (Luk 16,31).

Bei Malgo wird Israel stark mit dem biblischen Begriff Licht assoziiert, während andere Nationen Finsternis darstellen. Ist das eine nüchterne Betrachtung der Juden in Israel, die zu mehr als 99 Prozent Jesu Anspruch, der Messias zu sein, ablehnen? „Wie könnte ein finsteres kommunistisches Regime, das Gott ablehnt, Israel bejahen?! – Da schied Gott das Licht von der Finsternis. ... Wie können wir von einem dekadenten und demoralisierten Europa, das die Finsternis, den Sumpf der Unsittlichkeit, lieber hat als das Licht, eine pro-israelische Haltung erwarten? – Da schied Gott das Licht von der Finsternis" (Schatten 75).

Und schon vorher: „Die tiefste Wurzel des ständigen Nahostkonfliktes finden wir in 1.Mose 3,15, wo Gott der Herr sagt: ‚Und ich will Feindschaft setzen zwischen dir und dem Weibe und zwischen deinem Samen und ihrem Samen.' Das war die von Gott gewollte Scheidung zwischen Licht und Finsternis, die Er unmittelbar nach der Schaffung des Lichts vornahm (1.Mose 1,4)" (S. 71).

Den Juden wünschen wir also Gutes, den Heiden mitunter Schlechtes. So meint Steven Lightle in Erinnerung an Israels Befreiung aus Ägypten, daß wir erkennen müssen, welche Götter von den Sowjetrussen angebetet werden. „Ist es die Wissenschaft, die Militärmacht, der Stolz, die Vaterlandsliebe, der Atheismus? Wir müssen herausfinden, welche Götzen angebetet werden, und in der geistlichen Kampfesführung die Plagen herabbefehlen, damit Gottes Volk frei wird" (S. 168f).

Derselbe Lightle berichtet, daß Gott möchte, daß die Juden (unabhängig davon, wieweit sie an Jesus glauben) von uns gesegnet werden sollen. Gott sagte zu Lightle: „Diese Juden werde ich durch Finnland in die Freiheit bringen. In meiner Güte werde ich Finnen und Deutschen die Chance geben, mein geliebtes Volk zu segnen" (S. 42).

Steht Gott bei Konflikten zwischen Israelis und anderen immer automatisch auf der Seite der Israelis? Interessant ist, was Jesus den Juden vorhält, die meinen, daß ihnen allein aufgrund ihres Judeseins die besondere Gunst Gottes sicher sei: „In Israel gab es viele Witwen in den Tagen des Elija, als der Himmel für drei Jahre und sechs Monate verschlossen war und eine große Hungersnot über das ganze Land kam. Aber zu keiner von ihnen wurde Elija gesandt, nur zu einer Witwe in Sarepta bei Sidon. Und viele Aussätzige gab es in Israel zur Zeit des Propheten Elischa. Aber keiner von ihnen wurde geheilt, nur der Syrer Naaman" (Luk 4,25-27).

c) Mögliche politische Folgen der Israelbegeisterung

Viele evangelikale Christen stehen entschlossen auf der Seite des Staates Israel, ganz gleich, was dieser tut. Da solche Evangelikale in den USA einen beträchtlichen Anteil an der Bevölkerung darstellen, sieht ein auf seine Wähler bedachter US-Präsident sich auch von dieser Seite einem gewissen Druck ausgesetzt, Israel finanziell und militärisch zu unterstützen. Die amerikanische Unterstützung wiederum kann dazu führen, daß israelische Politiker sich sicher fühlen und auf arabische Forderungen überhaupt nicht eingehen. So kritisiert Clouse: „... die Neigung, die Sache Gottes mit dem Zionismus und dem Staate Israel gleichzusetzen, führt zu einer ‚christlichen' Politik, die dem ‚Frieden auf Erden' nicht förderlich ist."

Was ist, wenn auf diese Art Konflikte verschärft und bewaffnete Auseinandersetzungen provoziert werden? Clouse: „... dann wären viele evangelikale Christen für die vorherrschende Einstellung mitverantwortlich, die zu einem solchen Konflikt führen könnte" (S. 169).

15. Israel wird automatische Nähe zu Gott zugeschrieben

a) Sind Juden und Christen das gemeinsame Volk Gottes?

Israelbegeisterung wird auch darin sichtbar, daß den Juden — einfach aufgrund ihrer rassischen Zugehörigkeit — eine besondere Nähe zu Gott zugeschrieben wird. Auch wenn sie Jesus ablehnen und somit keine Christen sind, werden sie mitunter wie Christen betrachtet: wiedergeboren, voll Geistes, gerettet.

Die Ankündigung der Geistausgießung Joels — von Petrus auf die Ausgießung zu Pfingsten bezogen — wird dann auf nichtwiedergeborene Juden bezogen. Joel hatte geschrieben: „Ich will meinen Geist ausgießen über alles Fleisch, und eure Söhne und Töchter sollen weissagen, eure Ältesten sollen Träume haben" (3,2).

Diese Ankündigung verbindet Klaus Gerth mit einem Traum, den drei Rabbiner 1979 unabhängig voneinander hatten (S. 88). Sind diese Rabbiner also wiedergeboren, haben sie Gottes Geist empfangen, auch ohne sich zu Jesus bekehrt zu haben?

Auch andere Aussagen, die eigentlich für solche Menschen gelten, die ihr Leben bewußt Jesus übereignet haben, werden dann pauschal auf alle Juden bezogen: Als Eingangsmotto für das Kapitel „Warum hat Israel so viele Feinde?" nimmt Malgo folgende Ankündigung Jesu in Mt 24,9b: „Ihr müsset gehasset werden um meines Namens willen von allen Völkern" (Schatten S. 71).

So werden jene, die rein körperlich Juden sind, in vieler Hinsicht mit jenen, die vom Geist Gottes neugeboren wurden, gleichgestellt, etwa unter Verwendung von Joh 10,28: „Hat nicht die Hand, die Israel gehalten hat, auch uns bis auf den heutigen Tag gehalten? Der Herr hat ausdrücklich gesagt: ‚Niemand wird sie mir aus meiner Hand reißen.' Also sind wir diesbezüglich auf der gleichen Ebene" (Malgo: Schatten 154).

Malgo meint auch, daß „wir als Wiedergeborene das Bürgerrecht Israels bekommen" haben (Schatten 156). Und zwar in folgendem Sinne: Die Juden haben alle dieses Recht, wir haben es nun auch bekommen.

Doch das sind zwei verschiedene Dinge. Das Bürgerrecht für das „neue Israel" haben die Juden nicht schon automatisch mit ihrem Judesein, dieses erhalten nur die „messianischen Juden".

Malgo bezieht Aussagen Jesu über seine Jünger ausdrücklich auch auf Juden im allgemeinen: „. . . der Herr Jesus sagt nicht nur von der Gemeinde, sondern auch von Seinem Volke Israel in Johannes 17,19: ‚Ich heilige mich selbst für sie, auf daß auch sie geheiligt seien in der Wahrheit.'"

Man gewinnt den Eindruck, für die Juden gibt es einen „Königsweg" zu Gott: Während die Heiden sich bekehren müssen, können Juden diese Hürde überspringen. Doch damit sind wir beim nächsten Abschnitt.

b) Müssen Juden sich zu Jesus bekehren?

Im Neuen Testament wird den Juden wie den Heiden die Notwendigkeit eingeschärft, sich zu Jesus zu bekehren: „Wie der Sünder aus den

Heiden muß auch er Buße tun und bekehrt werden, damit seine Sünden getilgt werden (Apg 3,19). Da ist kein Unterschied zwischen Juden und Griechen (Röm 10,12); sie müssen in gleicher Weise durch den erlösenden Heiland gerettet werden. Eine Hoffnung für die Juden aufzustellen, nur weil sie Juden sind, hieße ein anderes Evangelium predigen (Gal 1,8)" (Grier 92).

Im Neuen Testament werden die Juden mehrmals gewarnt vor dem Irrglauben, sie hätten allein deshalb, weil sie körperlich zum Judentum gehören, eine besondere Stellung vor Gott:

„Ihr Schlangenbrut, wer hat euch denn gelehrt, daß ihr dem kommenden Gericht entrinnen könnt? Bringt Frucht hervor, die eure Umkehr zeigt, und meint nicht, ihr könntet sagen: Wir haben ja Abraham zum Vater. Denn ich sage euch: Gott kann aus diesen Steinen Kinder Abrahams machen. Schon ist die Axt an die Wurzel der Bäume gelegt: jeder Baum, der keine gute Frucht hervorbringt, wird umgehauen und ins Feuer geworfen" (Mt 3,7-10).

So ruft Johannes der Täufer einigen Juden zu. Hat Gott etwa „sein Volk" verworfen? Jene Juden, die nicht umkehren, verwirft Gott sehr wohl. Jesus anerkennt zwar vorerst, daß die mit ihm diskutierenden Juden Nachkommen Abrahams sind (Joh 8,37-44). Im weiteren Verlauf behauptet er aber, daß sie eigentlich nicht Kinder Abrahams sind, sondern den Teufel zum Vater haben. Hier wird deutlich, wie wenig der Vorzug, von Abraham körperlich abzustammen, in Jesu Augen zählt. Und Paulus sagt, „daß nur die, die glauben, Abrahams Söhne sind" (Gal 3,7).

Die Warnungen des Täufers und Jesu gelten insbesondere auch den religiösen Juden. Die Beschäftigung mit der Thora allein genügt nicht, um von Gott akzeptiert zu werden.

Es stimmt, daß Jesus (und seine Apostel) Juden waren. Aber die bloße körperliche Verwandtschaft mit Jesus bringt keinen besonderen Vorteil. Diese Verwandtschaft betrifft ja in höchstem Maße Maria, seine Mutter. Als eine Frau diese seine Mutter deshalb selig pries, antwortete Jesus: „Selig sind vielmehr die, die das Wort Gottes hören und es befolgen."

Auch wenn Menschen mit Jesus aufgewachsen sind, muß das kein Vorteil sein: In seiner Heimatstadt Nazareth wirkte Jesus nur wenige Wunder — wegen ihres Unglaubens (Mt 13,58).

Wir sehen also, wie wichtig es ist, daß sich jemand wirklich Gott zuwendet — das bloße Judesein alleine nutzt wenig. Das macht auch

Paulus im Römerbrief (2,9-11.25-29) deutlich. Wesentlich ist die Stellung zu Gott, nicht die körperliche Abstammung. „Denn nicht alle, die aus Israel stammen, sind Israel" (Röm 9,6).

So haben wir immer zu unterscheiden zwischen dem jüdischen Volk als Ganzem und dem „Überrest" — jenen, die auf Gott hören. Manche Aussagen gelten, auch wenn von Israel die Rede ist, eigentlich nur diesem Überrest. In Röm 9,27.29 zitiert Paulus Jesaja 10,22 und 1,9 — dort wird auf den „Überrest" verwiesen. „Hat Gott sein Volk verstoßen?" (Röm 11,1ff).

Diese Frage verneint Paulus unter Hinweis auf 7000 Männer zur Zeit des Elija, „die ihr Knie nicht vor Baal gebeugt haben". Gott hat sein Volk nicht insgesamt verworfen; die ihm treu Gebliebenen nämlich verwirft er nicht.

In diesem Sinne sagt Hallesby im Rückblick auf die Zeit des Alten Testaments: „Die Verheißungen haben die ganze Zeit dem geistlichen Israel gegolten, nicht dem Israel nach dem Fleisch. Daher hat Gott das halsstarrige Volk wiederholt mit Verhärtung gestraft und nur einen kleinen Rest errettet, der jedoch zu jeder Zeit das wesentliche Israel, das eigentliche Gottesvolk war" (S. 58).

Also nicht die körperliche Abstammung ist entscheidend, sondern die Stellung, die jemand zu Gott einnimmt — sei er Jude oder Heide. Das wird von manchen Endzeitautoren übersehen. Es wird so getan, als ob Juden automatisch, unabhängig von ihrer Stellung zu Gott, einen besonderen Stand vor Gott haben. So warnt Malgo: „Wer den Versuch unternimmt, Israel mit irgendeinem anderen Volk zu vergleichen, befindet sich bereits auf einem Irrweg. ... Es ist sogar so, daß der Herr denjenigen, die Israel auf gleiche Ebene wie andere Völker setzen wollen, schwerste Gerichte vorausssagt: ..." (Schatten 153).

Nun zitiert Malgo Hesekiel 25,8f und fährt fort: „Moab wurde also durch Kriegsgerichte gestraft, weil es Juda mit andern Völkern gleichstellte."

Da müßten auch Jesus und Paulus von Gott gestraft werden, denn auch sie haben Juda „mit anderen Völkern gleichgestellt" — indem sie klargemacht haben, daß ein Jude genauso wie ein Heide umkehren muß! Die von Malgo zitierte Stelle aus Hesekiel besagt etwas anderes: Moab wird nicht deshalb Gericht angekündigt, weil es gleichsam wie ein Wissenschaftler einen sachlichen Vergleich angestellt hat, sondern weil es sich gefreut hat über das Unheil, das über Juda hereingebrochen ist. Das geht aus den Versen davor klar hervor.

Malgo rechnet damit, daß die Juden Jesus bei seinem Wiederkommen anerkennen werden: „So nähern wir uns unaufhaltsam dem triumphalen Höhepunkt, daß zwei eins werden, Israel und sein Messias" (S. 121).

Wie ganz anders lautet doch die Botschaft Malgos an Heiden, an solche also, die nicht an Jesus glauben. Er betont, daß „ein Ungläubiger ... durch die unvergebene Sünde sowieso völlig von Ihm getrennt ist" (Bibel 100). Daher die Warnung: „Wenn du in diesem unbekehrten Zustand bleibst, dann bist du für ewig verloren" (Israel 195f, ähnlich Bibel 87).

Eine eindringliche Warnung! Eine solche Warnung scheint Malgo für Juden jedoch nicht bereit zu haben, diese seien Gott — so scheint es bei Malgo — auch ohne Bekehrung zu Jesus ganz nahe. Insofern erhält man den Eindruck, daß Malgo ein Sonderevangelium für Juden bereithält. Nach Malgo sind die Juden, auch ganz ohne Bekehrung zu Jesus, Gottes Eigentum: „Israel ... ist Sein Eigentum" (Israel 118).

Nach Jesu Worten sollten jene Juden, die Moses ernst nehmen, eigentlich an Jesus als den Messias glauben: „Wenn ihr Mose glauben würdet, müßtet ihr auch mir glauben; denn über mich hat er geschrieben. Wenn ihr aber seinen Schriften nicht glaubt, wie könnt ihr dann meinen Worten glauben?" (Joh 5,46f).

Steven Lightle zitiert Hosea 3,4f: „... Danach werden die Kinder Israel umkehren (zurückkehren) und den Herrn, ihren Gott, und David, ihren König, suchen und werden sich bebend zu dem Herrn und zu seiner Güte flüchten am Ende der Tage" (S. 143).

Lightle setzt fort: „Die Erfüllung dieser Verheißung, die vor mehr als 2500 Jahren gegeben wurde, erleben wir in unserer Zeit mit."

Dabei übersieht er, daß von einer wirklichen Umkehr zu Gott nichts zu beobachten ist. Weder in dem Sinn, daß die Zahl der orthodoxen Juden zunehmen würde, und schon gar nicht in dem Sinn, daß die Zahl derer, die Jesus als den von Gott gesandten Messias anerkennen, merklich zunehmen würde.

c) Wie offen für Gott sind die Juden derzeit?

Bei Malgo hat man als Leser den Eindruck, daß die Juden ohnehin schon äußerst offen für Jesus seien. Er zitiert etwa David Flüsser: „Ich glaube sagen zu können, daß es heute keinen Juden mehr gibt, der etwas dagegen hätte, wenn Jesus der Messias wäre" (Israel 116f).

Allerdings gibt es in Israel kaum einen Juden, der etwas dafür hat: Nämlich nur 1 Promille! Die Messiaserwartung nimmt in Israel zu (Israel 118f), Israel ist bereits geläutert (S. 119), Israel wird heute geheiligt (S. 120), „die Entwicklung in Israel zu Jesus hin beschleunigt sich unaufhaltsam" (S. 121) — so konnte Malgo schon 1974 feststellen. Knapp zwei Jahrzehnte später müssen wir leider registrieren, daß diese „beschleunigte Entwicklung" doch nicht so unaufhaltsam ist. Wenn sie nämlich im gleichen Tempo wie bisher weitergeht, dauert es noch Jahrhunderte, bis ein nennenswerter Teil der in Israel lebenden Juden Jesus anerkennt! Bei Malgo jedoch sind die Juden bereits wesentlich christlicher als die Gemeinde aller Christen: „Israel beginnt nach dem Wort zu hungern. Die Gemeinde mit ihren zum großen Teil modernen Theologen verleugnet das Wort" (S. 121). (Rechnet Malgo alle Namens-Christen zur Gemeinde?)

„Das geistliche Erwachen in Israel wird immer offensichtlicher" (S. 194).

Malgo weiter: „Bei wem will der Herr wohnen? Doch gerade bei denjenigen, die zerschlagenen und demütigen Geistes sind. Es liegt jetzt auf Israel ein Geist der Zerschlagenheit und der Demütigung" (S. 143).

„Die Gegenwart des Herrn mitten in Israel ist eine solch starke Realität" (S. 181).

„Der verborgene Messias ist in Israel gerade jetzt in seinem großen Leid wirklich gegenwärtig. Er geht von Haus zu Haus und tröstet die Trauernden und richtet die Müden und Resignierten wieder auf" (S. 244).

Und das alles, obwohl sie Jesus mit seinem Anspruch ablehnen!

Äußerst bedenklich ist auch, was Malgo über Gottes Zuwendung und Abwendung sagt: Jesus wandte sich von Israel, von seinem Volk ab, weil es ihn nicht hören wollte. „Daraufhin wurden wir Gläubigen aus den Heiden zum Tempel, ... In unseren Tagen wendet sich Jesus vom geistlichen Tempel weg und wieder hin zu Seinem Volk Israel" (S. 121).

Daran ist ungefähr die Hälfte falsch. Gott hat sich von Israel abgewandt? Durchaus nicht zur Gänze. Von jenen Israeliten, die Jesus annahmen, hat sich Gott niemals abgewandt. Die gläubigen Heiden wurden zu einem Tempel? Nicht alleine, sondern gemeinsam mit den an Jesus gläubigen Juden! Auch Petrus, Johannes und Paulus gehören zu dem Tempel, zu dem jetzt auch Malgo und Stuhlhofer gehören. Jesus wendet sich vom geistlichen Tempel weg? Das wird er niemals tun!

Von jenen Autoren, die Israel im Mittelpunkt des Weltgeschehens sehen, beurteilen manche die Stellung der Juden zu Jesus durchaus realistisch. So finden wir bei H. L. Heijkoop zuerst eine hohe Einschätzung der Bedeutung Israels: „Israel und Palästina sind die Schlüssel des Weltproblems. Dort wird für alles die Lösung zu finden sein. Weder in Rußland noch in Amerika, noch in Westeuropa, sondern in Palästina werden alle Probleme ihre Erledigung finden. ... Israel ist der Mittelpunkt der Wege Gottes mit dieser Erde und folglich das bedeutendste Volk!" (In seinem Buch *Die Zukunft nach den Weissagungen des Wortes Gottes*, 2. Aufl. 1985, S. 72.) Daneben lesen wir bei ihm über die Staatsgründung von 1948: „Der Anfang des jüdischen Staates geschieht also im Unglauben" (S. 88). Noch während der Rückkehr der Juden aus aller Welt gelte: „Das Volk ist noch im Unglauben. Sie werden daher nicht auf Jehova vertrauen, sondern bei mächtigen Völkern Hilfe suchen" (S. 89f; hier denkt Heijkoop wohl an die USA). Und selbst für die Ereignisse der nächsten Zukunft erwartet Heijkoop, daß das in Palästina wohnende Volk „zum größten Teil aber doch noch ungläubig" sein werde (S. 87).

16. Vorbehalte gegen größere Vereinigungen

Der Christ steht in einem besonderen Spannungsverhältnis: Einerseits soll er für Versöhnung und Verständigung auch zwischen verschiedenen Weltanschauungen eintreten, sich aber andererseits insbesondere in religiöser Hinsicht davor hüten, mit allen Richtungen gottesdienstliche Gemeinschaft zu haben sowie alle Richtungen positiv zu beurteilen. Einerseits wird es der Christ befürworten, wenn Meinungsverschiedenheiten durch Verhandlungen ausgetragen werden und nicht durch militärische Mittel (wobei internationale Einrichtungen hilfreich sein können), andererseits weiß er, daß große Verbände auch viel Macht gewinnen und diktatorisch werden können (und im Extremfall ein Instrument des Antichristen darstellen können).

Auf diese Spannung hat Erich Lubahn hingewiesen: „Geboten scheint die Einheit der Welt, wenn man etwa an die Probleme der Umweltverschmutzung denkt, die nur weltweit und einheitlich zu meistern sind. Antichristliche Züge trägt die Welteinheitsbewegung deshalb, weil nach dem Zeugnis der Schrift sich der Antichrist der Einheitssehnsucht der Menschen zu seinem Vorteil bedienen wird. Darin liegt eine gewisse Tragik. Sie macht in besonderer Weise deutlich, daß vordergründig Nützliches und Gutes in der Welt sich am Ende doch negativ auswirkt. Warum ist das so?

Es wird deutlich, daß der Mensch seine Probleme im tiefsten nicht ohne die Erlösung durch Jesus zu lösen vermag. So führt nicht nur das Schlechte, sondern auch das Gute ohne Jesus hin zum Antichristen" (in seinem Buch *Was kommt auf uns zu? Apokalyptik — Endzeitfragen*, Metzingen 1987, S. 46).

Nehmen wir einmal an, der Antichrist wird nicht aus der UNO hervorgehen bzw. wird nicht die UNO als Machtbasis verwenden. Dann haben jene Christen, die die UNO in Verbindung mit dem Antichristen sahen und deshalb äußerst negativ beurteilten, den im Rahmen der UNO abgelaufenen Bemühungen um den Frieden eigentlich unrecht getan. Daß es oft auch der UNO nicht gelingt, Frieden zu schaffen, und daß bei Beschlüssen der UNO oft unsachliche Gesichtspunkte mitwirken, will ich nicht leugnen. Aber das prinzipielle Bemühen ist jedenfalls anzuerkennen.

Schon vor Jahrzehnten beobachteten Christen argwöhnisch jede Vereinigung, die eine gewisse Größe und Macht erreicht, weil ja aus ihr irgendwann einmal der Antichrist hervorgehen könnte: „Wenn ich recht sehe, wird sich aus dem jetzigen Völkerbund der zukünftige Zehnstaaten-Bund entwickeln, an dessen Spitze der Antichrist stehen wird" (Heitmüller 32).

Mittlerweile gibt es den Völkerbund nicht mehr, aber wir beobachten weiterhin insbesondere im Rahmen der Endzeitliteratur ein argwöhnisches Mißtrauen gegenüber allen größeren Organisationen, wie UNO oder EG — denn wer zu groß wird, könnte ja einmal die Basis für den Antichristen darstellen!

17. Einfluß auf politische Entscheidungsträger

Manche Evangelikale haben Kontakt zu wichtigen Politikern. Das wohl prominenteste Beispiel ist Billy Graham, der enge Kontakte zu mehreren US-Präsidenten (inklusive George Bush) hat(te). In einem solchen Fall ist auch mit der Möglichkeit zu rechnen, daß ein Evangelikaler Einfluß auf die Politik hat, wobei dann natürlich auch seine spezielle Endzeitsicht mitspielt.

Wenn z.B. Graham amerikanischen Präsidenten und anderen Verantwortlichen den Eindruck nahelegte, es bei Verhandlungen mit dem sowjetischen Generalsekretär mit dem Antichristen oder zumindest seinem unmittelbaren Vorläufer zu tun zu haben, so bedeutet das einen Einfluß, der in Richtung geringstmögliche Kooperation geht. Dieser Einfluß beruhte — soweit wir das heute abschätzen können — eigentlich auf einem Irrtum. Wenn bei heiklen politischen Entscheidungen neben realen Faktoren noch irrtümliche Bibelauslegungen mitspielen, so kann das verhängnisvoll sein. Es geht mir hier nicht so sehr konkret um Graham und um die Frage, ob er tatsächlich Einfluß auf bestimmte Präsidenten hatte. Die Frage, von wem jemand beeinflußt wurde, wird sich ohnehin kaum mit Sicherheit beantworten lassen. Aber prinzipiell ist auch an die Möglichkeit zu denken, daß ein Endzeitautor auf politische Entscheidungsträger Einfluß ausübt. Insbesondere in Verbindung mit Israel fordern manche Autoren ja sogar ganz bestimmte, konkrete politische Entscheidungen.

Dieser Aspekt darf allerdings nicht überschätzt werden. Nur wenige Evangelikale, somit auch nur wenige evangelikale Endzeitautoren, haben eine so anerkannte Stellung, daß sie auf politische Entscheidungsträger Einfluß ausüben könnten.

Doch abgesehen von der Möglichkeit eines direkten Einflusses ist noch folgendes zu bedenken. Wenn ein Endzeitautor viele Menschen eines demokratischen Landes beeinflußt, dann wirkt er damit indirekt auch auf Entscheidungsträger, die ja wiedergewählt werden wollen und daher auf verbreitete Anliegen Rücksicht nehmen müssen. Wir müssen also auch mit der Möglichkeit eines indirekten Einflusses rechnen.

Haben wir aus den Fehlern gelernt?

„Bedauerlicherweise haben sich im Laufe der Zeit die Deutungen vieler prophetischer Bibelausleger ... als irrig erwiesen. Dadurch hat ihre Glaubwürdigkeit verständlicherweise gelitten" (Goetz 233).

„Warum sollte es also heute anders sein? Wenn Prophetie-Spezialisten während der vergangenen acht oder zehn Jahrzehnte oft durch falsche Vorhersagen von sich reden machten, warum sollte es sich ausgerechnet in unserer jetzigen Zeit anders verhalten? Könnten nicht auch das vorliegende Buch und sein Verfasser die lange Reihe aufrichtiger, aber irregeführter Unheilspropheten vergrößern?" (Goetz 218).

William Goetz wirft hier eine selbstkritische und berechtigte Frage auf. Er verweist auf die lange Liste der bisherigen Mißerfolge. Eine solche Erfahrung sollte sicherlich zu Konsequenzen führen. Wie sieht die Reaktion in der Praxis aus?

1. Keine echte Umkehr

In Kap. A, 9 haben wir uns mit der *Beurteilung von Fehlvorhersagen* befaßt. Dort sind wir auf drei Kriterien eingegangen, die zu berücksichtigen sind im Hinblick auf die Frage, wann von einem „Falschpropheten" zu sprechen ist: Wenn jemand
erstens sich auf Gott beruft als Quelle seiner Vorhersage,
zweitens seine Vorhersage als etwas Sicheres oder zumindest sehr Wahrscheinliches hinstellt, und
drittens seine Vorhersage öffentlich bekanntmacht.
　Wie sollen wir folgenden Fall beurteilen? Ein Christ steht im Dienst Gottes und tut tatsächlich einen segensreichen Dienst. Auf irgendeine Weise kommt er auf eine bestimmte Vorhersage und entschließt sich dazu, sie zu veröffentlichen. Vielleicht läßt er sich gerade durch das Empfinden der Nähe Gottes, durch den spürbaren Segen auf sei-

nem Dienst dazu verleiten, seine Deutungen verschiedener Bibelstellen für absolut richtig zu halten. Er publiziert also seine Vorhersage, und sie stellt sich als falsch heraus. Bedeutet das, daß wir ihn *insgesamt* als falschen Propheten einstufen müssen und daß wir *alles*, was er tat und tut, als negativ einstufen müssen?

Ich meine, daß wir hier doch einen Unterschied machen sollten, daß wir Gutes und Schlechtes erkennen und auch entsprechend einschätzen sollten. Weder sollten wir angesichts einer Sünde eines Menschen alles andere, was er tut, gleichfalls negativ bewerten, noch sollten wir angesichts positiver Handlungen/Lehren eines Menschen die Augen vor Sünde verschließen oder versuchen, diese Sünde zu verharmlosen oder zu beschönigen. Die Bibel gibt uns dafür mehrere Beispiele. Von dem, was David, Salomo oder die Jünger Jesu geschrieben haben, können — und sollen! — wir sehr viel lernen. Deren Schriften finden wir in der Bibel; daneben wird aber in der Bibel von deren Sünden offen berichtet. Es wird dort nicht versucht, deren Sünden zu verschweigen oder zu verharmlosen.

Gerade aus der Bibel lernen wir ja auch, daß bei Gott Vergebung möglich ist. Eine solche Vergebung setzt aber Umkehr voraus. Wenn ein Mensch auf Sünde aufmerksam wird und er versucht daraufhin zu erläutern, daß diese Sünde ohnehin nur ganz minimal war, ja daß sie eigentlich gar nicht als „Sünde" anzusprechen sei, sondern höchstens als „Fehler", daß dieser Fehler aber sehr natürlich und sehr verständlich gewesen sei und daß letztlich auch dieser Fehler noch sehr positive Auswirkungen hatte, dann ist er von einer wirklichen Umkehr noch sehr weit entfernt!

Sollten wir das falsche Vorhersagen im Namen Gottes als „Sünde" ansprechen? Wenn man die alttestamentlichen Aussagen dazu ansieht — den Befehl, einen solchen falschen Propheten zu steinigen, oder den Bericht über Hananja, der innerhalb eines Jahres starb —, dann besteht kein Zweifel, daß es sich hierbei um eine schwere Sünde handelt.

Vergebung ist möglich, aber die Voraussetzung dazu ist Umkehr. Dort, wo eine solche Umkehr geschehen ist — was Schuld*er*kenntnis, Schuld*be*kenntnis und radikales Abwenden von einer solchen Handlungsweise einschließt —, vergibt Gott. Und dort sollten auch wir vergeben und nicht immer wieder daran erinnern und somit bereits vergebene Schuld aufwärmen.

Wie steht es nun in der Praxis mit einer solchen Umkehr? Werfen wir zuvor einen Seitenblick auf die Zeugen Jehovas, die ja genügend

Veranlassung zu einer solchen Umkehr hätten. Bei der Wachtturmgesellschaft läßt sich von einer solchen tiefgreifenden Umkehr nichts bemerken. Vielmehr ist sie eifrig darum bemüht, ihre eigene Handlungsweise zu verniedlichen und zu rechtfertigen. Sie vergleicht ihr eigenes falsches Vorhersagen mit den Fragen und Überlegungen der Jünger (wie in Apg 1,6 berichtet), sie spricht von der Möglichkeit, daß ein Gesprächspartner der Zeugen Jehovas sich auf „angebliche ‚Vorhersagen‘, die nicht eingetroffen sind“, bezieht (also bloß *angebliche*!), sie gehen zum Gegenangriff über, indem sie nach dem Motiv der Kritiker fragen, und sie führen ihren Eifer für die Sache Gottes als Grund für diese falschen Vorhersagen an (in meinem Buch S. 87f).

Nun gut, das sind die Zeugen Jehovas, das hat mit uns nichts zu tun. Wenden wir uns jetzt den evangelikalen Endzeitautoren zu, um zu sehen, wie deren Umkehr aussieht.

Was die Verlage betrifft, so fällt auf, daß sie mitunter sogar unveränderte Auflagen nachdrucken. Etwa Hal Lindseys *Alter Planet Erde, wohin?* (1971) oder Wilkersons *Die Vision* (1974) wurden noch 1991 nachgedruckt. Solche Fälle sind besonders kraß, weil dabei ja offensichtlich Falsches weiterhin verbreitet wird (s. u. Kap. E, 2).

Und die Autoren? Im allgemeinen nehmen sie das Zeitgeschehen zur Kenntnis und bringen dann veränderte Vorhersagen heraus. Doch das gehört schon zum nächsten Kapitel. Von einer tiefgreifenden Umkehr, die ja ein Abwenden von dieser ganzen Art, mit biblischen Endzeitaussagen zu spekulieren, beinhalten würde, sind sie jedenfalls weit entfernt.

2. „Jetzt stimmt es wirklich!"

Eingangs hatten wir die nüchterne Mißerfolgsfeststellung von William Goetz zitiert. Wie sehen nun die Konsequenzen aus, die Goetz vorschlägt?

Sehr radikal sind die Konsequenzen von Goetz nicht, das möchte ich vorausschicken. Seine Antwort ist: Jetzt stimmt es wirklich, läßt sich doch beobachten, „daß das Wesen unserer Welt heute global und rapide jene Merkmale annimmt, die Harmagedon zugrundeliegen". Das ist allerdings ein subjektiver Eindruck, und diesen subjektiven Eindruck hatten auch die früheren „Prophetie-Spezialisten". Deshalb meine ich, daß aus den bisherigen Vorhersage-Mißerfolgen grundlegendere Konsequenzen gezogen werden müssen. Lediglich zu sagen, daß es heute wirklich stimmt, weil gemäß unserem Eindruck die Vorzeichen der Endzeit in einem stärkeren Maß gegeben sind als in früheren Zeiten, ist zuwenig. Dieses Vorgehen erinnert an die Zeugen Jehovas.

Auf die falschen Vorhersagen der Wachtturmgesellschaft in der Vergangenheit angesprochen, heben manche Zeugen Jehovas ihre Korrekturbereitschaft hervor: „Ja, die Zeugen Jehovas erkannten bezüglich der Zukunft nicht alles richtig, aber sie waren bereit, sich zu korrigieren."

Natürlich, im nachhinein weiß man es immer besser. Es wäre auch schwierig, solche Vorhersagen, die ein bestimmtes Jahr der Erfüllung nannten, das mittlerweile ergebnislos verstrichen ist, weiterhin in derselben Form aufrechtzuerhalten. Eine solche „Korrekturbereitschaft" ist daher nichts Großartiges. Wenn die Zeugen Jehovas aber an die Stelle der alten Vorhersagen, die sich mittlerweile als falsch herausgestellt haben, neue Vorhersagen setzen, so haben sie die *wesentliche* Korrektur doch noch nicht vollzogen. Wenn sich alte Vorhersagen als falsch erwiesen — spätestens dann sollte der Prophet ja erkennen, daß er überhaupt mit dem Vorhersagen aufzuhören hat. Zumindest sollte er beim Präsentieren seiner Vermutungen wesentlich behutsamer werden.

Das Beunruhigende an den oft praktizierten Änderungsprozeduren ist die — scheinbar — beliebige Austauschbarkeit. Man kann eine bestimmte Bibelstelle mit einer konkreten Gegenwartsgröße in Verbindung bringen, man kann aber genausogut eine andere Größe heranziehen, ohne daß der Text des Endzeitbuches im übrigen wesentlich geändert werden muß. (Es heißt dann, das Buch wurde „aktualisiert".) Ist die Bibel wirklich derart vieldeutig, daß man aus bestimmten Bibelstellen wahllos verschiedenste Schlußfolgerungen ziehen kann — eine ist so gut wie die andere, man kann ohne weiteres die eine durch die andere ersetzen? Falls die Bibel wirklich so vieldeutig ist, hat sie dann überhaupt noch irgendeine Aussagekraft? Oder liegt es eher an den Endzeitautoren, indem sich diese von vornherein so weit von den unmittelbaren Bibelaussagen entfernt — in einen Bereich der Spekulation begeben — haben, daß nun verschiedene Deutungsmöglichkeiten ohne weiteres gegeneinander austauschbar sind? Das wäre aber kein verantwortungsbewußter Umgang mit der Bibel.

Wie verhielten sich nun jene Endzeitautoren, denen man falsche Vorhersagen nachweisen kann, in ihrer weiteren Publikationstätigkeit? Wilkerson ließ seiner 1974 publizierten *Vision* noch zwei weitere Endzeit-Bücher folgen (1978 und 1987 erschienen). Malgo legt in seinen Zeitschriften weiterhin ein Schwergewicht auf die Endzeit, sein gratis und massenhaft verbreitetes Buch *Was sagt die Bibel über das Ende der Welt?* erschien 1990 in überarbeiteter Form. Baar brachte 1991 ein neues Buch heraus. Gerth überarbeitete sein Buch 1989 („vollständig"), wobei er den Text weitgehend beließ ...

3. Niemand überprüft den Vorhersage-Erfolg

Wenn man solche vor Jahrzehnten erschienene Endzeitbücher zur Hand nimmt, wundert man sich über die Risikobereitschaft dieser Autoren. Es muß ihnen doch bewußt gewesen sein, daß sie sich hier auf ein sehr schlüpfriges Terrain begeben, wo ein Ausrutschen beinahe unvermeidlich ist? Und man wundert sich auch über die große Zahl der Leser, die weiterhin Literatur dieser Art verschlingen. Beim Betrachten der älteren Literatur müßten sie doch sehen, wieviel Falschvorhersagen getätigt wurden!

Meine Verwunderung resultiert wohl daraus, daß ich von einer nicht zutreffenden Voraussetzung ausgehe. Die Leser solcher Literatur leben in der Gegenwart; die ältere Literatur interessiert sie nicht so sehr, gibt es doch mittlerweile neuere! So wird vielen Lesern gar nicht bewußt, wieviele der Vorhersagen fehlgingen. (Übrigens reagieren die Zeugen Jehovas ähnlich, wenn sie von einem Informierten — den sie mit verharmlosenden Antworten nicht zufriedenstellen können — auf Falschvorhersagen der Vergangenheit hingewiesen werden: Wichtig ist die neuere Literatur der Zeugen Jehovas, nicht die ältere ...)

Wir sollten also eine Formulierung von Goetz etwas präzisieren. In dem eingangs dieses Teiles C angeführten Zitat meinte er, daß Prophetie-Spezialisten „oft durch falsche Vorhersagen von sich reden machten". Sie machten tatsächlich durch ihre Vorhersagen von sich reden. Als sich ihre Vorhersagen als falsch erwiesen, hatte sich der Wirbel um deren Vorhersagen längst gelegt, ihre Bücher waren bereits in zehn- oder hunderttausenden Exemplaren abgesetzt, und die Aufmerksamkeit der Leser hatte sich inzwischen bereits anderen, aktuelleren Büchern zugewandt. So wurde nur wenigen bewußt, daß es sich um falsche Vorhersagen gehandelt hat. Also nicht weil sie falsch waren, erregten diese Vorhersagen Aufsehen, sondern weil sie sensationell klangen.

Abgesehen von der geringen Neigung, die ältere Literatur einer Überprüfung zu unterziehen, stößt ein solcher Überprüfungsversuch auch auf Grenzen. Bei Flugblättern und Zeitschriften (z.B. Malgos) ist eine solche Überprüfung schwer möglich, weil kaum jemand sie über Jahre hinweg aufhebt.

Wenn sich aber diese Literatur trotz zahlreicher Fehlschläge weiterhin so gut absetzt, so ist natürlich auch für die Verlage die Versuchung groß, weiterhin solche Literatur zu produzieren. Um diesen schädlichen Zustand zu verändern, habe ich dieses Buch geschrieben. Wenn sich einmal jemand die Mühe macht, diese Literatur hinsichtlich ihres Voraussageerfolges zu überprüfen, dann wird die Mangelhaftigkeit dieser Literatur aufgedeckt — und das könnte zur Ernüchterung der Verfasser führen. So hoffe ich, dazu beizutragen, daß Christen in Zukunft vorsichtiger werden und sich nicht in so riskanter Weise festlegen. Gleichzeitig wende ich mich an die Leser. Wenn diese erkennen, daß eine bestimmte Literatur letztlich nicht nutzt, sondern eher schadet, werden sie dazu auf Distanz gehen. Was zur Folge hätte, daß dann diese Sorte von Literatur nicht mehr so viele Abnehmer findet.

Aber vermutlich beruht diese Hoffnung auf meinem unverbesserlichen Optimismus. Denn viele Menschen wollen eben jetzt schon genau wissen, was die nächsten Jahre bringen werden, und wenn die Spekulationen darüber nur hinreichend sensationell sind, werden sie begierig aufgenommen. Doch damit sind wir schon beim nächsten Kapitel.

4. Neugier verleitet zu neuerlichen Vorhersagen

Erich Geldbach vermutet Neugier als treibende Kraft: „Bei der Beurteilung der Endzeiterwartung muß man davon ausgehen, daß die Fülle der heilsgeschichtlichen Entwürfe, der nicht eingetretenen

Terminangaben und der Berechnungen, die sich ja alle auf die gleichen Verse und Kapitel der Hl. Schrift beziehen, zu äußerster Vorsicht mahnen. Fromme Neugier darf nicht zum ‚Einlegen in die Hl. Schrift‘ statt zur ‚Auslegung‘ führen.“

Vielleicht gibt es unter uns Christen vieles, was sich im Kern mit den von uns abgelehnten Vorgängen und Motiven der „Welt“ deckt — wobei dann bloß die äußere Form anders ist. So stellt Samuele Bacchiocchi weitreichende Vergleiche an: „Während sich einige an Horoskope oder an Jeanne Dixon wenden, um Licht über die Zukunft zu erhalten, wenden sich andere an ‚christliche Propheten‘ wie Hal Lindsey, der die Bibel als Kristallkugel verwendet, um daraus die unmittelbare Zukunft vorherzusagen“ (S. 9).

Ein harter Vorwurf! Jeder Leser sollte selbst überprüfen, wie stark seine eigene Neigung dazu ist. Wie ist zu reagieren, wenn auf dem Titelblatt eines Buches zu lesen ist: „Erstaunliche Hinweise, daß lang prophezeite einschneidende Ereignisse im Anzug sind“? Denkt man: „Wieder so ein Unsinn!“ und befaßt sich gar nicht damit, oder greift man neugierig danach?

Auch Michael Weyer-Menkhoff vermutet in seinem Artikel *Angst vor der Endzeit?*, daß die Neugier ein wesentliches Motiv für die Beschäftigung mit der Endzeitthematik ist: „... nennen wir es Sensationslust oder Nervenkitzel oder die Sehnsucht nach geheimnisvollem Insider-Wissen. So stürzt man sich auf entsprechende Dinge, die biblisch scheinen, die dazu noch spannend sind: Israel, Endzeit. Und ist es nicht wirklich befriedigend, wenn man sich denkt, man könne Gott auf den Schreibtisch schauen und genau sehen, was er alles vorhat — und die ungläubige Welt weiß das alles nicht!?“ (S. 3).

Es ist nicht falsch, sich zu überlegen, wie sich die biblischen Endzeitaussagen, wenn sie an die gegenwärtige politische Konstellation anknüpfen, verwirklichen könnten. Zu überdenken ist dabei jedoch zweierlei: Wieviel Zeit soll dafür investiert werden? In welcher Form sollen die Ergebnisse dieser Überlegungen präsentiert werden?

Wie kann ein Christ die genannten Gefahren vermeiden? Zuerst sollte er seine eigene Motivation überprüfen. Er wird sich fragen müssen: Warum lese ich ein Buch? Weil ich Aufregendes, Sensationelles haben möchte? Dann wird mich dieser Wunsch dazu verleiten, solche Autoren zu bevorzugen, die überdramatisieren, Effekthascherei betreiben, die Zukunft (mittels biblischer Aussagen) detailliert beschreiben, vielleicht auch schon den Antichristen genau bezeichnen können. Wer sich vor allem von Neugier und von Besserwisserei leiten läßt, wird sich auf derartige Autoren stürzen. Manche Leute, so scheint es, wollen betrogen werden.

Überhaupt dürfen wir die Beschäftigung mit der biblischen Endzeitprophetie nicht zu einseitig intellektuell handhaben. Bei der Lektüre von Jesu Zukunftsrede wird der Leser wiederholt durch Imperative angesprochen. Er liest, was er *tun* soll:

„Gebt acht, daß euch niemand irreführt!" (Mt 24,4).

„Laßt euch nicht erschrecken!" (V.6). „...dann sollen die Bewohner ...fliehen" (V.16).

Diese dichte Aufeinanderfolge von Imperativen zeigt, daß hier praktische Handlungsanweisungen gegeben werden. Es geht also nicht so sehr um eine theoretische Wissensvermittlung über eine Chronologie der Zukunft.

5. Wenn Falschvorhersagen als erfolgreich hingestellt werden

Ein besonders eigenartiger Weg, mit falschen Vorhersagen umzugehen, ist die Darstellung der Falschvoraussage als richtige Voraussage.

Wir können diesen Weg etwa bei den Zeugen Jehovas beobachten. Da kann man z.B. hören: „Die damaligen Vorhersagen waren zwar nicht in allen Details, aber doch im wesentlichen treffend."

Das stimmt jedoch nicht, und die Wachtturmgesellschaft vermeidet es auch wohlweislich, diese Vorhersagen konkret zu zitieren, weil dadurch offensichtlich werden würde, daß sie fehlgegangen sind. Ein solcher Umgang mit der Wahrheit wirft die Frage auf, ob diese Irreführung absichtlich erfolgt, oder ob die Berichterstatter so verblendet sind. Jedenfalls kann uns das als Warnung dienen, so daß wir die Behauptung, jemand hätte richtig vorhergesagt, nicht blind glauben, sondern überprüfen.

Als Klaus Gerth 1982 sein Buch über den Antichristen herausbrachte, verwies er auch auf Lindseys Buch: „Zehn Jahre sind seit Erscheinen des Buches ,Alter Planet Erde, wohin?' vergangen. Damals war es für viele ein verwerfliches Buch. Heute sieht die Sache ganz anders aus" (S. 9f).

Das klingt so, als hätten sich Lindseys Vorhersagen mittlerweile als treffend herausgestellt. Und in bezug auf Wilkersons Bücher *Die Vision* und *Wetterleuchten des Gerichts* schrieb Bernd Ewert im Jahr 1987: „Viele darin enthaltene Voraussagen haben sich schon erfüllt oder sind im Begriff, es zu tun" (im Vorwort zur deutschen Ausgabe von Wilkersons Buch *Lass die Posaune erschallen*, S. 7).

Ewert verzichtet allerdings darauf, konkrete Beispiele solcher erfüllter Voraussagen anzugeben. Es wäre ihm auch nicht leicht gefallen, solche zu finden.

6. Erfolgreiche Vorhersagen?

Ich schließe es allerdings nicht aus, daß doch jemand — auch über eindeutige biblische Aussagen hinausgehend — richtig vorhergesagt hat. Ich bin, wenn ich davon höre, allerdings immer ein bißchen skeptisch und möchte daher den Sachverhalt gerne etwas überprüfen.

Das soll durch zwei Beispiele veranschaulicht werden. Der bekannte Okkultismus-Experte Kurt KOCH schrieb in seinem Buch *Der Kommende. Israel in der Erfüllungszeit* (1968) über die jüngste Vergangenheit und vermutliche Zukunft Israels. Dabei zeigt er einige Behutsamkeit: „Zukunftsdeutungen sind immer ein heikles Gebiet. Die menschliche Phantasie schießt oft ins Kraut wie Pilze nach einem warmen Sommerregen. Dazu ist man dabei immer in der Gefahr, in den Bereich der Wahrsagerei zu geraten. Von jeher war ich deshalb sehr skeptisch gegen alle Visionen und Prophezeiungen" (S. 86).

Trotz dieser Skepsis präsentiert er dann einige im 20. Jahrhundert von Juden gemachte Prophezeiungen. Und zwar solche, die mittlerweile ganz genau in Erfüllung gegangen sind. Das ist wirklich beeindruckend!

Zu diesen beeindruckenden Vorhersagen gehören auch die eines 1934 erschienenen Buches. Kurt Emil Koch nennt keinen Autor, aber den hebräischen Originaltitel: *Cheschbonoth ha Geulah* (= Daten der Erlösung). Hören wir Koch (S. 87f):

„Es sind folgende Einzelheiten vorausgesagt:
Gründung des Staates Israel 1948.
Befreiung Jerusalems 1967.

Ein Erdbeben, das die Grabeskirche und Omarmoschee zerstört.
Einfall Rußlands.
Tempelbau bis 1980."
Bemerkenswert ist dabei, daß ausgerechnet jene Ereignisse, die bis
zur Zeit von Kochs Niederschrift bereits eingetroffen waren, so prä-
zise vorausgesagt wurden. Die Vorhersagen der zur Zeit von Kochs
Niederschrift noch zukünftigen Ereignisse dagegen gingen fehl: Erd-
beben, Einfall Rußlands, Tempelbau bis 1980.

Die ersten beiden Termine konnte der Autor des hebräischen Buches so präzise vorhersagen, mit dem letzten Termin haperte es dann?
Zu gerne würde ich mir dieses Buch selbst ansehen. Ist Kochs Wiedergabe korrekt? Beinhalteten die ersten beiden Vorhersagen vielleicht
nur die Ereignisse, und hat Koch die Jahreszahlen 1948 und 1967 hin-
zugefügt? Das wäre jedenfalls irreführend, denn in Kochs Wiedergabe
nimmt der Leser diese beiden Jahreszahlen als Bestandteil der Vorhersagen.

Im Blick auf Kochs Korrektheit im Zitieren gibt es einen Sachverhalt, der mich stutzig macht. Eine spätere Neuausgabe des Buches, die
den ursprünglichen Obertitel wegließ, also unter *Israel in der Erfüllungszeit* erschien (Quebec 1978), brachte den unveränderten Text, ergänzt durch einen erst 1978 geschriebenen „Teil B". Blieb der erste Teil
wirklich ganz unverändert? Fast, denn während die von mir vergliche-
nen Stellen sonst identisch waren, habe ich eine Änderung bemerkt:
Der Termin 1980 ist weggelassen, statt dessen heißt es bloß: „Anschließend Tempelbau" (S. 84).

Das ist nun doch etwas merkwürdig. Warum verschwieg Koch diese
wichtige Angabe plötzlich? Ahnte er, daß sich die Vorhersage in dieser
Form nicht erfüllen werde? Von 1978 bis 1980 war ja nur noch wenig
Zeit. Eine solche stillschweigende Verbesserung von Vorhersagen
wirkt jedenfalls mißtrauenserweckend und führt dazu, auch den übrigen Angaben Kochs reserviert gegenüberzustehen.

Noch ein zweites Beispiel. Im Sechstagekrieg vom Juni 1967 eroberten die Israelis die Jerusalemer Altstadt zurück. Über die davorliegen-
den Monate berichtet Lindsey in seinem (1970 veröffentlichten)
Alter Planet Erde: „Im März und April 1967 hielt ich an vielen Univer-
sitäten an der amerikanischen Westküste Vorträge und legte dar,
daß es nach meiner Ansicht nun an der Zeit sei, daß die Juden irgendwie bald in den Besitz der Altstadt Jerusalems gelangen müßten" (S. 63).

Hier konnte Lindsey also äußerst treffend vorhersagen! Ganz anders als in seinen im erwähnten Buch gebotenen Vorhersagen, wo ihm so wenig Erfolg beschieden war.

Beim Betrachten der verschiedenen Gefahren und Nachteile der Beschäftigung mit Endzeitfragen könnte man den Eindruck bekommen, es sei das Beste, sich damit überhaupt nicht zu beschäftigen. Doch wozu sind dann überhaupt die Endzeitaussagen in der Bibel enthalten? Warum hat Jesus seinen Anhängern soviel darüber gesagt, warum enthält die Offenbarung so viele Zukunftsaussagen? Irgend etwas wird sich Gott dabei doch gedacht haben ...

Wie sollen wir nun wirklich mit den biblischen Endzeitaussagen umgehen?

Im 19. Jahrhundert verbreitete sich in der gebildeten Welt ein großer Optimismus: Der enorme wissenschaftliche und technische Fortschritt führte zu einem regelrechten Fortschrittsglauben. Seuchen wurden erfolgreich bekämpft, Maschinen nahmen dem Menschen Arbeit ab ... Sollte es nicht möglich sein, die Probleme der Menschheit innerhalb kurzer Zeit zu bewältigen, so daß die Menschen glücklich und friedlich zusammenleben würden?

In einer solchen optimistischen Stimmung wirkte das in der Bibel, insbesondere in der Offenbarung des Johannes, gemalte Szenario dunkel und düster. Ganz anders heute: Auch Menschen ohne inneren Bezug zur Bibel geben betroffen zu, daß es sich um ein sehr realistisches Bild handelt. Für uns bedeutet das: Wir fühlen uns mit unseren Ängsten verstanden in der Bibel, wir haben dort nicht das Gefühl, daß naive Träumer reden.

1. Wir blicken Jesus entgegen

Warum sollen wir auf Jesus warten, wenn doch das irdische Leben der meisten Christen durch ihren Tod beendet wird, nicht durch Jesu Kommen? Hierauf gibt es mehrere Antworten.

Erstens ist es vielleicht sogar die Hälfte der Christen aller Zeiten, die in der Gegenwart lebt. Das muß gar nicht unbedingt daran liegen, daß nun Erweckungen im Gange sind, die frühere übertreffen, sondern kann einfach an der starken Zunahme der Weltbevölkerung liegen, so daß ein gleichbleibender prozentualer Anteil von Christen zu einer absoluten Vermehrung führt. Somit könnte es sein, daß die Anweisung, auf Jesu Kommen zu warten, etwa für die Hälfte aller Christen eine ganz wörtliche Bedeutung haben wird.

Zweitens überschattet Jesu Kommen alles andere. All die Jahre seit Jesu Himmelfahrt steuern auf dieses große Ereignis zu. Er ist es wert, daß wir auf ihn warten, daß wir uns nach ihm sehnen, auch wenn Jahre dabei vergehen! Wie Johann Albrecht Bengel sagte: „Es ist der Majestät Christi gemäß, daß er die ganze Zeit über zwischen seiner Himmelfahrt und Zukunft ununterbrochen erwartet werde" (in seinem *Gnomon Novi Testamenti* von 1742 zu Apg 1,11).

Drittens zeigt die Erwartung der Wiederkunft Jesu auch etwas von unserer politischen Einstellung. Die neue Welt ist nicht für uns machbar, sie wird von Gott gemacht! Wir sind überzeugt, „daß nicht *wir* das Reich Gottes machen, sondern auf das Hereinbrechen seiner Herrschaft in diese Welt zu warten haben" (Köster 96).

Viertens haben neben der *Letzterfüllung* auch *Vorerfüllungen* ihre Bedeutung. Die Endzeitereignisse werden im Neuen Testament als „bald" kommend angekündigt, und doch dauert es jetzt schon so lange. „Das prophetische ‚bald' wandert die ganze Strecke mit, läßt sich je und je zu Vorerfüllungen nieder, erhebt sich wieder, bis es zur Letzterfüllung kommt" (Pohl Nr. 60).

Für verfolgte Christen bringen die biblischen Endzeitaussagen noch einen besonderen Trost: Was wir jetzt an Verfolgung erleben — Jesus steht darüber! Jesus ist schlußendlich Sieger! Besonders die Offenbarung drückt diesen Gedanken aus. Ob die Verfolgung dabei durch den endzeitlichen Antichristen oder durch einen seiner Vorläufer geschieht, ist für den Betroffenen nicht so entscheidend. Und das in der biblischen Endzeitprophetie Verheißene gilt in gewisser Weise auch für die Zeit davor; auch im Blick auf Vorläufer des Antichristen dürfen wir mit dem Beistand Jesu rechnen.

Die Frage, inwieweit wir in unserer Gegenwart mit Antichristlichem konfrontiert werden, wo wir gegebenenfalls auf Distanz gehen müssen, stellt sich auch dann, wenn dieses Antichristliche nicht mit dem letzten, dem Antichristen schlechthin in Verbindung steht. So hat Arnold Köster 1932 zu beurteilen versucht, wie Hakenkreuz und Sowjetstern zu sehen sind: „Ob in den Symbolen der Menschheit nicht schon das ›MALZEICHEN DES TIERES‹ auftaucht, das wir als Jesusmenschen weder zu tragen noch zu verehren haben ..." (S. 144).

2. Was ist die richtige Form von „Naherwartung"?

a) Hinweis auf die Bibel
als Rechtfertigung eigener Fehlvorhersagen

Von verschiedenen Seiten wird darauf hingewiesen, daß wir im Neuen Testament an mehreren Stellen eine *Naherwartung* finden. Eine Naherwartung, die sich so nicht erfüllt hat. Darauf weisen nicht nur Kritiker hin, die hier einen Fehler im Neuen Testament zu entdecken meinen, sondern auch solche Leser, die stark auf die Bibel verweisen. Bei den Zeugen Jehovas etwa dient der Hinweis auf die neutestamentliche Naherwartung als Verteidigung für eigene Vorhersagemißerfolge. Das kann etwa folgendermaßen aussehen:

„Die Apostel und andere frühchristliche Jünger hegten gewisse falsche Erwartungen, doch die Bibel reiht sie nicht unter die ‚falschen Propheten' ein (Siehe Lukas 19,11; Johannes 21,22.23; Apostelgeschichte 1,6.7.)" (S. 87).

Können wir die drei hier angeführten Beispiele wirklich mit den Zeugen Jehovas-Vorhersagen vergleichen? In der Apg stellen die Jünger lediglich eine Frage („Stellst du in dieser Zeit dem Israel das Reich wieder her?"). In Luk („Sie meinten, daß das Reich Gottes sogleich erscheinen sollte") erleben wir Jesu Schüler, wie sie als Lernende (das ist eigentlich die genaue Übersetzung für das griechische *mathetai*, das meist mit „Jünger" wiedergegeben wird) eben noch manche falsche Vorstellungen hatten und Jesus sie korrigieren mußte. Im Johannes-Evangelium lesen wir von einem Gedanken („Jener Jünger stirbt nicht"), der vielleicht sogar eine gewisse Verbreitung in christlichen Kreisen gewann. Aber auch hier ist festzuhalten, daß die Jünger — im Unterschied zu den Zeugen Jehovas — ihre Erwartung nicht zum Gegenstand ihrer öffentlichen, weitgespannten Verkündigung machten. Wir haben also zu unterscheiden zwischen einem Bibelleser, der sich aufgrund verschiedener biblischer Endzeitaussagen seine Vorstellungen macht (was durchaus in Ordnung ist), und jemandem, der diese Vorstellungen in einem Buch niederlegt, das zehntausendfach verbreitet wird.

Die Zeugen Jehovas beschränken sich in ihrer Verteidigung bewußt auf solche Beispiele, wo eindeutig eine falsche Erwartung seitens einiger Jünger vorlag, die auch gleich an Ort und Stelle korrigiert wird.

Doch wie ist es mit jenen Stellen im Neuen Testament, wo eine Naherwartung spürbar wird und wo man den Eindruck hat, daß es sich um Lehrtexte handelt?

b) Evangelien-Lehrtexte mit Naherwartung

Beginnen wir mit den Evangelien. In Mt 10,23 heißt es: „Ihr werdet mit den Städten Israels nicht zu Ende sein, bis der Sohn des Menschen gekommen sein wird."

Hier könnte man den Eindruck gewinnen, daß während Jesu Anhänger gerade erst beginnen, in Israel die Botschaft zu verkündigen, also noch nicht einmal über die Grenzen Israels hinausgedrungen sind, Jesus bereits wiederkommt. Doch nur einige Verse davor (10,18) finden wir die Ankündigung, daß die Jünger vor Statthalter und vor Könige geführt werden — ihnen und den Nationen zum Zeugnis. Das wiederum setzt eine über Israel hinausgehende Mission voraus. Und schließlich fand der Leser dieses Evangeliums später noch die Ankündigung der (24,14) sowie den Befehl zur Weltmission (28,19). Wenn das Evangelium „allen Völkern" verkündigt sowie „alle Nationen" zu Jüngern gemacht werden sollen, mußte der Leser damit rechnen, daß es ohne weiteres noch mehrere Jahrzehnte dauern kann. Und somit mußte er gleichzeitig auch damit rechnen, daß sein eigenes Leben vorüber sein werde, ehe Jesus wiederkommt.

Auch mehrere Gleichnisse Jesu weisen auf die Möglichkeit hin, daß sich das Kommen Jesu noch verzögern könnte: Ein schlechter Knecht kann deshalb auf den Gedanken kommen: „Mein Herr kommt noch lange nicht!" (24,48). Die Brautjungfern müssen erleben, daß „der Bräutigam lange nicht kam", so daß sie müde werden und einschlafen (25,5).

Ebenso weist das Gleichnis vom Unkraut im Acker, das wir gemeinsam mit dem Weizen wachsen lassen und nicht vorzeitig ausreißen sollen, auf einen längeren Zeitraum hin (13,24-30). Und schließlich finden sich diverse Hinweise in Jesu Zukunftsrede, daß etliche Dinge noch vor dem Ende geschehen sollen (z.B. 24,6-8). Dann ist auch an Jesu ethische Weisungen zu denken. Auch diese lassen erwarten, daß ein gewisser Zeitraum vergehen wird. Denken wir etwa an Jesu Aufforderung, der Diener aller zu sein (Mk 9,35), oder an den Hinweis auf die Tage, wo der Bräutigam weggenommen sein wird und die Hochzeitsgäste daher fasten werden (Mk 2,20). Und wenn Jesus dem Petrus ankündigt, was geschehen wird, wenn er alt geworden ist, und ihm dabei seinen Märtyrertod andeutet (Joh 21,18f), wird jenen, die davon informiert wurden, klar geworden sein, daß es noch einige Jahrzehnte bis zum Ende dauern wird.

Somit können wir zusammenfassend festhalten, daß die Evangelien genügend Hinweise dafür beinhalten, daß bis zum Ende noch mehrere Jahrzehnte vergehen können, so daß niemand sich sicher sein konnte, das Ende selbst noch zu erleben.

c) Naherwartung bei Paulus

Hat auch Paulus damit gerechnet, die Wiederkunft Jesu noch zu erleben? Vor allem beim Lesen des 1.Thessalonicherbriefes (4,15) könnte man das meinen: „... daß wir, die Lebenden, die übrigbleiben bis zur Ankunft des Herrn, den Entschlafenen keineswegs zuvorkommen werden."

Dieser Brief wird Anfang der 50er Jahre geschrieben worden sein. Seit Jesu Himmelfahrt waren also bereits 20 Jahre vergangen. Daß der *Zwischenraum* zwischen Jesu 1. und 2. Kommen in der Größenordnung von zumindest *Jahrzehnten* liegt, mußte ihm daher klar sein. Paulus berichtet nichts davon, daß ihm geoffenbart worden wäre, wie lange sein Leben noch währen wird. Als gefährlich lebender Missionar mußte er immer auch mit der Möglichkeit rechnen, getötet zu werden. Einmal zählt er die verschiedenen Lebensgefahren, in denen er sich bereits befunden hatte, auf: „Ich ertrug mehr Mühsal, war häufiger im Gefängnis, wurde mehr geschlagen, war oft in Todesgefahr. Fünfmal erhielt ich von Juden die 39 Hiebe; dreimal wurde ich ausgepeitscht, einmal gesteinigt, dreimal erlitt ich Schiffbruch, eine Nacht und einen Tag trieb ich auf hoher See ..." (2.Kor 11,23-25).

So konnte er sich auch gar nicht darauf festlegen, daß er bei der Wiederkunft Jesu noch leben werde. Selbst wenn diese bereits sehr rasch erfolgen sollte, könnte Paulus ja doch schon zuvor umgekommen sein. Seine Formulierung „wir, die Lebenden, die übrigbleiben ..." muß also nicht unbedingt in dem Sinn gemeint sein, daß er selbst sowie alle jetzt lebenden Thessalonicher, mit denen er sich im „wir" zusammenschließt, in jenem Augenblick zu den Lebenden gehören werden. Die Zielrichtung der Aussage geht ja auch nicht dahin, die Personen festzulegen, die dann am Leben sein werden, sondern prinzipiell zu klären, was mit den beiden Gruppen — der dann Lebenden und der dann bereits Gestorbenen — geschehen werde. Dazu ist noch folgendes zu bedenken: Als sich Paulus im Jahr 56 von den Ephesern verabschiedet, spricht er von ihm bevorstehenden Leiden, von der Vollendung seines Laufs (d.h. doch wohl: seinem Tod), und er kündet an, daß sie ihn nicht mehr sehen werden (Apg 20,23-25). Es klingt hier so, daß er mit seinem Sterben rechnet, nicht mit seinem Leben bis zur Wiederkunft Jesu.

Der 1.Korintherbrief wurde etwa Mitte der 50er Jahre geschrieben. Dort sagt Paulus: „Gott aber hat den Herrn auferweckt und wird auch uns auferwecken durch seine Macht" (6,14).

Wenn man das „uns" hier wörtlich nimmt, dann rechnet Paulus mit seinem Sterben. Denn die Auferweckung betrifft bereits Gestorbene; noch Lebende werden ja „verwandelt", wenn Jesus wiederkommt.

Auch wenn wir in den Paulusbriefen so etwas wie eine Naherwartung finden, so konnte diese doch nicht im Sinne einer Gewißheit, daß das Ende nun innerhalb weniger Jahre kommen müsse, verstanden worden sein. Denn einige Jahrzehnte lagen bereits zurück, weitere Jahrzehnte konnten folgen. Somit konnte sich auch niemand — weder Paulus noch einer seiner Leser — darauf festlegen, daß er selbst das Kommen Jesu noch erleben werde. Die Situation sah demnach für jeden Christen so aus: Jederzeit konnte Jesus kommen, heute, morgen oder irgendwann. Vielleicht noch während meines Lebens, vielleicht erst danach. Daß die Zeit „nahe" ist, brachte somit keine Garantie, auch keine Wahrscheinlichkeit mit sich, das Kommen Jesu noch persönlich zu erleben.

d) Andere Bibeltexte zur Naherwartung

Das Empfinden, daß Jesu Kommen doch nicht ganz so schnell wie erhofft erfolgt, begegnet uns schon in 2.Petrus 3. Und welche Antwort wird dort gegeben? Im Unterschied zu manchen heutigen Endzeitautoren verspricht Petrus seinen Lesern nicht, daß es nun gleich soweit sein wird, sondern er weist auf den positiven Gesichtspunkt dieser „Verzögerung" hin: Es können noch viele Menschen umkehren. Zur Frage des Zeitpunktes wiederholt Petrus nur einen Vergleich Jesu: Er wird wie ein Dieb kommen, also überraschend und unerwartet.

Auch in der Offenbarung finden wir mehrere Stellen, die eine Naherwartung ausdrücken. Die Offenbarung soll zeigen, „was *bald* geschehen muß" (1,1), denn „die Zeit ist nahe" (1,3; 22,10). Für *bald* finden wir den griechischen Ausdruck *en táchei*, wiederzugeben durch *schnell, eilends* oder *mit großer Geschwindigkeit*. Adolf Pohl dazu: „Die griechische Vokabel tachos steckt z.B. in Tachometer (Geschwindigkeitsmesser) und enthält die Grundvorstellung ‚eilen‘, meint also die Bewegung, nicht den Zeitraum. Ein Tachometer ist keine Uhr" (Einleitung Anm.11 oder zu Offb 1,1).

Gleiches gilt auch für Jesu Ankündigung „Ich komme *bald*" (3,11; 22,7.12.20). Das griechische Wort, das hier für „bald" steht, ist *tachy*. Es spricht weniger davon, daß der Zeitraum bis zum Kommen kurz ist, sondern eher, daß sein Kommen blitzartig und überraschend sein wird. Fritz Grünzweig hebt noch die Bedeutung „rechtzeitig" hervor: „Ich komme bald‘ heißt zugleich: Ich komme überraschend, schnell, rechtzeitig, noch ehe die antichristliche Bosheit und die ‚Pforten der Hölle‘ meine Gemeinde ‚überwältigt‘ haben ..." (im Bibel-Kommentar Bd. 25, zur Offenbarung 2.Teil. Neuhausen-Stuttgart 1982, S. 294f).

Im Rückblick auf die beinahe 2000 Jahre, die seither verstrichen sind, können solche Aussagen dennoch problematisch erscheinen. Doch im Hinblick auf die Zukunft ist die Situation für den einzelnen Leser wie zuvor beschrieben: Seit Jesu Weggang war ein halbes Jahrhundert vergangen, die Äußerungen waren nicht so präzise festgelegt, daß es jetzt nur noch wenige Jahre dauern könnte.

Gleiches gilt in verstärktem Maße auch für den heutigen Leser: Auch er kann in diesen neutestamentlichen Aussagen nicht die Erwartung finden, daß das Ende nun gleich, innerhalb der nächsten Jahre, kommen müßte. Die neutestamentliche *Naherwartung* kann also nicht als Rechtfertigung einer *Demnächsterwartung* dienen, die festlegt, daß es in den nächstfolgenden Jahren geschehen werde.

Nach Adolf Pohl fließt die Wiege der Naherwartung „aus der Verkündigung eines Gottes, der eben nicht harmlos ist. Gott ist Gott!" (Einleitung Nr. 35).

„Weil Gott Gott ist, ist die Strafe nahe. Diese Nähe ist ursprünglich Sachnähe. Freilich ist die Zeitnähe von diesen Aussagen nicht fernzuhalten" (Nr. 36).

„Die Frage nach dem Zeitpunkt bleibt offen, veränderbar und hinausschiebbar am Rande stehen. Hier behält Gott sich und seiner Majestät etwas vor."

„Der Herr ist nahe! bedeutet: Ungehorsam ist Wahnwitz. Wir leben bedroht, völlig entsichert vor Gott, mit aufgedecktem Dach, ständig offen für den Einfall des Gerichtes. Über der Gegenwart hängt bereits die Zukunft Gottes wie eine bedrohlich hängende Wand, die jeden Augenblick einbricht" (Nr. 37).

Übrigens waren die Menschen zur Zeit Jesu bereits durch das Alte Testament damit vertraut, daß das Eingreifen Gottes als „mit großer Geschwindigkeit" erfolgend angekündigt wird. So konnten sie etwa in Maleachi 3,1 lesen: „Seht, ich sende meinen Boten; er soll den Weg für mich bahnen. Dann kommt *plötzlich* zu seinem Tempel der Herr, den ihr sucht."

Diesen hier angekündigten Boten identifizierte Jesus mit Johannes dem Täufer (Mt 11,10), also sich selbst mit dem plötzlich kommenden Herrn. Kurz darauf wird dieses Kommen Jesu von Maleachi als *bald* erfolgend angekündigt: „Ich komme herbei, um euch zu richten; schon *bald* komme ich und trete als Zeuge auf ..." (3,5; die Septuaginta, die griechische Übersetzung des AT, hat hier für *bald* das uns schon vertraute tachys).

Tatsächlich vergingen zwischen Maleachi und Jesus dann noch etwa 500 Jahre.

Ähnliche Beobachtungen sind im Alten Testament noch öfter zu machen. Somit war Jesu Anhängern schon von ihrer Kenntnis des Alten Testamentes her klar, daß Ausdrücke wie *bald* oder *nahe* nicht unbedingt auf einen sehr kurzen Zeitraum schließen lassen.

e) Verheißung mit Bedingungen?

Schließlich ist auch mit folgender Erscheinung zu rechnen: Ankündigungen ohne ausdrückliche Nennung von Bedingungen. Oft kündigt Gott etwas an, ohne ausdrücklich eine Bedingung hinzuzufügen. Etwa durch Jona: „Noch 40 Tage, dann wird Ninive untergehen!"

Scheinbar wurde keine Bedingung angegeben. Als Ninive umkehrt, ändert Gott jedoch auch seinen Gerichtsbeschluß.

Israel wird eingeschärft, Gottes Gebote zu halten, „damit es dir gut geht und ihr so unermeßlich zahlreich werdet, wie es der Herr, der Gott deiner Väter, dir zugesagt hat" (5.Mose 6,3).

Israel hatte eine Zusage bekommen, diese war aber nicht bedingungslos (die entsprechende Zusage an Abraham hatte jedoch keine ausdrücklich genannte Bedingung beinhaltet: 1.Mose 15,5). Für den Fall, daß die Israeliten Gott ungehorsam sind, wird ihnen angekündigt: „Dann werden nur noch wenige Leute von euch übrigbleiben, statt daß ihr zahlreich seid wie die Sterne am Himmel; denn du hast nicht auf die Stimme des Herrn, deines Gottes, gehört" (5.Mose 28,62).

Die Verheißung, daß Israel zahlreich wie die Sterne am Himmel werden soll, war also nicht völlig unabhängig vom Verhalten Israels gemeint.

Dem Priester Eli, der gegenüber seinen falsch handelnden Söhnen zuwenig streng war, schickt Gott einen Propheten mit der Botschaft: „Spruch des Herrn, des Gottes Israels: Ich hatte fest zugesagt: Dein Haus und das Haus deines Vaters sollen für ewig vor meinem Angesicht ihren Dienst versehen. Nun aber — Spruch des Herrn: Das sei fern von mir, denn nur die, die mich ehren, werde ich ehren, die aber, die mich verachten, geraten in Schande" (1.Samuel 2,30).

Durch Jeremia sagt Gott: „Bald sage ich einem Volk oder einem Reich zu, es aufzubauen und einzupflanzen. Tut es aber dann, was mir mißfällt, und hört es nicht auf meine Stimme, so reut mich das Gute, das ich ihm zugesagt habe" (18,9f).

Dem Königsthron Davids wird zugesichert, daß er auf ewig Bestand haben soll (2.Samuel 7,13.16). Das hat sich so nicht erfüllt, mit Jojachin und Zedekia endet im 6. Jahrhundert v.Chr. die davidische Nachfolgelinie auf dem Königsthron. In veränderter Bedeutung hat sich die Verheißung in Jesus, einem Nachkommen Davids, erfüllt.

Den in Ägypten gefangenen Israeliten versprach Gott, sie nach Kanaan zu bringen, zog sein Versprechen aber nach deren wiederholtem Ungehorsam zurück: „Keiner von euch wird in das Land kommen, auch wenn ich meine Hand erhoben und geschworen habe, euch darin wohnen zu lassen" (4.Mose 14,30).

Erst deren Kinder durften hinein. Offenbar war bei diesem Versprechen doch auch eine Bedingung mitgedacht. „Es war nicht notwendig, und es wäre sicherlich ein Verstoß gegen die Regeln literarischer Kunst gewesen, die Androhung der Strafe oder der Enterbung bei jeder biblischen Verheißung zu wiederholen" (Loraine Boettner in: Clouse 83).

So könnte ich mir vorstellen, daß auch die Ankündigung „Das Ende ist nahe" als eine Verheißung gemeint war. Die dabei mitgedachte Voraussetzung war, daß die Weltmission rasch abgeschlossen ist. Durch das Versagen der Gemeinde in der Ausführung des Missionsauftrages verschob sich dann das Ende immer mehr.

3. Den Antichristen frühzeitig erkennen?

Die intensive Beschäftigung mit der Endzeitthematik kann auch damit gerechtfertigt werden, daß wir ja den Antichristen erkennen sollen: „Warum beschäftigen wir uns so ausgiebig mit der Person und den Eigenschaften des Antichristen? Weil wir warnen wollen, denn dieser Weltdiktator wird sich anfangs lammfromm aufspielen."

So Klaus Gerth (S. 166). Und weiter: „Wenn es stimmt, was ich in diesem Buch immer wieder nachweisen möchte, nämlich, daß die Bühne für den Antichristen fertig vorbereitet ist und sein Auftritt nahe bevorsteht, dann ist es unerläßlich, daß wir möglichst viele Informationen erhalten, um ihn rechtzeitig zu erkennen."

Mir leuchtet das nicht ganz ein, denn gerade gemäß dispensationalistischer Ansicht werden doch wir Gläubige ohnehin entrückt, bevor der Antichrist sein Unwesen treiben kann und es zur großen Drangsal kommt: „... daß zwei ganz entscheidende Dinge passieren müssen, bevor der Antichrist auftritt: 1. Die Entrückung der Gläubigen, um den Heiligen Geist aus dem Weg zu schaffen."

So Gerth (S. 199). Und weiter: „Wir haben nach Rückkehr der Juden in ihr Land auf keine weiteren Zeitereignisse vor der Entrückung mehr zu warten. Wir verstehen auch, wie wichtig der ‚Exodus' aus dem Blickwinkel der dann folgenden Ereignisse ist, da er die Bahn für das Auftreten des Widersachers Gottes, des Menschen der Sünde, bereitet. Denn das, was den Antichristen noch aufhält, der Heilige Geist, muß aus dem Weg."

Denken wir Gerths Ansicht konsequent durch: Der Antichrist lebt schon, aber tritt noch nicht auf, daher können wir ihn derzeit nicht erkennen (und brauchen das auch gar nicht, er hat ja noch keine führende Position, so daß wir auf seine Weisungen reagieren müßten). Zuerst wird die Entrückung kommen, sodann der Angriff der Sowjetunion & Co. auf Israel, wobei die Angreifer eine gewaltige Niederlage erleiden. Durch das Verschwinden des Machtblocks Sowjetunion wird der Weg frei für das Auftreten des auf die EG gestützten Antichristen ... (Gerth S. 200). Bei dieser von Gerth präsentierten Sicht wird aber seine Begründung für die intensive Endzeitbeschäftigung hinfällig!

Wie schon Gerths Lehrer Lindsey festhielt, „hält die Kraft des Heiligen Geistes in den gläubigen Christen das Auftreten des Antichristen noch auf. Erst wenn der Heilige Geist von der Erde weggenommen sein wird, kann der Antichrist an die Macht gelangen" (S. 129; ähnlich S. 133).

Die Entrückung der Gläubigen hätte, so Lindsey, schon beim Erscheinen seines Buches stattfinden können, während man damals aber den Antichristen noch nicht erkennen konnte (S. 173). Auch hier wieder: Noch bevor der Antichrist erkennbar wird, sind die Gläubigen entrückt. Die Gläubigen brauchen und können daher den Antichristen nicht frühzeitig erkennen. Somit könnten wir uns das „Antichrist-Früherkennungs-Ratespiel" eigentlich ersparen.

Entrückung der Christen vor Herrschaft des Antichristen: Das ist gemeinsames Glaubensgut der Dispensationalisten. „Harmagedon kann nicht stattfinden, solange die Gemeinde Jesu noch auf Erden ist. Die Gemeinde erlebt die Offenbarung des Antichristen nicht mehr, geschweige denn sein Ende bei Harmagedon" (Malgo: Schatten 142).

Auch bei William Goetz lesen wir diese Ansicht (S. 250), allerdings hält dieser es auch für möglich, daß das anfängliche Auftreten des Antichristen von den Gläubigen noch miterlebt wird (S. 240); ähnlich Marius Baar (S. 230).

Wenn jemand nicht mit der Entrückung der Gemeinde vor dem Auftreten des Antichristen rechnet, kann er dessen Früherkennung für die Gemeinde wichtig finden. Aber er kann auch der Meinung sein, daß die Gemeinde zur gegebenen Zeit klar wissen wird, daß es sich hier um den Antichristen handelt. Der Baptistenpastor Arnold Köster hielt 1941 in Wien einen Vortrag zum Thema des Antichristen: „Ich habe hier nicht die Frage zu beantworten, wer der Antichristus ist. Aber ich muß vom Wort her die Grundzüge antichristlichen Wesens aufzeigen, die in der antichristlichen Herrschaft, der antichristlichen Persönlichkeit zutage treten. Jetzt schauen wir wie in einen dunklen Spiegel — dann von Angesicht zu Angesicht! Jetzt lesen wir das Wort; wenn der dann auftritt, der hier beschrieben wird, muß man es erst gar nicht laut sagen, damit wir wissen: das ist er. Dann weiß die Gemeinde nicht nur, daß die Stunde da ist, wo sie ins Gefängnis zu gehen hat, um wieder Blutzeuge zu werden; sondern sie weiß auch, daß jetzt bald die Tore der Ewigkeit sich öffnen und der Christus kommt, um alles neu zu machen!" (S. 108).

4. Durch Zeichen angekündigt oder unvorhersehbar?

"Jesus selbst hat uns ausdrücklich geboten, auf die Zeichen der Zeit zu achten. ... Schon heute sehen wir große spektakuläre Zeichen, die auf die bevorstehende große Schlacht von Harmagedon hindeuten: ... 3. Der unaufhaltsame Aufstieg der Sowjetunion ... 5. Die Wiedergeburt des Römischen Reiches (10 Nationen der EG)" (Gerth 8f).

"Die Endzeitzeichen sind nicht zur Erstellung von Heils- und Unheilsfahrplänen gegeben. ... Es ist offensichtlich auch im Willen Gottes, über der Zukunft einen Schleier zu belassen, der erst beim Eintreffen der Ereignisse endgültig fällt. Die gewaltigen Ereignisse der Zukunft lassen sich nicht in kleine menschliche Programme zwängen. Hände weg von festgefügten Zukunftschemata, ja gar Zeitfahrplänen: ,Über jenen Tag aber und jene Stunde weiß niemand etwas!'" (Zopfi 25).

a) Vor bestimmten Zeichen Kommen Jesu unmöglich?

Im Hinblick auf den Zeitpunkt seiner Wiederkunft betont Jesus unsere Unwissenheit: "Ihr wißt nicht, zu welcher Stunde euer Herr kommt" (Mt 24,42).

In diesem Sinn präsentiert er auch mehrere Gleichnisse, die zeigen: Es kann jederzeit soweit sein. Diese Gleichnisse weisen auf das Überraschende hin: "... kommen an einem Tag, an dem er es nicht erwartet, und in einer Stunde, die er nicht weiß ..." (Mt 24,50).

Wie sollen wir dann die "Zeichen der Zeit" verstehen? Nehmen wir einmal an, Jesus weist in seiner Rede auf einige Zeichen hin, die kurz vor seiner Wiederkunft stattfinden werden. Dann würde er sich selbst widersprechen. Denn dann hätten seine Zuhörer ja gewußt: Solange diese Zeichen *nicht* da sind, wird auch Jesus nicht kommen — da brauchen wir mit seiner Wiederkunft gar nicht rechnen. Und auch die Christen aller weiteren Jahrhunderte hätten — mit einigem Bibelverständnis — wissen können, daß das Ende noch gar nicht kommen kann. Es standen ja noch einige Zeichen aus. In diesem Sinne wird die Aussagekraft dieser „Zeichen der Zeit" in der Endzeitliteratur verstanden. So lesen wir etwa bei Steven Lightle: „Jesus wird wiederkommen! Bevor er aber kommt, müssen gewisse Dinge geschehen sein, die seinen Weg vorbereiten" (S. 144; ähnlich S. 157.171).

Eine weitere Konsequenz dieses Verständnisses der „Zeichen der Zeit" ist: Sobald diese Zeichen da sind, steht Jesu Wiederkunft kurz bevor. Somit würden Jesu Anhänger einigermaßen genau wissen, wann Jesus kommt. Und gerade das schließt Jesus aus.

Veranschaulichen wir das anhand eines Beispiels: Das Blühen des Feigenbaums (Mt 24,32) deuten manche Ausleger so, daß Israel politisch und wirtschaftlich blühen soll. Also: 1948 wurde Israel als Staat ausgerufen, nun müßte es bald soweit sein, daß Jesus wiederkommt. Was umgekehrt bedeutet: Vor 1948 war Jesu Wiederkunft nicht zu erwarten.

So lesen wir es etwa bei Hal Lindsey: „Das wichtigste Ereignis, das aller endzeitlichen Prophetie vorausgehen muß und das viele Bibelforscher in der Vergangenheit übersahen, war die Tatsache, daß Israel als Nation wieder in seinem Heimatland wohnen mußte, ehe weitere endzeitliche Ereignisse eintreten können" (S. 48f).

Oder bei Gerth: „Einige bekannte Bibelausleger, die ihre Aussagen am Anfang dieses Jahrhunderts weitergaben, wiesen immer darauf hin, daß das Zweite Kommen unseres Herrn erst dann stattfinden könnte, wenn sich Israel wieder als Nation in Palästina zusammengefunden hat. Es ist absolut richtig, daß dieses große Ereignis zuerst zu geschehen hatte" (S. 198).

Wäre Jesu Erwähnung des Feigenbaums wirklich so gemeint gewesen, und hätten Jesu Jünger ihn so verstanden, dann hätten sie gewußt: Erst wenn Israel wieder ein selbständiger Staat ist, können sie mit Jesu Wiederkunft rechnen (und sobald das eine eintritt, kommt auch bald danach das andere). Doch obwohl nach Jesu Weggang noch keine Spur von einer staatlichen Verselbständigung Israels zu sehen war, rechneten Jesu Jünger mit seiner baldigen Wiederkunft. Verstanden sie etwa Jesu Erwähnung des Feigenbaums nicht, während erst die heutigen Ausleger sie verstehen?

Auch andere „Zeichen der Zeit" werden herangezogen, um zu erschließen, ob Jesus bereits wiederkommen könnte (oder eben noch nicht): Am Ende seines Abschnittes über die EG schließt Goetz: „Das bedeutet, daß die Wiederkunft Christi sehr nahe sein könnte" (S. 109).

Umgekehrt: Solange dieser Zustand noch nicht gegeben war, konnte demnach Jesu Wiederkunft nicht nahe sein! Lightle betont die Rückkehr der Juden: „Alle bibelgläubigen und -kundigen Christen warten noch auf ein großes Ereignis: auf den Exodus ‚aus dem Lande des Nordens und aus allen Nationen der Welt'. Diese Rückkehr nach Israel wird die letzte Vorbereitung für die Wiederkunft unseres Herrn Jesus Christus sein" (S. 142).

Oft schon wurde versucht, aufgrund der gerade beobachteten „Zeichen der Zeit" auf das nahe Ende zu schließen. Immer wieder mußte man jedoch feststellen: Trotz der Zeichen vergingen weitere Jahrzehnte, das Ende kam nicht. Diese wiederholte Erfahrung mahnt uns nachdrücklich, mit solchen Prophezeiungen aufzuhören.

Im Eingangszitat Gerths habe ich zwei der fünf von ihm genannten „Zeichen, die auf die bevorstehende große Schlacht von Harmagedon hindeuten", wiedergegeben. Diese beiden „Zeichen" sind mittlerweile längst undeutlich geworden. Das 3. (= *Der unaufhaltsame Aufstieg der Sowjetunion*) gibt Gerth auch noch in der „vollständig überarbeiteten und aktualisierten" Auflage von 1989 (noch 1991 nachgedruckt) an, es läßt sich so aber schon seit Jahren nicht mehr aufrechterhalten. Und beim 5. Zeichen (= *Die Wiedergeburt des Römischen Reiches*) mußte Gerth schon 1989 die „10 Nationen der EG" streichen, waren doch inzwischen Spanien und Portugal aufgenommen worden.

Wie wenig können wir uns auf die Deutung solcher „Zeichen" verlassen, wenn sich diese innerhalb eines knappen Jahrzehnts bereits so verändern, daß man an ihrem Zeichen-Charakter zu zweifeln beginnen kann?

Dennoch meinen viele Endzeitautoren, daß wir so handeln müssen: „Es ist daher zu allen Zeiten die Pflicht der uns gebotenen Wachsamkeit, auf die Zeichen der Zeit zu achten. ... Die Zeiger der Weltuhr rücken vor. Es geht auf zwölf" (Hubmer 198.213).

Alle Versuche, aufgrund der „Zeichen der Zeit" zu erkennen, wie weit der Zeiger auf der Weltenuhr schon fortgeschritten ist (und in weiterer Folge: wie bald nun das Ende kommen muß), gehen gegen Jesu Aussage: „Euch steht es nicht zu, Zeiten und Fristen zu erfahren, die der Vater in seiner Macht festgesetzt hat" (Apg 1,7).

Durch Zeichen angekündigt oder unvorhersehbar? Das ist eine Schlüsselfrage der *Eschatologie* (die Lehre von der Endzeit wird als

Eschatologie bezeichnet.) Erich Geldbach bejaht das Unvorhersehbare unter Hinweis darauf, „daß das Beobachten der Zeichen der Zeit
die Eschatologie in eine sich entwickelnde, ‚evolutive Eschatologie‘
verwandelt, da in der Gegenwart entweder noch Zeichen ausstehen
oder andere erst schattenhaft erkennbar sind. ... Damit verliert die
Eschatologie aber das Moment des völlig Überraschenden, des Her-
einbrechens wie ein Dieb in der Nacht (Mt 24,43; 1.Thess 5,4).“
Hier werden zwei verschiedene Auslegungsrichtungen sichtbar, die
ich folgendermaßen benennen möchte:
Signalismus (von lat. signum = Zeichen) – der ungefähre Zeitpunkt für
Jesu Kommen läßt sich aufgrund von Vorzeichen abschätzen;
Subitismus (von lat. subito = plötzlich) – Jesus kommt plötzlich und
unerwartet.

b) „... Tag und Stunde ...“

Der Vorstellung, daß sich der Zeitpunkt seiner Wiederkunft ungefähr
absehen läßt, scheint Jesus zu widersprechen: „Von jenem Tag und jener Stunde weiß niemand ...“ (Mt 24,36).
Nun gibt es manche Bibelleser, die diese Worte sehr wörtlich deuten
wollen, also etwa so: „Den *ungefähren* Zeitpunkt können wir schon
wissen, nur das *genaue* Datum und die *genaue* Uhrzeit wissen wir
nicht.“ So deuteten es die Zeugen Jehovas, als sie mit Volldampf auf
1975 hinsteuerten. Sie schränkten damals (1967) ein: „Natürlich sagte
Jesus, daß nur der himmlische Vater den Tag und die Stunde genau
kenne, an dem das Ende komme. (Matth. 24:36) Aber wenn uns nur
noch wenige Jahre von dem Ende dieses alten Systems trennen, ist es
lebenswichtig, daß wir geistig wach bleiben“ (S. 150f).
Zu beachten ist hier, wie dem Ausspruch Jesu das Wort „genau“ hin-
zugefügt wird. So daß dem Leser nun folgender Sinn vermittelt wird:
Den ganz genauen Zeitpunkt weiß niemand; daß es nur noch kurze
Zeit (einige Jahre?) sein kann, das meinten die Zeugen Jehovas doch zu
wissen.
Das gilt jedoch auch für andere Endzeitautoren. Nach Heitmüller
„gibt es keinen einzigen, der die Wiederkunft des Herrn Jesu auf Tag
und Stunde angeben könnte“ (S. 12f).
Aber, so Heitmüller weiter, Jesus hat uns „die Ereignisse, die Seiner
Wiederkunft vorausgehen werden, bestimmt und scharf umrissen

genannt". Diese Ereignisse versetzen uns in die Lage, „darüber zur Klarheit zu kommen, wo wir in der weltgeschichtlichen Entwicklung stehen".

Oder Pache: „Man sage uns also nicht: Ihr könnt es gar nicht *wissen*, wann das Ende nahe ist, da ‚niemand Zeit noch Stunde kennt'. So reden, hieße zwei Dinge verwechseln: Das Geheimnis, das Sich Gott vorbehalten hat über den genauen Augenblick der Wiederkunft Seines Sohnes, und die deutliche Offenbarung über jenen Zeitabschnitt, die Er geben wird" (S. 82).

Was Pache damit meint: Jesus kommt wie der Blitz aus dem Himmel; aber auch „ein Blitz kommt nicht aus heiterem Himmel: er kommt aus Wolken, die sich allmählich zusammengezogen haben. Wer darauf achtete, konnte das Nahen des Gewitters bemerken" (S. 54).

Das Überraschende des Kommens Jesu schränkt Pache auf die Ungläubigen und „die vorgeblich Gläubigen, die das prophetische Wort mißachtet haben", ein; nur diese „werden völlig unvorbereitet überrascht werden".

Es läßt sich also beobachten, daß mitunter auch ein Autor, der diese Aussage Jesu zitiert, sich doch frei fühlt, einigermaßen genau anzugeben, wieviel Uhr es geschlagen hat. Wim Malgo zitiert ausführlich einen Kommentar von Albert Springer: „Es ist uns nicht gegeben, den ‚Tag oder die Stunde' der Wiederkehr Christi zu kennen. Er hat uns aber Anhaltspunkte gegeben, die wir wohl tun, zu beachten" (Aufmarsch S. 56).

c) Wachen, weil wir den Zeitpunkt nicht wissen?

Jesu Gleichnis vom Hausherrn und dem Dieb (Mt 24,43) betont das Unvorhersehbare des Zeitpunktes des Kommens Jesu. Dieser eine Gesichtspunkt wird von manchen Auslegern breit ausgemalt, etwa von René Pache: „Wir haben eine solche Neigung zur Trägheit und Schlaffheit, daß wir immer in Atem gehalten werden müssen. ... Ja, sagte man sogar den Christen, daß dies Ereignis erst in sechs Monaten stattfinden sollte, würden sie sich fünfeinhalb Monate lang von der Pflicht zu wachen entbunden fühlen" (S. 50).

Es klingt so, als würden die Christen die ständige „Drohung" brauchen, daß Jesus in jedem Augenblick kommen (und sie zufällig gerade in einer laxen Phase erwischen) könnte. Die Lebensgestaltung des Christen alleine von daher zu sehen, wäre aber einseitig. Wir möchten ja nicht bloß deshalb in ständiger Verbindung mit Gott leben, weil wir nicht genau wissen, wann Jesus kommt und wir es peinlich fänden, von ihm in einem Augenblick überrascht zu werden, wo wir gerade ohne Gott leben. Wenn ich Gott liebe, dann will ich in ununterbrochener Gemeinschaft mit ihm leben, selbst wenn ich wüßte, daß Jesus in den nächsten Jahren noch nicht kommt.

In anderen — wesentlich längeren! — Endzeitgleichnissen Jesu werden auch andere Aspekte sichtbar. Das Gleichnis von den 10 Jungfrauen (Mt 25,1-13) betont, daß wir uns jetzt schon entsprechend vorbereiten müssen auf jenen — uns nicht genau bekannten — Zeitpunkt des Kommens Jesu. Hier wird meine augenblickliche Aktivität also nicht von daher bestimmt, daß Jesus jetzt wiederkommen könnte, sondern von der Frage her, was ich *jetzt* tun soll, damit ich *zu jenem Zeitpunkt* alle nötigen Vorbereitungen bereits getroffen habe.

Bei einem weiteren Gleichnis, bei dem der anvertrauten Talente (Mt 25,14-30), geht es darum, den gesamten Zeitraum der Abwesenheit des Herrn zu nutzen. Bei dem Vergleich mit der Zeit Noahs soll deutlich werden, daß der Weltlauf einmal unterbrochen wird (Mt 24, 37-42). Darauf sollten wir uns einstellen.

5. Weltevangelisation als Zeichen?

Auf eines der „Zeichen" möchte ich noch eingehen, nämlich auf die Weltevangelisation. Schließlich sagte Jesus, daß zuerst das Evangelium allen Völkern verkündigt werden wird, dann erst kommt das Ende (Mt 24,14). Gibt er uns damit einen Anhaltspunkt, aufgrund dessen wir wissen konnten, daß Jesus bis dahin noch nicht kommen werde? Und würde umgekehrt dann auch gelten: Sobald das Evangelium allen Völkern verkündigt worden ist, müssen wir damit rechnen, daß Jesus sehr bald kommt?

Doch auch dieser Hinweis Jesu liefert uns keinen genauen Zeitpunkt. Wir wissen ja nicht, an welchen „Erfassungsgrad" Jesus dabei dachte, d.h. inwieweit die Menschheit von der Verkündigung des Evangeliums erfaßt sein sollte. Wird jeder einzelne Mensch das Evangelium hören? Oder genügt es, daß aus jedem Volk einige Angehörige davon gehört haben? (Jesus sprach ja von „allen Völkern".)

Wenn gemeint ist, daß jeder einzelne Mensch das Evangelium hören soll, so sind wir davon noch weit entfernt. Denn das würde derzeit nur auf etwa die Hälfte der Weltbevölkerung zutreffen. Unabhängig davon, wieviele Menschen es gehört haben sollen: Was bedeutet „gehört"? Genügt es, wenn jeder Mensch das Evangelium in Kurzform, etwa in einigen Sätzen zusammengefaßt, gehört hat, unabhängig davon, wieweit er es erfassen konnte? Für Menschen, die mit ganz anderen Vorstellungen aufwachsen, ist es mitunter recht schwierig, die Bedeutung der Aussagen des Evangeliums zu erfassen. Dann könnte man noch weiterfragen, inwieweit auch die Kleinkinder von der Evangelisation betroffen sein sollen.

Falls Jesus gemeint hat, daß von jedem Volk zumindest einige Individuen das Evangelium gehört haben sollten, stellt sich die Frage: Was gilt als „Volk"? Ist jeder Stamm mit einer eigenen Sprache schon als ein Volk zu betrachten? Dann würde es gleichfalls noch sehr lange dauern. Wenn wir den Vorgang des Evangelisierens mit dem Übersetzen von zumindest einem Teil der Bibel koppeln: Wir kennen sehr viele Sprachgruppen, die noch keine Bibel(teil)übersetzung besitzen. Wenn aber lediglich die größeren Völker damit gemeint sind, so haben wir den geforderten Zustand wohl schon erreicht, denn 98 Prozent der Weltbevölkerung haben zumindest einen Teil der Bibel in ihrer Sprache. (Wobei aber noch Fragen offenbleiben: Wieviele von diesen Menschen können lesen, und wieviele haben Zugang zu Exemplaren dieser Übersetzung?)

Bei Jesu Ankündigung der Evangelisierung „aller Völker" haben wir mitzubedenken, daß „alle" nicht immer 100 Prozent bedeuten muß. (Näheres dazu in meinem Buch *Symbol oder Realität? — Taufe und Abendmahl*, S. 20.37f.)

In gewisser Weise konnten schon die Jünger Jesu den Eindruck haben, daß „alle Völker" evangelisiert sind. Denn die damals bekannte Welt, nämlich das Römische Reich und die unmittelbaren Nachbargebiete, wurden innerhalb einiger Jahrzehnte erreicht — wenngleich anfangs eher auf die Großstädte beschränkt.

Bei Jesu Hinweis gibt es also mehrere offene Fragen, die Begriffe „alle", „Völker" und „Evangeliumsverkündigung" betreffend. So eignet sich auch dieser Hinweis nicht dazu, eine deutliche Scheidung vorzunehmen: Bis dahin konnte Jesu Wiederkunft noch nicht erfolgen, ab da ist dagegen mit ihr zu rechnen.

6. „Diese Generation ..."

a) Nahereignis und Fernereignis

Die in Matthäus 24 und 25 berichtete Rede Jesu wird zumeist als *End-zeit*rede bezeichnet. Wenn wir als „Endzeit" die gesamte Zeit von Jesu Wirken an über die Zerstörung Jerusalems und weiter über Jesu Wiederkunft bis zum Gericht rechnen (= „Endzeit im *weiteren* Sinne", Bergmann 6), können wir diese Rede Jesu durchaus als „Endzeitrede" bezeichnen. Die meisten Leser denken beim Begriff der „Endzeit" aber speziell an den kürzeren, der Wiederkunft Jesu unmittelbar vorangehenden Zeitabschnitt (= „Endzeit im *engeren* Sinne"). In diesem Verständnis wäre es dann irreführend, von „Jesu Endzeitrede" zu sprechen. So sollte man sie wohl besser „Jesu Zukunftsrede" nennen (wie Großmann 13 vorschlug).

Was meinte Jesus mit der *Generation,* die nicht vergehen wird, „bis dieses alles geschieht"? Zur Beantwortung dieser Frage müssen wir den Zusammenhang überblicken. In seiner Zukunftsrede beantwortet Jesus zwei verschiedene Fragen: „Wann wird das [= die Tempelzerstörung] sein, und was ist das Zeichen deiner Ankunft und der Vollendung der Weltzeit?" (Mt 24,3).

Die Zerstörung des Jerusalemer Tempels fand im Jahr 70 n.Chr. statt, die Wiederkunft Jesu steht noch aus. Jesu Rede handelt also von zwei weit auseinanderliegenden Ereignissen, einem *Nahe*reignis und einem *Fern*ereignis. Wir müssen daher bei den einzelnen Aussagen immer beachten, welches dieser beiden Ereignisse damit gemeint ist. In einigen Abschnitten ist diese Unterscheidung jedoch nicht einfach, und manchmal kommt es in den Berichten über Jesu Zukunftsrede zu einem plötzlichen Sprung: Während der eine Vers noch von der bevorstehenden Tempelzerstörung spricht, redet der nächste Vers bereits über die Ereignisse vor der Wiederkunft Jesu.

Jesus spricht also von zwei — wie wir heute wissen — weit auseinanderliegenden Ereignissen. Das eine sollte bereits in 40 Jahren kommen, das andere erst (wie wir heute wissen: wesentlich) später. Jesus: „*Dieses* Geschlecht wird nicht vergehen, bis *dies* alles geschehen ist. ... Von *jenem* Tag und *jener* Stunde weiß niemand ..." (Mt 24,34.36).

„Dieses alles" kann Jesus einigermaßen datieren, „jenes" nicht. „Geschlecht" (griech. *geneá*) — das meint die Generation; „dieses

Geschlecht" = die Generation zur Zeit Jesu (wie auch sonst, vgl. Mt 11,16 oder 12,41f; das von Jesus hier vermutlich gebrauchte aramäische Wort, nämlich *dar*, bezeichnet eindeutig nur die *Generation*, nicht etwa ein Volk oder eine Rasse). Tatsächlich kam es zur Zerstörung des Jerusalemer Tempels 40 Jahre danach, als noch viele Angehörige der Generation Jesu lebten. So verstanden, wiederholt Jesu Ankündigung das, was er auch schon in Mt 23,36 gesagt hatte. (So dargelegt von Theodor Zahns Kommentar zum Matthäus-Evangelium, Nachdruck Wuppertal 1984, S. 672-4, sowie in Adolf Pohls Kommentar zum Evangelium des Markus [= Wuppertaler Studienbibel, Ergänzungs-band]. 1986, S. 480.)

Wir können also bei der auch sonst von Jesus verwendeten Bedeu-tung von „dieses Geschlecht" bleiben – wir brauchen nicht auf gekün-stelte und verdrehte Bedeutungen zurückzugreifen. Etwa, als ob Jesus *„jene* Generation" gemeint hätte – die Generation der Rückeroberung Jerusalems im Jahr 1967. Oder als ob er hätte sagen wollen: Dieses jüdi-sche Volk, die jüdische Rasse wird nicht vergehen. Denn dann hätte er einerseits so formuliert, als würde es schon bald geschehen, anderer-seits bloß gesagt, daß das ihm zuhörende Volk nicht vergehen werde – ein völliges Verschwinden eines Millionenvolkes wäre innerhalb eini-ger Jahrhunderte sowieso nicht zu erwarten gewesen; auch die Ägyp-ter oder die Griechen existieren noch immer. Hier ist Pache zu wider-sprechen, der behauptet: „Alle Völker des Altertums sind verschwun-den: die Ägypter, Assyrer, Babylonier, Perser, Griechen, Römer usw. Israel allein existiert noch" (S. 77).

Die *geneá* bedeutet in den Evangelien zwar gelegentlich einfach eine bestimmte Art von Menschen, ohne dabei genau auf eine Generation einzuschränken, aber sie bezeichnet dort nie ein bestimmtes Volk, eine bestimmte Rasse.

b) Christen flohen aus Jerusalem

Ein Teil der von Jesus genannten Vorzeichen bezieht sich auf die dro-hende Zerstörung Jerusalems. Mit dieser Ankündigung ist Jesu Mah-nung, rechtzeitig zu fliehen, verbunden. Noch die Generation Jesu werde diese Katastrophe miterleben, und sobald die ersten Anzeichen dafür sichtbar werden, sollten die Bewohner Judäas fliehen. Die etwas überspitzte Aussage, daß der gerade auf dem Dach Befindliche nicht noch in sein Haus hineingehen soll, um bei seiner Flucht etwas mitzunehmen, sollte die Gefahr betonen, die darin liegen würde, wenn jemand zulange zögert. Erste Anzeichen für die unmittelbar bevorstehende Zerstörung Jerusalems können im „Greuel der Verwüstung" bestehen (Mk 13,14), oder in dem Belagertwerden Jerusalems (Lk 21,20).

Als Vespasian nach seiner Eroberung Galiläas dann im Jahr 68 vor Jerusalem stand und die Belagerung beginnen wollte, erfuhr er vom Tod Kaiser Neros. Daraufhin unterbrach er die Belagerung, weil er abwarten wollte, ob Neros Nachfolger auf dem Kaiserthron ihm eine neue Weisung geben würde. Aber nun begann in Rom eine turbulente Zeit (das sog. „Vierkaiserjahr"): Die beiden ersten Nachfolger Neros lebten nur jeweils wenige Monate, und während der dritte Nachfolger regierte, riefen Teile der Armee Vespasian zum Kaiser aus. So kümmerte sich dieser vorerst um die Sicherung seiner Herrschaft über das Römische Reich. Erst im Jahr 70 ging sein Sohn Titus neuerlich an die Belagerung Jerusalems. (Nach fünf Monaten hatte er die Stadt erobert und ließ sie dem Erdboden gleichmachen. Im Laufe der Kämpfe fanden den Schätzungen von Zeitgenossen zufolge 0,6 bis 1,1 Millionen Juden den Tod, zum Teil durch Hunger.) In den beiden Jahren von 68 bis 70 gab es also noch die Möglichkeit zu fliehen.

Was ist mit dem „Greuel der Verwüstung" gemeint? Im Jahr 40 wollte der römische Kaiser Caligula seine Statue im Jerusalemer Tempel aufstellen lassen, dazu kam es aber dann nicht mehr, Caligula wurde Anfang 41 ermordet. Bevor Vespasian zur Belagerung Jerusalems ansetzte, als er noch mit der Eroberung Galiläas beschäftigt war, flohen Menschen nach Jerusalem. Die Zeloten versuchten dort die Herrschaft zu übernehmen und besetzten den Tempel. Flavius Josephus schrieb: „Sie wandten ihre Überheblichkeit gegen die Gottheit und betraten das Heiligtum mit befleckten Füßen" (*Der Jüdische Krieg* IV, Kap. 3,6 = IV, 150).

Daß sie den Tempel zu einem militärischen Stützpunkt machten und dabei den Tempel betreffende alttestamentliche Vorschriften außer acht ließen — darin konnten Juden den „Greuel der Verwüstung" erblicken. Somit lieferte Jesu Zukunftsrede gemäß den Berichten von Mt und Mk einen bereits vor dem ersten Ansatz zur Belagerung Jerusalems liegenden Anhaltspunkt, der erkennen ließ, daß es höchste Zeit zur Flucht aus Jerusalem und überhaupt aus Judäa ist.

Es wird berichtet, daß sich die Jerusalemer Christengemeinde rechtzeitig vor dem Krieg in Sicherheit gebracht hatte, indem sie entsprechend einer von ihren Führern empfangenen Offenbarung nach Pella im Ostjordanland auszogen. (Davon berichten, unabhängig voneinander auf ältere Quellen gestützt, Euseb von Cäsarea in seiner *Kirchengeschichte* III, 5,3 und Epiphanius von Salamis in seinem *Panarion* 29,7 sowie in *De mensuris et ponderibus* 15.) Die Christen verließen also Jerusalem gemäß Jesu Warnung — und blieben bewahrt. Viele Bewohner Judäas und Galiläas dagegen flohen in die umgekehrte Richtung, nämlich nach Jerusalem. Diese schwer zu erobernde Stadt schien ihnen Sicherheit zu versprechen. So liefen sie geradewegs in ihr Verderben.

7. Sammlung Israels

Eines der regelmäßig angeführten „Zeichen der Zeit" ist die Sammlung Israels. Tatsächlich war die Staatsgründung 1948 ein menschlich völlig unerwartetes Ereignis. Handelt es sich bei der Besiedlung Palästinas durch Juden um ein von Gott vorhergesagtes und mitbewirktes Geschehen?

Diese Frage ist eng mit der endgeschichtlichen Bedeutung Israels verbunden und daher sehr komplex. Meine Aufgabe in diesem Buch sehe ich nun eher darin, auf einzelne Fakten hinzuweisen, nicht so sehr darin, eine bestimmte geschlossene Endzeitsicht zu vermitteln. Im Zusammenhang mit der Sammlung der Juden möchte ich mich auf einige Aspekte beschränken. Erstens will ich zeigen, daß manche alttestamentliche Formulierungen wie „sammeln aus allen Ländern" nicht überstrapaziert werden dürfen, zweitens will ich darauf hinweisen, daß das gegenwärtige Tempo dieser Sammlung sehr langsam ist, und drittens will ich daran erinnern, daß die Rückkehr aller Juden nach Israel vor Jesu Kommen nicht so eindeutig vorteilhaft ist, daß wir uns bedenkenlos dafür einsetzen können.

a) „Sammeln aus allen Ländern ..."

Das Südreich (Juda und Benjamin) war im 6. Jahrhundert v.Chr. in der *Babylonischen Gefangenschaft*. Bei der Betrachtung prophetischer Aussagen über die Rückführung der Juden ist zu prüfen, ob sich diese

Aussagen auf die Heimkehr aus Babylon beziehen. Für diese Prüfung müssen wir uns mit einigen Grunddaten über die Propheten und die jeweiligen Zeitereignisse vertraut machen.

Die Zerstörung Jerusalems durch Nebukadnezar erfolgte 586 v.Chr. Schon zuvor wurden Teile der jüdischen Bevölkerung nach Babylon deportiert, so auch Hesekiel (597 v.Chr.). Die Rückkehr aus dem Babylonischen Exil konnte aufgrund des Edikts von Cyrus ab 538 v.Chr. erfolgen. Danach wurde auch der Tempel wieder aufgebaut und etwa 515 v.Chr. eingeweiht.

Hesekiel

Bei der Betrachtung eines Propheten ist jeweils die o.a. zeitliche Aufeinanderfolge mitzubedenken. Hesekiels prophetische Verkündigung erfolgte etwa von 592 bis 571 v. Chr., liegt also zum Teil vor der Zerstörung Jerusalems, zum Teil danach. Er selbst war aber die ganze Zeit über bereits in Babylon. *Vor* der Zerstörung Jerusalems sagt Gott durch ihn zu Jerusalem: „Ich werde die Menschen, die in dir noch übrig sind, in alle Winde zerstreuen" (5,10).

Und: „Wenn ihr in alle Länder vertrieben seid, lasse ich einen Rest von euch übrig" (6,8; ähnlich 12,15 und 22,15).

Beim Lesen dieser Kapitel hat man den Eindruck, daß Hesekiel hier seinen Zeitgenossen ein unmittelbar bevorstehendes Gericht ankündigt. Doch bei Formulierungen wie „in alle Winde" oder „in alle Länder" wird man stutzig: Hat sich das dann tatsächlich bereits durch die Babylonische Gefangenschaft erfüllt, oder ist hier an wesentlich spätere Ereignisse zu denken?

Bei dieser Frage müssen wir bedenken, daß der damalige Horizont wesentlich kleiner war als der heutige. Er umfaßte die Nachbarländer Israels. Wenn die Juden dorthin zerstreut wurden, konnte man damals sagen: „Auch wenn ich sie weit weg unter die Völker geführt und in alle Länder zerstreut habe ..." (Hes 11,16).

So sprach Gott durch Hesekiel, kündigt aber gleichzeitig an: „Ich führe euch aus allen Völkern zusammen, sammle euch aus den Ländern, in die ihr zerstreut seid, und gebe euch das Land Israel" (11,17; ähnlich 20,41; 34,12f; 36,19.24; 37,21; 39,27f).

Dann ist zu bedenken, daß zwar der Großteil der Juden nach Babylon kam, ein Teil aber auch nach Ägypten (Hes 19,4.9). Bei Jeremia finden wir mehrere Hinweise darauf, daß zur Zeit der Wegführung nach Babylon Gruppen von Juden auch nach Ägypten flohen (24,5-8;

26,21; 42-44) — auch Jeremia selbst wurde von ihnen gezwungen, mitzugehen. Insofern wurden die Juden damals tatsächlich in zwei Richtungen zerstreut, nach Nordosten und nach Südwesten. Mehr Richtungen waren für die damaligen Juden reisetechnisch gar nicht möglich, denn im Südosten von Juda liegt die riesige Arabische Wüste, und im Nordwesten das Mittelmeer.

Jesaja

Der Prophet Jesaja wirkte um 700 v.Chr. Er kündigte sowohl die Zerstreuung als auch die Sammlung an. Wenngleich wir auch bei ihm Ausdrücke wie „alle Länder" finden, so sehen wir zwischendurch doch auch immer wieder Näherbestimmungen, die uns zeigen, wie umfassend der damalige Horizont war: Er reichte bis zu den von Israel aus am weitesten entfernten Grenzen Ägyptens und Assyriens (in Klammer füge ich die Bedeutung der Ortsnamen hinzu): „An jenem Tag wird der Herr seine Hand von neuem erheben, um den übriggebliebenen Rest seines Volkes zurückzugewinnen, von Assur und Ägypten, von Patros (Oberägypten) und Kusch (Sudan), von Elam (östlich Babylons), Schinar (babylonisches Tiefland) und Hamat (am Orontes in Syrien) und von den Inseln des Meeres" (Jes 11,11).

Jeremia

Der Prophet Jeremia wirkte um 600 v.Chr., also teils vor, teils nach der Wegführung nach Babylon. So finden wir bei ihm zuerst Ankündigungen der Zerstreuung (9,15), dann kombiniert Zerstreuung und Sammlung (12,14f) und schließlich (nach der Zerstörung Jerusalems) Ankündigungen der Sammlung (mit Rückverweis auf die bereits stattgefundene Zerstreuung). Diese Ankündigungen sind in mehrfacher Hinsicht aufschlußreich. Zuerst wegen einer zeitlichen Näherbestimmung: „Wenn 70 Jahre für Babel vorüber sind, dann werde ich nach euch sehen, mein Heilswort an euch erfüllen und euch an diesen Ort zurückführen. ... Ich wende euer Geschick und sammle euch aus allen Völkern und von allen Orten, wohin ich euch versprengt habe ..." (29,10.14; ähnlich 32,36f).

Durch die Zeitangabe (und Ortsangabe: Babel) wird klar, daß es sich um die Rückführung aus der Babylonischen Gefangenschaft handelt, nicht um ein Ereignis Jahrtausende später. Aber auch hier finden wir wieder die schon gewohnten hyperbolischen Formulierungen: „Sammle euch aus allen Völkern ..."

Dann ist auch bemerkenswert, daß Babylon als „fernes Land" betrachtet wird: „Ich bin es, der dich aus fernem Land errettet, deine Kinder aus dem Land ihrer Gefangenschaft. ... Ich vernichte alle Völker, unter die ich dich zerstreut habe" (30,10f = 46,27f).

Oder es wird von den „Enden der Erde" gesprochen: „Seht, ich bringe sie heim aus dem Nordland und sammle sie von den Enden der Erde, ... verkündet es auf den fernsten Inseln und sagt: Er, der Israel zerstreut hat, wird es auch sammeln ..." (31,8-11; ähnlich 23,2f.7f).

Bei diesen Aussagen ist zu beachten, daß immer unterschieden wird zwischen einem bereits vergangenen und einem noch zukünftigen Ereignis: die Zerstreuung liegt bereits in der Vergangenheit (es kann sich also nicht um die Zerstörung Jerusalems 70 n.Chr. handeln), die Sammlung liegt in der Zukunft.

Jesaja, Jeremia und Hesekiel zur gegenwärtigen Sammlung
Die endgeschichtliche Bedeutung Israels ist eine umfassendere Frage, bei der viele biblische Aussagen (etwa in Sacharja und Offenbarung) heranzuziehen sind. Hier möchte ich lediglich festhalten, daß die alttestamentlichen Formulierungen „sammeln aus allen Ländern" nicht automatisch auf die gegenwärtige Rückwanderung zu beziehen sind.

In der evangelikal geprägten Endzeitliteratur findet man eine solche automatische Anwendung sehr oft. Folgende Stellen aus den oben erläuterten drei sog. „großen Propheten" werden meist ohne weitere Begründung auf das gegenwärtige Geschehen in Israel angewandt:

Jesaja 11,11f (Zopfi 46, Lightle 150.157, Pache 246, Schrupp); 14,1f (Pache 242f.247); 27,6 (Goetz 93, Lightle 145); 27,12f (Pache 244); 43 (Lightle 151-153, Gitt 63, Pache 246, Schrupp); 49,17-22 (Pache 243f, Schrupp); 52,12 (Pache 242).

Jeremia 16,15f (Zopfi 47, Gitt 134, Pache 243.247, Malgo: Israel 73, Malgo: Bibel 61); 23 (Lightle 154-156, Schrupp); 24,6 (Pache 248); 29,14 (Pache 246f); 30,3 (Lightle 149, Pache 247); 31,7-10 (Lightle 160, Gitt 63, Pache 246, Malgo: Israel 135.193); 31,16f (Malgo: Israel 62); 32,37.41 (Pache 248); 50,19 (Pache 247).

Hesekiel 20,35.38 (Pache 243f); 28,25 (Malgo: Israel 60.193); 34,13 (Pache 242.247); 36 (Goetz 91f, Zopfi 44, Gitt 63, Pache 245-252, Malgo: Israel 54); 39,28 (Zopfi 47, Pache 244.247).

„ ... aus allen Ländern ..."
Manche Autoren versuchen auch Begründungen dafür zu geben, daß

solche alttestamentlichen Formulierungen nicht in der Rückführung aus Babylon ihre Erfüllung gefunden haben. Kurt Koch nennt diese von ihm abgelehnte Ansicht „Babelthese" (S. 38). Die Meinung, daß diese alttestamentlichen Verheißungen jetzt, in der Gegenwart, in Erfüllung gehen, könnte man dann „Gegenwartsthese" nennen.

Dabei lassen sich die Vertreter dieser „Gegenwartsthese" oft von einem wörtlichen Verständnis leiten, ohne zu bedenken, daß parallele Formulierungen zur Rückführung aus „allen Ländern" auch über die Vertreibung in „alle Länder" zu finden sind. Unter Hinweis auf Jes 11,11f betont Steven Lightle: „Die Rückkehr aus Babylon war keine weltweite Rückführung der Juden, sondern bezog sich nur auf die Region um Babylon. Jesaja erwähnt aber eine Rückführung von den ,vier Enden der Erde und von den Inseln des Meeres'. Damit sind alle Himmelsrichtungen und die Kontinente der Erdkugel gemeint" (S. 150; ähnlich Koch 37f.83, Bergmann 54, Pache 247). Richard Wolff 45f verweist darüber hinaus auf die kleine Zahl der aus der Babylonischen Gefangenschaft zurückgekehrten Juden: etwa 50 000.

Es stimmt, daß die Rückkehr aus der babylonischen Gefangenschaft im wesentlichen nur aus einer Richtung erfolgte, nämlich aus dem Nordosten. Ägypten, also der Südwesten, spielte dabei nur eine geringe Rolle. Aber auch die heutige Rückkehr wäre im wesentlichen nur aus einer Richtung, nämlich aus dem Nordwesten, die anderen Richtungen spielen kaum eine Rolle.

Im übrigen sind auch unsere Quellen über die damalige Vertreibung und Rückführung beschränkt. Können wir ausschließen, daß um 600 v.Chr. vielleicht auch Juden z.B. nach Äthiopien gelangten, deren Nachkommen 70 Jahre später wieder zurückkehrten? Der Hauptteil wird sicher Richtung Babylon gekommen sein, aber einzelne können auch in andere Richtungen geflohen und später zurückgekehrt sein.

Derek Prince betont, daß wir in der Aufzählung in Jesaja 11,11b — wo Israels Nachbarländer bis zu ihren äußersten Grenzen (siehe Zitat oben) aufgezählt werden — Gebiete aufgezählt finden, „aus denen keine Juden nach der babylonischen Gefangenschaft zurückkehrten. Also blickt der Prophet vorwärts zu einer anderen, größeren Sammlung des Volkes Israel" (S. 53).

Während einerseits eine streng wörtliche Deutung praktiziert wird, gibt es aber doch auch Raum für sehr willkürliche Festlegungen. Was ist unter den *Inseln* zu verstehen? Vielleicht die griechischen Inseln? Prince läßt seinen Blick weit schweifen: „Unter den ,Küstenländern des Meeres' waren alle Länder eingeschlossen, die den Israeliten zu jener Zeit noch nicht so gut bekannt waren, und zwar hauptsächlich in westlicher Richtung. Wir würden heute für diesen Ausdruck vielleicht sagen, ‚aus allen Kontinenten'" (S. 53).

„ ... zum zweitenmal ..."

Mitunter handelt es sich einfach um Fehldeutungen. In Jes 11,11 heißt es: „An jenem Tag wird der Herr seine Hand zum zweitenmal erheben, um den übriggebliebenen Rest seines Volkes zurückzugewinnen."

Ganz richtig erkennt hier Lightle, daß mit dem ersten Mal die Herausführung aus Ägypten unter Mose gemeint ist (woraus sich als naheliegende Deutung des „zweiten Males" die Rückführung aus Babylon ergibt). Prince dagegen ignoriert diese Herausführung aus Ägypten: „Schon hier in Kap. 11, also vor der Babylonischen Gefangenschaft, sah der Prophet voraus, daß das Volk Israel nicht nur einmal, sondern zweimal zerstreut und wieder in sein Land zurückgebracht werden würde. Die Babylonische Gefangenschaft und die Rückkehr daraus würde nur das erste Mal sein. Es mußte also eine zweite Zerstreuung und Rückkehr folgen" (S. 53; ähnlich Koch 38, Bergmann 54, Wolff 45).

Israel, das Nordreich, fehlt

Hören wir noch Koch: „Ein drittes Argument gegen die ‚Babelthese' ist die Tatsache, daß es sich bei der Babylonischen Gefangenschaft vorwiegend um Juda handelte und nicht um Israel. Die Prophezeiungen beziehen sich aber auf Gesamtisrael" (S. 38).

Hier müssen wir jedoch realistisch sein. Das aus 10 Stämmen bestehende Nordreich ging in die Assyrische Gefangenschaft, und vermischte sich mit der dortigen Bevölkerung. Man wird deshalb heute kaum noch Israeliten finden, die eine reine Abstammung von einem dieser Stämme nachweisen können. (Deshalb haben manche christliche Kreise zur Frage „Wo sind die zehn verlorenen Stämme Israels?" sehr spekulative Antwortversuche entwickelt – siehe dazu den Exkurs in Hutten 192-201.) Das Südreich, bestehend aus Juda und Benjamin, ging in die Babylonische Gefangenschaft. Im Unterschied zu den Assyrern ließen die Babylonier sie in abgeschlossenen Distrikten wohnen. Somit blieb ihnen eine Vermischung erspart und sie konnten etwa 70 Jahre danach heimkehren. So lesen wir im Neuen Testament kaum noch von Israeliten, sondern normalerweise einfach von „Juden" — eben weil die Israeliten zur Zeit des Neuen Testamentes zumeist Angehörige des Stammes Juda waren. Daneben gab es auch noch Angehörige des kleineren Stammes Benjamin (z.B. Paulus), und es gab auch Leviten (z.b. Barnabas), da die Leviten über das gesamte Reich verstreut lebten, also auch im Südreich (Auch ein Nachkomme aus dem Stamm Asser wird erwähnt: Luk 2,36.). Wer heute auf eine Rückkehr von Angehörigen der 10 Nordstämme wartet, jagt einem Phantom nach.

Israel seit 586 v.Chr. nicht mehr unter jüdischer Herrschaft
Ein weiteres Argument liegt nach René Pache darin, daß Jerusalem nach der Eroberung durch die Babylonier nie mehr unter jüdische Kontrolle kam: Zuerst kamen die Meder und Perser, dann die Griechen unter Alexander dem Großen, dann dessen Nachfolger (die sog. „Seleukiden"), schließlich die Römer, unter denen die Juden aus Jerusalem und dann auch aus Palästina vertrieben wurden. (Erst im 20. Jahrhundert eroberten die Juden Jerusalem wieder zurück.) Pache: „Darum muß ihre endgültige, von dem Propheten geschaute, glorreiche Wiederkehr nach ihrer weltweiten Zerstreuung am Zeitenende erfolgen" (S. 247).

Das ist ein wichtiger Gesichtspunkt, unter dem die Rückkehrverheißungen zu betrachten sind. Diese beinhalten aber nicht durchwegs das Versprechen, autonom über Juda regieren zu können. Immerhin konnten die Juden unter den Persern den Tempel wiederaufbauen, unter den Römern wurde er durch Herodes d.Gr. verbessert. Es gab also durchaus Phasen, wo die Juden eigenständig ihren Gesetzen folgen konnten und zu keinen fremden religiösen Gebräuchen gezwungen wurden. Der Gedanke, daß das Leben unter einer Besatzungsmacht das größte Übel ist, das zu beseitigen Gottes wichtigste Aufgabe sei, war der Irrtum, der die Juden wiederholt zu den verderbenbringenden Aufständen gegen die Römer führte. In Gottes Augen war jedoch nicht die staatliche Eigenständigkeit das Wichtigste für die Juden, sondern daß sie *den* hätten erkennen und anerkennen sollen, den Gott gesandt hatte.

Unter Hinweis auf Amos 9,14f behauptet Wolff zweierlei (S. 46): Erstens, daß die Gefangenschaft Israels gewendet werden soll — nach der Rückkehr aus Babylon standen die Juden (wie schon oben in Verbindung mit Jerusalem festgestellt) weiterhin unter Fremdherrschaft.

(Doch mitunter kann die Autonomie auch unter einer Fremdherrschaft sehr weit gehen, so daß man die Einwohner nicht mehr als „Gefangene" betrachten kann.) Zweitens, daß Israel versprochen wurde, daß es nach der Rückkehr nicht mehr aus seinem Land ausgerottet werde. Und das traf nach der Babylonischen Gefangenschaft nicht zu, da sie 600 Jahre später doch wieder vertrieben wurden.

Schlußüberlegungen
Gerhard Bergmann sagt im Hinblick auf die Behauptung, daß sich die Verheißungen auf die Rückkehr aus der babylonischen Gefangenschaft beziehen: „Das wird keineswegs bestritten. Vielleicht war diese Heimkehr eine *Vorschattung* der Rückkehr des Volkes Israel in der Endzeit" (S. 53).
Diese Überlegung kann man weder widerlegen noch beweisen.
Jedenfalls sind die Stellen über eine Wiederherstellung Israels demgemäß kritisch zu sichten. Manche beziehen sich auf die Rückführung aus Babylon, andere auf eine spätere Zeit, z.T. überhaupt erst auf das messianische Reich.
Hier ist auch noch an jene Beobachtung zu erinnern, die wir am Ende von Kap. D, 2 besprochen haben: Ankündigungen ohne ausdrückliche Nennung von Bedingungen. Infolgedessen schließt Loraine Boettner: „Alle Verheißungen an Israel im Alten Testament wurden entweder eingelöst oder wegen des Ungehorsams des Volkes für nichtig erklärt" (in: Clouse 83f).

b) Sammlung im Schneckentempo

Die Sammlung der Juden in Palästina wird oft als ein Zeichen angesehen, das auf die nahe Wiederkunft Jesu hinweist. Man erinnert sich an die Staatsgründung im Jahr 1948, die viele von uns miterlebt haben — was also quasi ein zeitgenössisches Ereignis darstellt. Diese Staatsgründung läßt uns die jüdische Besiedlung Palästinas als ein aktuelles und rasch ablaufendes Geschehen erscheinen. Dieser Eindruck ist jedoch falsch.
Die Besiedlung Palästinas durch Juden begann etwa 1870, also vor 120 Jahren. Insgesamt handelt es sich somit um einen sich bereits über einen längeren Zeitraum erstreckenden Prozeß, der dazu führte, daß heute etwa ein Viertel aller Juden in Palästina lebt. Wenn diese Besied-

lung also im gleichen Tempo wie bisher weitergeht, so kann sie durchaus noch mehrere Jahrhunderte beanspruchen.

Diese Berechnung war etwas schematisch, weil nur der äußere Ablauf in Rechnung gestellt wurde, nicht jedoch die dahinterstehenden Ursachen. Falls sich am gegenwärtigen Ursachengefüge nichts ändert, wenn also die Besiedlung aufgrund der gleichen Faktoren wie bisher erfolgt, wird sie nie zu einem Abschluß kommen, denn der Hauptgrund für einen Juden, sein Heimatland zu verlassen und in Palästina einzuwandern, ist der Antisemitismus in seinem Heimatland. Wo es einen solchen kaum gibt — etwa in Amerika oder in Westeuropa —, siedeln die Juden auch nicht aus. Wenn Malgo auch dort ein Auswandern der Juden zu beobachten meinte, dann liegt hier ein weiteres Beispiel dafür vor, wie schwache Anhaltspunkte überbewertet werden und wie die Realität verzerrt wahrgenommen wird — es wird als real ablaufend wahrgenommen, was dem eigenen Bibelverständnis entspricht. So meinte Malgo schon 1974: „In Amerika ist alles im Umbruch, weil Israel von dort aus aufbrechen muß. Jeremia 16,15-16 beginnt sich auch in den USA zu erfüllen. ‚... ich will sie wiederbringen in das Land, das ich ihren Vätern gegeben habe ...‘" (Israel 73).

Malgo setzt fort: „Genau dasselbe ist auch in *Frankreich* im Gange. Das Land hat mehr als eine halbe Million Juden."

Immer noch, muß man hinzufügen, obwohl nun schon fast zwei Jahrzehnte seit Malgos Bemerkung vergangen sind. Die Auswanderungsbewegung amerikanischer und französischer Juden findet nur im Wunschdenken Malgos statt, nicht in der Realität.

Sollte es also tatsächlich dazu kommen, daß alle oder die meisten Juden nach Palästina auswandern, müßten neue Faktoren dazukommen. Etwa ein Wirken Gottes.

Die derzeitige Tendenz führt auch insofern nicht zu einer wirklichen Sammlung aller Juden in Palästina, als nicht alle Juden, die bedrohliche Gegenden verlassen, nach Palästina auswandern. Ein Teil versucht, sich in der westlichen Welt anzusiedeln.

Auf der einen Seite können wir durchaus registrieren, daß tatsächlich einiges in Richtung „Sammlung der Juden in Palästina" geschah: Die Staatsgründung Israels, die einen starken Aufschwung der Besiedlung durch Juden brachte, und die vielen russischen Juden, die in den letzten Jahren ihre Heimat verließen. Auf der anderen Seite dürfen wir doch das relativ langsame Tempo des Gesamtvorganges nicht übersehen, immer bezogen auf das Endziel der Sammlung aller Juden in Palästina.

Es müßte also ein ganz einschneidendes Wunder geschehen, so daß alle Juden zurückkehren *wollen* — zu diesem Wunder gibt es noch keine Ansätze zu sehen. Richtig sagt Koch: „Jetzt ist eine solche totale Sammlung unmöglich. Die jüdischen Multimillionäre in Südamerika und Nordamerika denken nicht daran, jetzt schon nach Israel zurückzukehren" (S. 85; Koch erwartet dieses Ereignis erst für das Tausendjährige Reich).

Außerdem dürfen wir die beschränkte Aufnahmekapazität Israels nicht übersehen. Diese ist beschränkt, obwohl die israelische Regierung sehr daran interessiert ist, ausländische Juden aufzunehmen, denn die arabische Bevölkerung in Israel ist wesentlich kinderreicher als die jüdische, so daß eine Verschiebung der Mehrheitsverhältnisse befürchtet wird. 1991 kamen 140 000 russische Juden nach Israel, und damit ist die jüdische Integrationsfähigkeit wohl schon überfordert. Wenn wir einmal die runde Zahl 100 000 annehmen als das, was pro Jahr integriert werden kann, so würde es 25 Jahre dauern, bis 2,5 Millionen russischer Juden aufgenommen werden können, und 100 (!) Jahre, bis 10 Millionen im Ausland lebender Juden in Israel aufgenommen werden können (ganz abgesehen davon, daß es bei 15 Millionen Einwohnern in Israel auch Wohnraum- und Ernährungsprobleme gäbe). Wer also eine Demnächsterwartung (Jesus kommt in einigen Jahren) vertritt, muß sich überlegen, ob und wie er davor noch mit einer umfassenden Sammlung der Juden in Israel rechnen kann. Eberhard Mühlan, der sich hinter Lightles Vision eines Massenexodus russischer Juden stellte, sagt: „Wir leben tatsächlich in den letzten Tagen! Gott will sein Volk der Juden heimführen, und die Wiederkunft Jesu steht nahe bevor" (Lightle 111).

Dazu muß man feststellen: Entweder oder.

c) Rückkehr empfehlenswert?

In Kap. E, 6 werden wir uns mit einer Vision von Steven Lightle befassen. Er und andere bereisten die UdSSR und sprachen dort mit Juden über die Rückkehr, wobei sie ihnen diese unter Hinweis auf alttestamentliche Aussagen empfahlen. Sollten wir das wirklich tun? Können wir ehrlichen Herzens den Juden sagen, daß sie nach Israel kommen sollen, weil sie dort sicher sind? Völlig sicher sind die Juden dort derzeit nicht, einzelne Morde unter Juden und Arabern gibt es immer wieder. Und können wir einen größeren Krieg noch vor Harmagedon ausschließen?

Die angebliche Gewißheit, daß nur noch die unmittelbar letzten Ereignisse vor uns liegen, hat sich schon oft als Irrtum erwiesen. Was ist, wenn wir den Juden Israel als sicheren Ort empfehlen, und dann kommt es vielleicht gerade deswegen, weil sich Palästinenser wegen der massenhaften Zuwanderung russischer Juden in ihrer Existenz bedroht sehen, zu einem größeren Krieg? Wenn wirklich alle in Amerika und Europa lebenden Juden nach Israel ziehen wollen, so reicht der in Israel zur Verfügung stehende Raum (zum Wohnen und Ernährtwerden) nicht mehr aus. Israel müßte also seine Grenzen ausdehnen und in der Nachbarschaft lebende Araber vertreiben, und das wird kaum auf friedliche Weise zu bewerkstelligen sein.

Aber selbst wenn wir annehmen, daß auf die Menschen in Israel nur noch Harmagedon wartet, ist das Schicksal der dortigen Juden nicht unbedingt beneidenswert. Denken wir etwa an Sacharja 14,2: „Jerusalem wird erobert, die Häuser werden geplündert, die Frauen geschändet. Die Hälfte der Stadt zieht in die Verbannung; aber der Rest des Volkes wird nicht aus der Stadt vertrieben."

Diese Aussage wird von den Endzeitautoren durchwegs auf Harmagedon bezogen: Lindsey 198, Gerth 62, Zopfi 53, Goetz 220, May 235.239, Pache 220.261f, Wolff 67 (Malgo: Israel 151 bezieht zwar diesen Text insgesamt auch darauf, scheint aber die für Israel unangenehmen Versteile — 2bc.5a — als schon in der Vergangenheit erfüllte und somit erledigte Aussagen anzusehen).

Manche beziehen auch Sacharja 13,8 darauf, etwa May (S. 239): „Zwei Drittel aller Israelis werden ums Leben kommen. Das sind bei der heutigen jüdischen Bevölkerung von ca. 3,5 Millionen 2 Millionen Israelis. Denn nur ein Drittel wird das Inferno überleben". (Ähnlich Lindsey 200, Koch 83, Pache 261f, Fünning 42f.)

Somit wäre die Überlebenswahrscheinlichkeit in Israel geringer als in der übrigen Welt: „Ein Drittel der gesamten Weltbevölkerung wird in dem apokalyptischen Inferno ums Leben kommen (Offenbarung 9,15.18)" (May 240).

Wenn es dazu kommt, dann wird es so wirken, als hätten jene Christen, die russische Juden zur Auswanderung nach Israel ermutigten, diese in eine Falle gelockt!

Die Frage nach dem Sinn der Sammlung aller Juden in Israel muß auch gestellt werden. Dadurch würde sicherlich der Nahostkonflikt zusätzlich verschärft. Doch abgesehen davon: Wenn Gott die Israeliten aus Ägypten holte, dann aus der Sklaverei. Wenn aus Babylon, dann aus einem Zustand der Gefangenschaft und Unterdrückung. Wenn heute Juden in Amerika wohlhabend und sicher leben, dann ist das ein wesentlich anderer Zustand. Hier kann man nicht sagen, daß sie „befreit" werden, indem Gott sie nach Israel führt. Aus welchem Grund sollte also Gott darauf fixiert sein, daß alle Juden in Israel leben? Ist Gott nur in Jerusalem zu Hause oder nicht auf der ganzen Welt? Wenn Gott aber auf der ganzen Welt zu finden ist, so können ihn Juden auch außerhalb Israels finden. Wie die Erfahrung zeigt, finden sie ihn außerhalb sogar wesentlich öfter als innerhalb! Weltweit schätzt man, daß von den 15 Millionen Juden etwa 70.000 an Jesus glauben — das sind ein knappes halbes Prozent. Von den in Israel lebenden 4 Millionen glauben höchstens 4 000 an Jesus — das sind ein Promille. Der Anteil gläubiger Juden ist außerhalb Israels also fünfmal so groß!

Die gegenwärtige Situation ist somit wesentlich anders als noch zu alttestamentlichen Zeiten, wo die Gefahr bestand, daß Juden sich z.B. in Babylon kulturell und religiös assimilierten, so daß sie an die Stelle des alttestamentlichen Gottesdienstes einen Götzendienst setzten. Damals schien es sinnvoll, sie zur Rückkehr nach Israel und zum Wiederaufbau des Tempels zu ermutigen.

8. Die „Zeichen der Zeit"

a) Was keine Vorzeichen für Jesu Kommen sind

Unter den in Jesu Zukunftsrede genannten Zeichen sind mehrere Arten zu unterscheiden. Die erste, im vorigen Abschnitt besprochene Art von Vorzeichen waren solche für die Zerstörung Jerusalems. Sie galten den damaligen Judenchristen und sollten ihnen einen Hinweis geben, wann sie spätestens fliehen müssen.

Daneben gibt Jesus aber dann noch weitere Ereignisse an: Kriege, Hungersnöte, Erdbeben ... Diese sind aber eigentlich keine Zeichen.

Jesus nennt diese lediglich als Gegenbeispiele, um deutlich zu machen: „Das muß zuvor geschehen, aber das Ende kommt noch nicht sofort" (Lk 21,9) und „Das alles aber ist der Anfang der Wehen" (Mt 24,8).

Jesus gibt diesen Hinweis also nicht, um zu sagen: „Paßt auf, jetzt gleich kommt es", sondern um zu sagen: „Denkt nicht, damit wäre schon das Ende da".

Somit können wir mit Großmann feststellen, daß etwa Kriege „nur Zeichen der Zeit, aber keine Zeichen des Endes sind" (S. 29).

„Denn Jesus sagte nicht: ‚Das sind typische Zeichen für das Ende'; sondern: ‚Kriege und Kriegsgerüchte sind ganz normal!' Es wird sie geben, solange es Menschen gibt: ‚Das muß geschehen.' Sie gehören zur Realität des Äons, des Zeitalters, in dem wir leben" (ebd.).

Eine solche Haltung wie jene Großmanns stößt mitunter auf Kritik: „Nicht selten behauptet daher der Unglaube, daß solche Zeichen einfach zum Gleichschritt des Weltgeschehens gehören und daher keine überzeugenden Zeichen dafür sein könnten, daß das Ende der Geschichte im biblischen Sinn bevorstehe." So Fritz Hubmer im Jahr 1958 (S. 199).

Doch gerade ein Blick auf Hubmers Deutung zeigt, wie die „Zeichen der Zeit" täuschen können. Denn er meinte sie in seiner eigenen Gegenwart so massiv beobachten zu können, daß mit dem bevorstehenden Ende zu rechnen sei.

In Gesprächen mit Zeugen Jehovas habe ich oft erlebt, daß diese — abgesehen von der biblischen Argumentation — noch eine ganz andere Argumentation verwenden: Die gegenwärtige Weltsituation, vor allem in ökologischer Hinsicht, erzwingt das baldige Ende. Nun wäre es zwar möglich, daß Gott die Zerstörung der Erde durch den Menschen selbst zuläßt und in seinem Plan mitverwendet. Das wäre möglich, *zwingen* läßt sich Gott jedoch nicht, und da gilt: „Die neutestamentlichen Texte gehen alle davon aus, daß die Parusie des Menschensohnes aus einer souveränen Entscheidung Gottes hervorgeht und nicht irgendeiner Reaktion auf menschliche Untaten entspringt" (Großmann 33).

Wir sollten also nicht vorschnell etwa die ökologische Situation der Erde als Anhaltspunkt nehmen, um uns darauf festzulegen, daß die Wiederkunft Jesu nun in den nächsten Jahren erfolgen *müsse*.

b) Was heißt „wachen"?

Es bleibt also dabei: Unsere Aufgabe ist es, bereit zu sein. Oder, wie es auch heißt: Wir sollen *wachen*. Damit ist das Wachsein im Unterschied zum Schlafen gemeint, nicht jedoch das Wach*sam*sein in dem Sinne, daß wir nach Zeichen Ausschau halten sollen. Das wird in den Endzeitgleichnissen deutlich. Weil der Hausherr nicht weiß, in welcher Stunde der Dieb kommt, soll er wachen (Mt 24,43; vgl. auch 1.Thess 5,4-8). Es heißt nicht, daß er die Stunde herausfinden soll, indem er auf bestimmte Vorzeichen achtet. Und es bedeutet auch nicht, beim Beobachten des weltpolitischen Geschehens immer wieder neue Denkmodelle zu entwerfen, woher dereinst der Antichrist kommen könnte. Diese Überlegungen können dann schnell zu Fehlvorhersagen werden. Bruno Neumann scheint das Wachen im Sinne von „eschatologischen Sandkastenspielen" (Zopfi 18) mißzuverstehen, und zwar in seinem Buch über den Antichristen. Zur Schlußfrage „Woher kommt der Antichrist?" liefert er drei Modelle (S. 131-136). Modell 1 geht von den sieben kommunistischen Staaten des Ostblocks aus, die durch drei weitere gegenwärtig oder zukünftig kommunistische — vielleicht Jugoslawien, Italien, Frankreich — ergänzt werden könnten, wodurch ein Zehn-Staaten-Bund entstünde.

Modell 2: „Es ist deshalb möglich, daß im europäischen Raum der Kommunismus stark wird und daß sich gegen diese Macht der Antichrist stemmt, emporkommt und als Feind des Kommunismus von den Massen angenommen, emporgetragen und als Retter vergöttert wird."

Modell 3 kommt durch die Vereinigung der neun EG-Staaten mit den USA zu „zehn Hörnern". Heute, 15 Jahre später, können wir sicher sagen, daß sich keines dieser drei Modelle in der hier präsentierten Form verwirklichen wird.

Neumann leitet von seiner Darlegung der 1.Version mit folgenden Worten zur 2. über: „Das wäre eine Version. Wir müssen aber noch eine andere ernsthaft ins Auge fassen."

Müssen wir das wirklich? Was bringt es uns, wenn wir verschiedene Modelle „ernsthaft ins Auge fassen", die sich einige Zeit später als unrealistisch erwiesen haben? Nun versteift Neumann sich nicht dogmatisch auf diese drei Möglichkeiten, sondern er sagt: „Natürlich sind außer diesen Möglichkeiten noch andere Entwicklungen möglich. Gott kann über Nacht oder auch langsam das politische Gesicht in der Welt verändern."

Das stimmt. Wenn es aber ohnedies sehr unsicher ist, wie es sich einmal entwickeln wird, wozu dann die Beschäftigung mit solchen Modellen? „Diese drei Modelle wurden nicht aufgezeigt, um zu verwirren, sondern um mögliche Konturen zu zeigen, damit wir anhaltend wachen!"

Nach Neumann bedeutet also „wachen" das Beobachten der weltpolitischen Entwicklung verbunden mit dem Entwerfen verschiedenster Zukunftsmodelle, die — sobald sich die bisherigen Modelle überlebt haben — durch neue ersetzt werden müssen. Ist das wirklich unsere Aufgabe?

Ja, man muß sogar noch einen Schritt weitergehen. Es geht nicht darum, wach zu sein im Sinne von ständiger Aktivität, sondern darum, sich sinnvoll vorzubereiten auf die Zukunft — bei der wir nicht wissen, ob sie uns demnächst die Wiederkunft Jesu bringt oder ein noch längeres Warten darauf. Auf die Notwendigkeit der Vorbereitung auf ein etwaiges noch längeres Warten werden wir durch das Gleichnis von den Brautjungfern hingewiesen. Die klugen sind *vorbereitet* darauf — auch wenn sie einschlafen (Mt 25,1-13).

In seiner Dissertation über *Mark 13 in its Markan interpretative context* (Aberdeen 1986) sagt Timothy J. Geddert: „Mark intends the command ‚gregoreite' to be understood as a call to faithful discipleship, not a call to be looking for signs of an imminent parousia." (S. 525, „Markus will das Gebot ‚seid wachsam' als Ruf in die Nachfolge verstanden wissen und nicht als Aufforderung, nach Zeichen seiner unmittelbar bevorstehenden Wiederkunft Ausschau zu halten.")

Eine dritte Art von Zeichen betrachten wir im nächsten Abschnitt: Der letzte Abschnitt der Endzeit wird sehr rasch ablaufen. Wenn also die dramatischen Schlußereignisse beginnen, dann wissen wir, daß es nun bis zur Wiederkunft Jesu nicht mehr lange dauern kann.

9. Wer kommt als Nächstes: Jesus oder der Antichrist?

Im Neuen Testament werden die Christen darauf vorbereitet, daß Jesu Wiederkunft plötzlich und überraschend kommen wird. Jederzeit sollen sie dafür bereit sein, denn jederzeit kann dieser Augenblick eintreten.

Das ist die eine Seite. Auf der anderen Seite lesen wir aber davon, daß Jesus nicht kommen wird, solange der Antichrist noch nicht aufgetreten ist (2. Thess 2,1-12). Und die Offenbarung weist in die gleiche Richtung. Könnte Jesus derzeit also noch gar nicht kommen, da ja der Antichrist noch nicht aufgetreten ist?

Es gibt mehrere Wege, diese Schwierigkeit aufzulösen:

1. Zweifache Wiederkunft Jesu
Die Dispensationalisten rechnen mit einer zweimaligen zukünftigen Wiederkunft Jesu. Zuerst wird er für die Welt unsichtbar kommen und die Christen entrücken; daraufhin sind das Auftreten des Antichristen und die große Trübsal zu erwarten; schließlich kommt Jesus nochmals, diesmal für die Welt sichtbar und als Richter. Die erste, unsichtbare Wiederkunft Jesu mit der Entrückung der Christen könnte somit derzeit bereits eintreten.

2. Antichrist als Typus, nicht als einzelner Mensch
Eine weitere Möglichkeit besteht darin, als Antichrist nicht einen einzelnen Menschen zu erwarten, sondern in ihm einen Geist, eine Haltung zu sehen, die sich in verschiedenen Menschen besonders stark manifestiert hat (Nero, Hitler, Stalin ...). So müßte man dann jederzeit auf das Kommen Jesu gefaßt sein, denn in gewisser Weise war der „Antichrist" bereits wirksam (hier wäre auf 1. Joh 4,3 zu verweisen, eventuell auch auf 1. Joh 2,18 und 2. Joh 7), und ob die Zukunft noch stärkere Ausprägungen von ihm bringen wird, bleibt hier offen. (Natürlich gestehen auch die anderen beiden Alternativen zu, daß es bereits in der Vergangenheit wiederholt Antichristliches und Antichristusse gegeben hatte, aber sie rechnen darüber hinaus noch mit einer besonderen endgeschichtlichen Ausgestaltung dieses Typus.)

3. Wiederkunft Jesu als Höhepunkt der endzeitlichen Ereigniskette
Eine dritte Möglichkeit besteht in folgendem. Der Antichrist ist ein in der Zukunft auftretender einzelner Mensch. Seine Wirksamkeit wird nach neutestamentlichen Aussagen nur kurz sein. Schon bald nach seinem Auftreten wird Jesus wiederkommen und ihn besiegen. Das erste endzeitliche Ereignis wird demnach nicht Jesu Wiederkunft sein, sondern das Auftreten des Antichristen. Wann diese *endzeitliche Ereigniskette* ins Laufen kommt, wissen wir nicht. Das könnte jederzeit der

Fall sein. Wir müssen also auch jederzeit darauf gefaßt sein. Und wir müssen die Zeit nutzen zur Vorbereitung: Wenn nämlich ein Christ auf diese endzeitliche Ereigniskette nicht vorbereitet ist, steht er in der Gefahr, sich entweder durch die dann auftretende Verführung oder durch den dann angewandten Druck mitreißen zu lassen und dabei Gott untreu zu werden. Daher wird zu Recht betont, daß wir vorbereitet und gefaßt sein müssen auf den Beginn dieser endzeitlichen Ereigniskette, deren Höhepunkt die Wiederkunft Jesu ist. Diese wird nicht nur der Höhepunkt sein, sondern auch relativ rasch nach dem Beginn dieser Ereigniskette erfolgen. So ist es durchaus möglich, in verkürzter Form davon zu sprechen, daß es jederzeit zur Wiederkunft Jesu kommen kann. Dabei wird eben die gesamte, relativ rasch ablaufende Ereigniskette durch ihr wichtigstes Ereignis bezeichnet, die Wiederkunft Jesu. Bei genauerer Betrachtung ist natürlich festzuhalten, daß jetzt sofort die Wiederkunft Jesu nicht zu erwarten ist, weil davor noch das Auftreten des Antichristen liegt.

Im Hinblick auf die rasche Abfolge der einzelnen Ereignisse dieser Kette ist es auch durchaus sinnvoll zu sagen: „Wenn aber das anfängt zu geschehen, dann richtet euch auf und erhebt eure Häupter; denn eure Erlösung ist nahe" (Lk 21,28).

Hier hätten wir dann eine dritte Art von Vorzeichen: Wenn die dramatische Verfolgung durch den Antichristen beginnt, dann soll diese den Christen als Vorzeichen für die nahe Wiederkunft Jesu dienen — und soll ihnen zurufen: „Haltet durch, es dauert nicht lange, gleich kommt Jesus!"

Diese Position vertritt z.B. Arnold Köster (vgl. das Zitat am Ende von Kap. D, 3). Oder Ole Hallesby nach Verweis auf mehrere noch ausstehende Vorzeichen, nämlich Abfall, Gesetzlosigkeit, große Drangsal, Antichrist, kosmische Katastrophen: „Da Paulus aber sagt, daß dies zuerst geschehen *muß*, können wir die Wiederkunft Christi nicht jeden beliebigen Tag erwarten. Aber auf der anderen Seite sollen wir darauf vorbereitet sein, daß, wenn die Fülle der Zeit für diese Ereignisse gekommen ist, diese sehr schnell ihren Lauf nehmen. ... die nahe Wiederkunft des Herrn zu erwarten, selbst wenn wir aufgrund der unerfüllten Vorzeichen ihn weder heute noch morgen erwarten können" (S. 66).

Oder William J. Grier: „Das antichristliche Wesen war bereits zur Zeit der Apostel wirksam (2.Thess 2,7; 1.Joh 2,18). Seine stärkste Macht wird es unmittelbar vor der Wiederkunft Christi erlangen.

Dann geschieht der große Abfall, und die antichristliche Macht wird aller Wahrscheinlichkeit nach in einer einzigen Person vereinigt sein, der Verkörperung aller Gottlosigkeit (2.Thess 2)" (S. 93).

Eine solche Position ist subitistisch im Hinblick auf den Zeitpunkt der letzten Ereigniskette, aber signalistisch im Hinblick auf den Zeitpunkt der Wiederkunft Jesu. Überhaupt gilt, daß die beiden extremen Positionen von Subitismus und Signalismus kaum in ganz reiner Form auftreten, sondern eher in Zwischenformen. Auch der Signalist will den genauen Zeitpunkt für Jesu Kommen nicht festlegen, hat also auch ein subitistisches Element.

(Einen wertvollen Überblick zum Thema Antichrist liefert Fritz Grünzweig im gleichnamigen Artikel in *Das Große Bibellexikon*, Bd. I, 1987, S. 64f.)

Untersuchung der verbreitetsten evangelikalen Endzeitautoren

Im Teil C ging es um die Frage: „Haben wir aus den Fehlern gelernt?"
Diese Frage muß leider überwiegend negativ beantwortet werden.
Eine der Ursache dafür kam in Kap. C, 3 zur Sprache: „Niemand überprüft den Vorhersage-Erfolg."

Ältere Flugblätter und Zeitschriften werden weggeworfen und können daher gar nicht mehr überprüft werden; ältere Bücher werden durch neuere, „aktualisierte" ersetzt, denen sich nun das Interesse zuwendet. Und wenn sich jemand an die älteren Bücher zurückerinnert — wie schätzt er deren Erfolg ein?

„Kein Mensch ist unfehlbar und allwissend, aber manches haben diese Bücher doch schon richtig erkannt, jedenfalls hatten sie das Verdienst, auf die biblische Endzeitprophetie aufmerksam gemacht zu haben."

So ungefähr lautet die Antwort. Die Beurteilung der älteren Bücher aus der Erinnerung heraus erfolgt, soweit nicht überhaupt positiv, so doch eher nachsichtig. Um zu einem objektiven Urteil zu gelangen, möchten wir im folgenden die im evangelikalen Bereich verbreiteten Bücher untersuchen. Die Frage dabei ist: *Welche Erwartungen haben diese Bücher beim Leser geweckt, und gingen diese Erwartungen in Erfüllung?*

Eine solche Untersuchung wird schon alleine dadurch provoziert, daß Endzeitautoren auffordern, ihre Vorhersagen zu überprüfen, indem wir diese mit den eintretenden Ereignissen vergleichen (etwa Wilkerson). Dann auch dadurch, daß gelegentlich auch von anderen behauptet wird, daß deren Vorhersagen zutreffend gewesen seien (etwa Zopfi und Ewert über Wilkerson oder Gerth über Lindsey). Wenn ich nach einer gründlichen Untersuchung zu dem Ergebnis komme, daß diese Behauptung falsch ist, sollte ich dann nicht die entsprechende Gegenbehauptung aufstellen? Die Leser können sich dann ihr eigenes Urteil bilden. Schließlich handelt es sich um hunderttausendfach verbreitete Bücher, d.h. die Zahl der Leser, die sich dazu ein eigenes Urteil bilden wollen oder zumindest sollten, ist groß.

Keineswegs möchte ich behaupten, daß ich erfolgreicher gewesen wäre, wenn ich mitgeraten hätte. Meine Tendenz geht vielmehr dahin, das Raten überhaupt einzustellen, oder zumindest vorsichtiger zu handhaben.

Angenommen, ein Endzeitautor sagt — aufgrund von Hesekiel 38f — im Jahr 1970 vorher, daß die Sowjetunion in den nächsten Jahren einen militärischen Angriff auf Israel unternehmen wird. Die Kern-Auslegung, daß für die Zukunft ein Angriff einer „Macht des Nordens" auf Israel zu erwarten ist, lasse ich so stehen. Damit setze ich mich hier nicht auseinander. Worauf ich in einem solchen Fall hinweise, ist folgendes:

Erstens, daß der angegebene zeitliche Rahmen — „in den nächsten Jahren" mittlerweile überschritten wurde, daß der Endzeitautor sich also zeitlich einigermaßen festgelegt und sich dabei geirrt hat.

Zweitens, daß die Festlegung darauf, daß die augenblickliche politische Konstellation sich vor den allerletzten Endzeitereignissen nicht mehr ändern darf, willkürlich ist, und in der Vergangenheit schon oft zu Fehlerwartungen geführt hat. Es ist also auch riskant, sich darauf festzulegen, daß diese „Macht des Nordens" unbedingt die Sowjetunion sein muß.

Auf diesen meinen Kritikpunkten liegt dann auch mein Hauptaugenmerk. Ich prüfe also sehr genau, inwiefern ein Autor sich zeitlich festgelegt hat. Hat er das nicht getan, also lediglich seine Auslegung biblischer Zukunftsaussagen dargelegt, ohne Ereignisse für die unmittelbare Zukunft anzukündigen, ist er von vornherein anders einzuordnen.

Wie ein Autor sich die Endzeitereignisse im einzelnen vorstellt, etwa ob er Jesu Kommen vor oder nach dem 1000jährigen Reich erwartet, behandle ich nicht näher. Wenn ein Autor nachweislich falsche Vorhersagen gemacht hat, dann weist dieser Mißerfolg nicht unbedingt darauf hin, daß seine Kern-Bibelauslegung — seine Erwartung dessen, was einmal geschehen wird — falsch sein muß, sondern oft liegt der Fehler einfach in seiner Demnächsterwartung.

Überhaupt darf meine Kritik der Endzeit-Aussagen eines Autors nicht so verstanden werden, daß ich das gesamte Lebenswerk dieses Autors verwerfe. Kritik ist so zu nehmen, wie sie dasteht — das, was ich sage, meine ich, und nicht mehr. Es geht also nicht um eine Gesamtbeurteilung der betreffenden Autoren, weder hinsichtlich ihres Christseins, noch hinsichtlich ihrer Qualifikation als Buchautor, noch hinsichtlich ihres Bibelumgangs; es geht lediglich um ihren Vorhersageerfolg.

Noch ein Wort zu meiner Einschätzung der Endzeit-Autoren. Manchmal wurden sie scharf kritisiert („... in einer Zeit, in der manches Fantasie-Werk über die Endgeschichte üppig gedeiht ..." — Grier 4). Nun, nach meinem Eindruck handelt es sich dabei um intelligente, vielseitig interessierte Menschen. Sie beschäftigen sich intensiv mit der Bibel, sie versuchen die Zeiterscheinungen zu verfolgen und stellen daraufhin Kombinationen an. Wenn sich diese Kombinationen im nachhinein als falsch herausstellen, so will ich mich keineswegs über diese Autoren lustig machen. Ich schätze deren Bibelverbundenheit und deren Interesse am gegenwärtigen Zeitgeschehen. Ihre *Ergebnisse* sollten dennoch überprüft und nüchtern beurteilt werden. Wenn es sich dabei erweist, daß die meisten Vermutungen fehlgingen, dann sollte das Konsequenzen haben und zu einer grundsätzlichen Umorientierung führen, nicht bloß zu neuen, anderen (besseren?) Vermutungen.

Bevor wir uns sieben Buchautoren zuwenden, ist es wichtig zu sehen, daß es neben der Endzeitliteratur in Büchern auch eine Flugblatt-Szene gibt: Flugblätter, geschrieben von weniger bekannten Autoren, im einzelnen in kleineren Kreisen verbreitet, in der Summe aber doch auch gewichtig. Solche Flugblätter werden im allgemeinen nicht lange aufbewahrt, es kommt daher auch kaum zu einer Überprüfung. Als ein Beispiel für solche Flugblätter betrachte ich ein 1976 erschienenes.

1. Die Flugblatt-Szene

Datiert mit Februar 1976 brachte das Deutsch-Kanadische Missionswerk „Die Bibel für die Welt" ein Flugblatt mit der Überschrift „Diese Generation — eine Endzeitbotschaft für Dich!" heraus.

a) In jeder 7-Jahres-Periode ein Israel-Krieg

Darin wird von folgender Grundüberlegung ausgegangen: Wenn man von 1948 (Staatsgründung Israels) an in 7-Jahr-Perioden weiterrechnet, findet man in jeder Periode einen Israel-Krieg:

1. sofort nach der Staatsgründung (Periode von 1948-1955)
2. im Okt. 1956 (Periode endet 1962)
3. im Juni 1967 (P. endet 1969)
4. im Okt. 1973 (P. endet 1976).

Für die bis zum Erscheinen des Flugblattes vergangenen Perioden paßt es recht gut, was überhaupt ein Kennzeichen dieser Art Endzeitliteratur ist: Alles Vergangene scheint sehr harmonisch ins Konzept zu passen, so daß der Leser beinahe gezwungen wird zu dem Eindruck, auch die Zukunft müsse sich dem fügen. Nur fügt sie sich meistens nicht. Im vorliegenden Fall hat uns bereits die 5. Periode im Stich gelassen und keinen Israel-Krieg gebracht.

Zur 6. Periode lieferte der Verfasser noch ein besonderes Detail: „Ich glaube, der Krieg in dieser Periode wird der Einfall Gogs, des obersten Fürsten von Mesech und Thubal ‚von den nördlichen Teilen' in Israel sein (Hesekiel 39:1-16). Israel wird 7 Jahre lang die Waffen verbrennen ..."

(Für die Beurteilung der Vorhersage der bis 1997 währenden 7. Periode ist es noch zu früh.)

Das Schema hätte also dem Schema 7 x 7 entsprochen, und, wie uns das Flugblatt aufklärt: „Sieben ist eine der bekanntesten Zahlen bei Gott." (Hier ist wohl nicht gemeint, daß bei Gott nur manche Zahlen bekannt sind, sondern daß Gottes Wirken oft mit der Zahl sieben verbunden ist.)

b) „Gottes Pläne sind genau" — aber oft anders als unsere

Waren die im Flugblatt präsentierten Vorhersagen lediglich als *Möglichkeit* gedacht? Der Eindruck, der dem Leser unterschwellig vermittelt wird, geht eher dahin, sie als etwas *Sicheres* zu nehmen: Wir lesen von „Gott, der nach sehr genauem Zeitplan handelt", wir erfahren weiters: „Gott setzt die Zeiten fest". Wir werden gefragt: „Bringt Gott sieben Mal den Krieg über Israel wie Er sagte, daß Er es tun würde?"

Die Formulierung dieser Frage läßt dem Leser, zumal wenn er Christ ist, nicht mehr viele Antwortmöglichkeiten. Welcher Christ wird wagen, hier zu antworten: „Nein, Gott wird nicht das tun, was er gesagt hat, daß er tun wird"? Es bleibt also nur noch wenig Raum für mögliche Zweifel, und auch der letzte vielleicht noch verbleibende Raum wird beseitigt: „Ich glaube, der Herr hat mir offenbart, an welchem Zeitplan Er ist für seine Feigenbaum-Nation."

Es dürfte sich um eine Übersetzung aus dem Englischen handeln (Originalautor: Watson Goodman). Der Schriftleiter war Alfred Lenkelt, als Herausgeber ist das *Deutsch-Kanadische Missionswerk* (W-7247 Sulz/Neckar, Mühlheim) angegeben.

Der Leser sollte also, wenn wir im folgenden bekannte Autoren behandeln, mitbedenken, daß es nicht nur diese gibt, sondern daneben auch eine Fülle weiterer, z.T. sehr dünner Schriften, wie das besprochene Flugblatt. Auch in solchen Schriften drückt sich etwas von der unter Christen verbreiteten Erwartung aus, und auch diese Schriften haben — in der Summe gesehen — Einfluß.

Die nun folgende Überprüfung des Vorhersage-Erfolges der Bücher mehrerer evangelikaler Autoren wird manchen Leser kleinlich erscheinen: „Jeder macht einmal Fehler; welchen Sinn hat es, diese Fehler nun so minutiös aufzuzeigen?"

Hier muß ich daran erinnern, daß es sich hierbei nicht um Bücher handelt, deren Versagen von Autoren und Verlagen mittlerweile erkannt und zugegeben wurde. Im Gegenteil: Lindseys *Alter Planet Erde*, Gerths *Der Antichrist kommt* und Wilkersons *Vision* wurden noch im Jahr 1991 nachgedruckt. Der Absatz geht also weiter, und die Verlage zeigen keinerlei Anstalten, diese Bücher aus dem Verkehr zu ziehen. Hier liegt entweder ein verantwortungsloses Verhalten seitens der Verlage vor, oder meine Beurteilung ist falsch. Der Leser soll sich dazu selbst ein Urteil bilden.

2. Der meistgelesene Endzeitspezialist: Hal LINDSEY

„Die Entwicklungen der letzten 15 Jahre hätten die Irrtümer von Lindseys Vorhersagen gar nicht deutlicher aufzeigen können. In den meisten Fällen geschah gerade das Gegenteil von dem, was Lindsey vorhergesagt hatte" (Bacchiocchi 46f).

„Zehn Jahre sind seit Erscheinen des Buches ‚Alter Planet Erde, wohin?' vergangen. Damals war es für viele ein verwerfliches Buch. Heute sieht die Sache ganz anders aus" (Gerth 9f).

Lindseys Buch ist das verbreitetste evangelikale Endzeit-Buch. Der letzte deutsche Nachdruck gibt an: „Weltauflage über 20 Millionen." 1970 erschien es in amerikanischer Sprache mit Nennung eines Mitautors: Hal LINDSEY/Carole C. CARLSON: *Alter Planet Erde, wohin? Im Vorfeld des Dritten Weltkriegs* (1971). Zumeist wird das Buch aber einfach Lindsey, ohne Erwähnung des Mitautors, zugeschrieben. Im Buch selbst liest man oft „der Verfasser" in der Einzahl, und schon auf der ersten Textseite heißt es: „... halte ich ... Vorträge ..." Insofern ist nicht ganz klar, was es mit dem Koautor auf sich hat. (Ich zitiere nach der 9. Aufl. von 1973; der Text dürfte die ganze Zeit über unverändert geblieben sein. Ein Hinweis für Benutzer einer neueren Auflage, die meine Zitate nachschlagen wollen: in der neuesten Auflage ist der Text zwei oder eine Seite nach vorne gerückt.)

In deutscher Sprache ist von Lindsey auch noch *Die Feuerflut. Geburtswehen einer neuen Welt* erhältlich (am. Orig. 1973, letzte deutsche Auflage 1991).

a) Wie gesichert werden Lindseys Aussagen präsentiert?

Lindsey bringt keine bloßen Vermutungen, sondern Sicheres. So heißt es auf der zweiten Umschlagseite: „Wir sind heute erstmals in der Lage, uns ein zuverlässiges Gesamtbild der Zukunft zu machen."

Wenn es auch nicht ausdrücklich dazugesagt wurde, so wird doch deutlich, daß das in diesem Buch Präsentierte dieses *zuverlässige Gesamtbild der Zukunft* vermitteln soll. Und weiter: „Dieses Buch ist ein Alarm- und Weckruf. Jeder sollte es lesen, damit er sich nicht wundert, wenn eintrifft, was die Bibel über die ‚gelbe Gefahr', die ‚Weltkirche', den ‚kommenden Führer' oder den ‚Dritten Weltkrieg' aussagt."

Das, was *die Bibel* über die angesprochenen Themen aussagt, soll wohl identisch mit dem sein, was *Lindseys Buch* darüber aussagt, denn das ist ja auch der Grund, warum es jeder lesen sollte.

Das Buch erhebt also einige Ansprüche. Das ist mitzubedenken, wenn Lindsey einschränkt: „Aber glauben Sie bitte nicht, ich hielte mich für unfehlbar in dem Sinne, wie es die biblischen Propheten unter der Inspiration des Heiligen Geistes waren" (S. 215).

Doch trotz seines Fehlbarkeitseingeständnisses präsentiert Lindsey viele seiner Aussagen als sicher.

Und hier sind wir auch schon bei der Frage *meines* Buches. Wenn es damals von „Alter Planet Erde, wohin?" hieß, daß jeder es lesen sollte — war das Buch dann eine Hilfe für die damaligen Leser, um sich auf die Ereignisse der nächsten Jahre besser einstellen zu können?

b) Wann? Heute bzw. morgen

Der Klappentext läßt keinen Zweifel daran, daß das darin Beschriebene für die heutige Zeit — also jene von 1970 — wichtig ist: „Dieses Buch … ist für alle geschrieben, die sich in unserer Zeit zurechtfinden wollen."

Mit diesem Buch findet man sich also in der Zeit von 1970 zurecht. „Die heute lebende Generation ist die erste, der es gegeben ist, bislang versiegelte prophetische Aussagen der Bibel über die Zukunft vor dem Hintergrund der Zeitereignisse zu entschlüsseln."

Die Zeitereignisse von 1970 sind also jene, die mit den biblischen Endzeitaussagen in Verbindung zu bringen sind. Wo der Antichrist herkommt, wer in Harmagedon mitkämpfen wird und vieles andere mehr: Das war für die Zeit davor noch nicht zu erkennen, um 1970 war es bereits erkennbar. Lindsey: „Ich glaube persönlich nicht, daß es in unserer Zeit Propheten gibt, die direkte Offenbarungen von Gott erhalten. Aber wir haben mitten unter uns Männer, denen besondere Einsicht in das prophetische Wort der Bibel geschenkt wird" (S. 105).

Und zu diesen Männern scheint Lindsey doch wohl auch sich selbst zu rechnen?

Das zusammenfassende Schlußkapitel hat als Überschrift: „Was morgen sein wird."

Zu beachten ist das Wörtchen *morgen*. Also nicht irgendwann, sondern demnächst. Was — von 1970 aus betrachtet — *morgen* geschehen wird, ist nun vermutlich längst vorbei?

Den Eindruck, daß es in unmittelbarer Zukunft kommen muß, erhält der Leser auch durch Aussagen wie: „Die Russen werden Palästina zu Lande und zu Wasser gleichzeitig angreifen. Der gegenwärtige Aufbau einer russischen Flotte im Mittelmeer ist ein bedeutsames Zeichen für die mögliche Nähe Harmagedons" (S. 188).

Oder: „Zur Zeit suchen die Russen im Iran durch verschiedene Hilfsangebote Fuß zu fassen. Wenn es dereinst zu der von Hesekiel angekündigten Großinvasion kommen wird, braucht Rußland den Iran unbedingt zum Verbündeten. ... Man beachte einmal aufmerksam die Politik des Iran im Blick auf Rußland und die Vereinigte Arabische Republik. Der Verfasser glaubt, daß dort bald Bedeutsames geschehen wird" (S. 77f).

c) Bis etwa 1988 ist alles vorüber

An mehreren Stellen macht Lindsey zeitliche Aussagen. Israels Staatsgründung 1948 war eine Vorbedingung; die Generation, die das erlebte, wird auch das Ende noch erleben, die Zeitspanne für eine Generation sind 40 Jahre. Demnach sollte bis 1988 alles vorüber sein.

Hören wir Lindsey! Für ihn war „das wichtigste Ereignis, das aller endzeitlichen Prophetie vorausgehen muß ... die Tatsache, daß Israel als Nation wieder in seinem Heimatland wohnen mußte, ehe weitere endzeitliche Ereignisse eintreten können. Israel, eine Nation ... wurde am 14. Mai 1948 Wirklichkeit ..." (S. 48f).

Lindsey überlegt weiter, wobei er „Geschlecht" m.E. richtig als „Generation" deutet: „Als die Juden nach nahezu zweitausendjähriger Verfolgung in der Fremde am 14. Mai 1948 offiziell ihren Staat neu gründeten, zeigte der ‚Feigenbaum' seine ersten Blätter. Jesus sagt, dies sei ein Zeichen dafür, daß er ‚nahe vor der Tür steht'. Es heißt dann weiter: ‚Wahrlich, ich sage euch: *Dieses Geschlecht* wird nicht vergehen, bis dies alles geschieht.' Welches Geschlecht? Offensichtlich ist hier in diesem Zusammenhang das Geschlecht gemeint, das die Zeichen sieht, vor allem die nationale Wiedergeburt Israels. Eine Generation als Zeitangabe in der Bibel bedeutet die Zeit von etwa vierzig Jahren. Wenn dies eine richtige Deutung ist, würde sich innerhalb von etwa vierzig Jahren von 1948 ab gerechnet all dies abspielen" (S. 61f).

Einerseits formuliert Lindsey hier in der Möglichkeitsform, andererseits gibt er keine Stelle an, wo ein Unsicherheitsfaktor liegt. Daß die Generation gemeint ist, die 1948 miterlebt hat, ist für ihn „offensichtlich". Und eine Generation bedeutet etwa 40 Jahre — das ist zwar keine ganz exakte Angabe, aber doch eine ungefähre. Insofern vermittelt Lindsey dem Leser doch den Eindruck, daß es so kommen werde, daß also bis ungefähr 1988 alles vorüber ist. Wobei hier die 7jährige Trübsalszeit mit dazugehört. Die Entrückung der Gläubigen kommt bei Lindsey noch davor, hätte also bis etwa 1981 stattfinden sollen. Was den Lesern hier vermittelt wurde, ist also eindeutig nicht in Erfüllung gegangen.

Der Aussage „würde sich innerhalb von etwa vierzig Jahren von 1948 ab gerechnet all dies abspielen" fügt Lindsey bekräftigend hinzu: „Viele Bibelgelehrte, die ein Leben lang die biblische Prophetie studiert haben, glauben, daß es so kommen wird."

Auch das zeigt ja dem Leser, wie sicher die ganze Überlegung ist.

Jedenfalls sind solche Berechnungen mitzubedenken, wenn man bei Lindsey am Beginn des Buches liest: „Ich behaupte keinesfalls, das Datum des ‚Jüngsten Tages' errechnen zu können" (S. 7). Das *Datum* berechnet Lindsey zwar nicht, aber auf einen ungefähren Zeitraum wollte er sich durchaus festlegen.

Später rückte Lindsey allmählich davon ab — was blieb ihm auch anderes übrig, wenn es sich als falsch herausstellt? Die Staatsgründung Israels 1948 ist dann auf einmal nicht mehr so wichtig, man könnte die „Generation" auch von 1967 (Rückgewinnung der Jerusalemer Altstadt) ab rechnen. Und eine „Generation" könnte auch länger als 40 Jahre dauern. (Belege bei Bacchiocchi in seinem Buch S. 54f, sowie in der adventistischen Zeitschrift *Zeichen der Zeit* 1987, Nr. 1, S. 38f.)

Die Erkenntnis, falsche Erwartungen verbreitet zu haben, sollte mehr bewirken als bloß stillschweigende Ausbesserungen der Vorhersagen. Sie sollte zu einem grundsätzlichen Abwenden von diesem leichtfertigen Umgang mit der Bibel führen. Angesichts der Verbreitung von Lindseys falschen Vorhersagen wäre auch ein öffentliches Eingeständnis seiner Schuld angebracht. Ist es dazu gekommen? Mir ist davon nichts bekannt.

Zu einem bestimmten Eindruck für die Leser führt es ja auch, wenn Lindsey als Bestätigung für seine Demnächsterwartung Aussagen anderer heranzieht. Etwa den Gouverneur von Ohio, der sagte, „daß, wenn die Menschheit nicht sofort handelt, es 1985 zu einer weltweiten Hungersnot kommen ... wird" (S. 120).

Lindsey führt das an, ohne es irgendwie zu kritisieren, verwendet diese Aussage somit als Unterstützung. Diese Vorhersage ist auch nicht in Erfüllung gegangen, denn eine *„weltweite* Hungersnot" gab es 1985 nicht. Einzelne Hungersnotgebiete gab es davor und danach, darum geht es hier ja nicht.

d) EG-Staaten bis 1980 politisch vereint

Der Antichrist wird der Führer des Zehnstaatenbundes sein, der auf der Grundlage der EG entsteht. Damit kommt in das „Antichrist-Früherkennungs-Ratespiel" neue Farbe hinein. Nicht mehr, wie noch bei Billy Graham, sollte der Antichrist aus dem Kommunismus kommen. Dort war es noch einfach: Hier das einigermaßen gute, christliche Amerika, dort die böse, antichristliche Sowjetunion. Doch nun, bei Lindsey, wird alles komplexer.

Wann wird es dazu kommen? Hier liefert Lindsey riskanterweise einen zeitlichen Anhaltspunkt in einem früheren Kapitel: Lindsey zitiert aus einer Rede des ehemaligen Präsidenten der EG, Prof. Hallstein. Dieser unterschied drei aufeinanderfolgende Phasen der europäischen Einigung. „Erstens die Zolleinheit, zweitens die Wirtschaftseinheit und drittens die politische Einheit" (S. 114).

Das erste ist mittlerweile erreicht, das zweite ist im Entstehen, wenngleich noch vieles fehlt, etwa die gemeinsame Währung (für ca. 2000 geplant). Für das dritte gibt es bloß Bestrebungen. Soweit aus heutiger (1992) Perspektive. Doch Hallstein damals: „Um das Jahr 1980 werden wir die große Fusion aller wirtschaftlichen, militärischen und politischen Gemeinschaften zu den Vereinigten Staaten von Europa erwarten dürfen."

Hallstein nennt 1980. Das ist Lindsey allerdings noch zu langsam: „Anzeichen deuten darauf hin, daß die Entwicklung vielleicht noch schneller vor sich gehen wird."

Eine solche zeitmäßige Festlegung zu beachten, ist wichtig im Hinblick auf die Frage, welchen Eindruck die damaligen Leser bekamen. Durch solche Zeitangaben erhielten sie den Eindruck, daß es sich bei dem von Lindsey Vorhergesagten um Ereignisse handelt, die für die nächsten Jahre zu erwarten sind. Ein Eindruck, der ja auch schon durch den Klappentext sowie durch das *morgen* im Schlußkapitel vermittelt wird. Dieser zeitliche Aspekt ist bei der folgenden Besprechung von Lindseys zu berücksichtigen.

e) Westeuropa stärker als USA

Der auf die EG aufbauende Staatenbund wird „einmal der mächtigste Staatenbund in der Welt sein" (S. 219). Dazu könnte es durchaus kommen, derzeit — 22 Jahre nach dem Erscheinen von Lindseys Buch —

existiert dieser Staatenbund aber noch nicht, und selbst wenn er existieren würde, wäre er militärisch den USA deutlich unterlegen. „Er wird dem kommunistischen Machtstreben in der Welt Einhalt gebieten und eine kurze Zeit lang sogar Rußland und Rotchina unter Kontrolle haben."

Was bisher dem kommunistischen Machtstreben in der Welt Einhalt geboten hat, waren in den vergangenen Jahrzehnten die militärische Stärke der USA, und in den vergangenen Jahren die Sehnsucht der Völker im kommunistischen Machtbereich nach mehr Freiraum, sowohl für das einzelne Individuum als auch für das einzelne Volk, schließlich auch ein Gorbatschow, der dieser Sehnsucht nach Freiraum entgegenkommen wollte.

„Die USA werden ihre gegenwärtige Führungsposition in der westlichen Welt verlieren; der zukünftige westliche Führer wird Westeuropa heißen. Die Schwächung der Vereinigten Staaten wird durch innere wirtschaftliche und soziale Schwierigkeiten beschleunigt. Bricht erst einmal die Wirtschaft zusammen, ist auch die militärische Stärke am Ende" (S. 219).

Dazu ist folgendes zu sagen: Erstens, daß es einmal dahin kommen könnte, denn Westeuropas wirtschaftliche Stärke nimmt zu. Zweitens, daß dieser Zustand jedenfalls bis heute nicht erreicht wurde – die USA sind weiterhin die führende Macht, wie auch gerade bei der Allianz gegen den Irak deutlich war. Und drittens, daß die militärische Stärke auch bei einem Zusammenbruch der Wirtschaft nicht aufhören muß, wie man am Beispiel der Geschichte des Ostblocks sehen kann, wo das Militär sehr gut und die Wirtschaft sehr schlecht funktioniert hat.

f) Afrika wird kommunistisch, Ägypten der arabische Führer

„Afrika ist heute der fruchtbarste Nährboden für den Kommunismus. Wenn nicht alles täuscht und die Entwicklung so weitergeht wie bisher, wird es einmal ganz dem Kommunismus zufallen" (S. 79).

Zwei Jahrzehnte danach sieht es so aus, daß Lindsey doch „alles getäuscht" hat.

Apropos Afrika: Bei der Rolle der arabischen Völker im Schlußkampf überschreibt Lindsey einen Abschnitt mit „Der Hauptakteur: Ägypten" und sagt: „Es ist offensichtlich, daß die führende Macht in der arabischen Welt Ägypten ist. ... Die günstige Lage Ägyptens macht es für seine Führungsrolle in der arabischen Welt besonders geeignet. ... machen das Land zum politischen, geistigen und kulturellen Mittelpunkt der Afro-Arabischen Welt" (S. 85f).

Inzwischen hat Ägypten einen Friedensvertrag mit Israel abgeschlossen. Wogegen Lindsey vorhersagte: „Mittlerweile hat Präsident Nasser der Tod ereilt, und ein anderer Mann hat in Ägypten die Macht übernommen. Der vorgezeichnete Kurs der ägyptischen Politik wird sich in seinen Grundzügen jedoch wohl kaum ändern" (S. 89).

Ägypten ist auch weit entfernt von der ihm von Lindsey zugeschriebenen Führungsrolle. All das kann sich eines Tages natürlich wieder ändern, aber die seit Lindseys Buch fortgeschrittene Entwicklung ging jedenfalls in andere Richtungen als von ihm vorhergesagt – was auch bedeutet, daß die Leser, die damals das Buch ernst nahmen, dadurch zu falschen Erwartungen geführt wurden.

Wie schnell eine Vorhersage sich als falsch erweisen kann, zeigt auch die von Lindsey als Bestätigung für seine Ansicht angeführte Aussage von Mosche Dayan aus dem Jahr 1968: „Der nächste Krieg wird nicht mit den Arabern, sondern mit den Russen sein" (S. 67).

Fünf Jahre später kam es zum nächsten Krieg Israels, doch wieder mit den Arabern!

g) Sieben Vorhersagen, null Treffer

Doch betrachten wir die Vorhersagen des Schlußkapitels der Reihe nach! Ich numeriere die konkreten Vorhersagen durch, dadurch können wir die Erfolgsquote besser berechnen.

1. Es beginnt mit der Vorhersage, daß es *immer mehr Namenschristen* geben wird. (Die zunehmende Säkularisierung ist allerdings eine Tendenz, die auch vor 1970 schon erkennbar war.) Die Kirchenführer werden sich von liberalen Theologen beeinflussen lassen. Lindseys Bestandsaufnahme: „In manchen der größten protestantischen Denominationen ist es heute schon soweit!" (S. 216).

Hierbei handelt es sich also um keine Vorhersage für die Zukunft, sondern um eine Bestandsaufnahme bereits vorhandener Zustände bzw. Trends. Doch für die Zukunft gelte: „Mit den wenigen noch verbleibenden Gemeinschaften, die noch nicht von den Ungläubigen durchsetzt sind, wird es ähnlich bergab gehen."

Das ist nicht geschehen; jene Gemeinschaften, die darauf achten, daß nur Gläubige zu ihren Mitgliedern zählen, nehmen an Zahl und Größe zu.

2. „Der *Massenauszug der Jugend* aus den Kirchen wird also anhalten" (S. 217).

Hier ist zweierlei zu unterscheiden. Einerseits die zunehmende Säkularisierung, die dazu führt, daß immer mehr Menschen, die keinen inneren Bezug zum christlichen Glauben haben, auch formell die Großkirchen verlassen. Das betrifft aber alle Altersgruppen, nicht speziell die Jugendlichen. Und diese Säkularisierung zeichnete sich auch 1970 schon ab. Was die Jugend betrifft: Seit 1970 gab es gerade unter Jugendlichen immer wieder Aufbrüche. Viele zahlenmäßig wachsende christliche Gemeinschaften erzielen dieses Wachstum gerade unter jungen Menschen.

3. „Ich glaube, daß es bald zur offenen Verfolgung der ‚echten' Christen kommen wird, und zwar von Seiten der mächtigen Hierarchie ungläubiger Kirchenführer in den verschiedenen Denominationen. ...
Auf Grund der Verfolgung der Gläubigen wird eine regelrechte christliche Untergrundkirche entstehen" (S. 218).

Diesen erwähnten Konflikt gibt es, aber eine derartige *Verfolgung* mit der Konsequenz einer Untergrundkirche auch *in der westlichen Welt* (an die Lindsey offenbar denkt) läßt sich nicht erkennen. Man bedenke, was „Untergrundkirche" eigentlich bedeuten würde.

4. „Der *Reichtum* und *Einfluß* des Staates *Israel* wird ständig wachsen. Mit neuentwickelten Methoden wird er sich seine natürlichen Rohstoffquellen nutzbar machen und dadurch zu ungeahnter Blüte gelangen" (S. 219).

An anderer Stelle noch deutlicher: „Die biblische Prophetie sagt uns, daß Israel zur Zeit des Antichristen eines der reichsten Länder der Welt sein wird" (S. 186).

Israel könnte zwar eine gute wirtschaftliche Bilanz aufweisen, seine durch die feindliche arabische Umwelt bedingten hohen Militärausgaben bedeuten aber eine bleibende Abhängigkeit von den USA. Von „Reichtum" oder „ungeahnter Blüte" kann daher keine Rede sein.

5. Den wirtschaftlichen Zusammenbruch der USA mit den Folgen haben wir schon oben behandelt.

6. Die EG haben wir schon oben behandelt, und auch die Frage, wodurch bisher der Einhalt des kommunistischen Machtstrebens zustandekam.

150

7. „Drogensüchtige werden sich um hohe politische Ämter bewerben und mit Hilfe der jungen Wählerschichten den Wettlauf um die Macht gewinnen" (S. 220).

Man beachte: *Drogensüchtige*, nicht solche, die gelegentlich einmal Drogen nehmen. Dazu ist es bisher kaum gekommen.

Wenn wir die Zusammenfassung von Lindsey analysieren: Noch nicht geschehen, aber vielleicht kommt es einmal dazu – das gilt für 3, 4, 5 und 7. Nicht so geschehen, sondern bisher anders oder eher im Gegenteil – das gilt für 1, 2 und 6. Von den sieben konkreten Vorhersagen, deren Erfüllung für die Jahre nach 1970 zu erwarten gewesen wäre, ist also bis jetzt, 1992, keine einzige in Erfüllung gegangen. Das ist keine gute Ausbeute!

Im Hinblick auf ein später erschienenes Buch von Lindsey, *The 1980's: Countdown to Armageddon*, schrieb Bacchiocchi: „Die 1980er Jahre erweisen sich in Wirklichkeit nicht als Countdown für Harmagedon, sondern eher als Countdown zum Versagen von Lindseys prophetischen Einfällen" (S. 27).

h) „Der du nun einen anderen lehrst ..."

Lindsey weiß sehr gut, welche negativen Folgen ein leichtfertiges Ausdeuten der biblischen Prophetie haben kann: „Viele Theologen der vergangenen Jahre haben versucht, die Ereignisse des Ersten und Zweiten Weltkrieges irgendwie mit den prophetischen Endzeichen in Zusammenhang zu bringen. Als die Voraussagen nicht eintrafen, geriet die ganze Prophetie in Mißkredit. Die Leute, die in die Berge flohen und dort das Ende der Welt abwarten wollten, hatten nicht die blasseste Ahnung von der biblischen Weissagung" (S. 48).

Daß er keine Ahnung von der biblischen Weissagung hätte, kann man Lindsey nicht vorwerfen. Aber seine Ahnung hat nicht dazu geführt, daß er den Verlauf der kommenden beiden Jahrzehnte erahnt hätte.

Der Golfkrieg hat das Interesse an dieser Art von Endzeitliteratur neu aufflammen lassen, und so wurden noch im Jahr 1991 12000 Stück der deutschen Ausgabe nachgedruckt (soviel, wie zuletzt 1977!) – von einem Buch, dessen Vorhersagemißerfolg immer deutlicher auf der Hand liegt.

3. Pastor im Gefolge Lindseys: William GOETZ

In der 1983 erschienenen deutschen Ausgabe wird — wohl vor allem in bezug auf das 1981 erschienene kanadische Original — angegeben: „Gesamtauflage über 200 000". Bei *Die Apokalypse kommt!* handelt es sich also um ein weit verbreitetes Buch.

a) Heutige politische Konstellation ist Endzeit-Ausgangsbasis

Die Konstellation von 1981, die laut Goetz die unmittelbare Ausgangs-basis für die Endzeitereignisse sein sollte, hat sich an einigen Stellen geändert, nämlich hinsichtlich EG, UdSSR und USA: „... die Frage, ob es gegenwärtig etwas gibt, das auf diese Beschreibung paßt — ir-gend eine Gruppe von zehn Staaten in dem einst von Rom kontrol-lierten Gebiet", kann heute nicht mehr so einfach dadurch beantwor-tet werden, daß man wie Goetz auf die 10 EG-Staaten hinweist (S. 107).

Und der frühere Eindruck einer größeren militärischen Zurückhal-tung der USA wurde in Panama, vor allem aber dann in Kuwait korri-giert. Im Rückblick auf den Abzug aus Vietnam meinte Goetz feststel-len zu müssen, die USA seien „nicht mehr willens und / oder unfähig, mit irgendeiner militärischen Aktion zu antworten". Und weiter: „Das scheint auch in das prophetische Bild zu passen, denn der amerikani-sche Einfluß geht ständig zurück" (S. 137).

Wir entfernen uns demnach wieder etwas vom „prophetischen Bild", „da die USA in den Prophezeiungen über die Endzeit nur eine geringe (wenn überhaupt eine) Rolle spielen" (S. 101).

Die Schwächung der USA sollte mit der Stärkung der UdSSR paral-lelgehen. Denn während die Union im Endzeitgeschehen eine wich-tige Rolle haben sollte, ist das bei den Staaten nicht der Fall. „Rußland wird heute als Militärmacht Nummer eins betrachtet. ... Das Streben der UdSSR geht nach totaler Weltbeherrschung. Ungarn, Ostdeutsch-land, die Tschechoslowakei, Afghanistan und viele afrikanische Staa-ten sind Beispiele dafür" (S. 112).

„Rußland ... ist heute eine gewaltige Supermacht auf dem Wege zur Weltbeherrschung. ... mit mehr als einem Drittel der Weltbevölke-rung unter seiner kommunistischen Herrschaft" (S. 124).

Die letzte Einschätzung war vielleicht auch schon 1981 falsch (hat Goetz hierbei Indien mitgerechnet?), heute trifft sie sicher nicht mehr zu. Die Herrschaft Moskaus umfaßt bei weitem nicht mehr so viele Menschen, und sie ist nicht mehr kommunistisch. Im Gebiet der ehemaligen UdSSR ist noch einiges im Fluß; im Moment jedenfalls haben wir uns von diesem Bild, das Goetz hier malt, deutlich entfernt.

Goetz befaßt sich damit, „wann die bei Hesekiel erwähnten Staaten dem russischen Bündnis beigetreten sind" (S. 127), und beginnt mit Ostdeutschland (= Gomer). Dieser bei Hesekiel erwähnte Angriff Rußlands und seiner Verbündeten auf Israel wird wohl kaum in der von Goetz dargelegten Form stattfinden. Oder rechnet jemand damit, daß Ostdeutschland nochmals abgetrennt und ein eigenständiger Staat wird?

Im Kapitel über den Roten Bären, d.h. über die Sowjetunion, kommen nach dem Abschnitt über ihre „heutigen Verbündeten" einige potentielle Verbündete zur Sprache: Länder, die von der Sowjetunion entweder überfallen werden, oder wo es durch Infiltration zu einer kommunistischen Herrschaft kommen wird (in dem Abschnitt „Das rote Intrigenspiel"). Darin sammelt Goetz Hinweise auf eine enge Zusammenarbeit zwischen sowjetischen Kommunisten und den Moslems, die den Schah im Iran gestürzt haben. „Vielleicht ist eine russische Invasion im Iran gar nicht nötig" (S. 129).

Jedenfalls vermittelt Goetz den Eindruck, daß der Iran der UdSSR sehr nahe steht und ihr zukünftig noch näherrücken wird. Ähnlich ist es bei der Türkei. Diese erhält Unterstützung von der UdSSR, türkische Linksgerichtete provozieren Unruhen, an der Grenze zur Türkei stehen starke sowjetische Truppen. „Zuerst Unruhe stiften und dann die Macht ergreifen, das ist das Hauptrezept, dessen sich die Sowjetunion bereits mit Erfolg in verschiedensten Ländern bedient hat ..." (S. 130).

Für Goetz erscheint es als sicher, „daß die Türkei eines Tages als Verbündeter Rußlands gegen Israel ziehen wird" (S. 131). Ein militärisches Zusammenrücken zwischen Rußland einerseits und Iran und Türkei andererseits war wohl noch nicht so nahe, wie es Goetz 1981 darstellte. Jedenfalls sind wir ihm seither um nichts nähergekommen.

b) Selbstkritische Risiko-Einschätzung

Goetz legte sich also darauf fest, daß die politische Konstellation von 1981 die Ausgangsbasis für die Endzeitereignisse sein werde. Paradoxerweise hält er in seinem eigenen Buch fest: „Es hat auch bei zahlreichen Gelegenheiten bestimmte Konstellationen gegeben, die von schlecht beratenen Prophetie-Auslegern als Anzeichen des Höhepunkts des Menschheitsgeschehens gedeutet wurden" (S. 66).

Nach seinen eigenen Maßstäben müssen wir Goetz auch zu diesen „schlecht beratenen Prophetie-Auslegern" rechnen. Jedenfalls ist er sich des Risikos bewußt, das mit dem konkreten Ausdeuten der biblischen Endzeitprophetie verbunden ist. Die Zeugen Jehovas und andere, die „wiederholte Voraussagen gemacht" haben, werden von ihm mit dem wenig schmeichelhaften Ausdruck „Endzeit-Wirrköpfe" bedacht (S. 19). Seine selbstkritische Frage, ob es ihm nicht auch so gehen könnte, daß er sich mit seiner Gegenwartseinschätzung täuscht, haben wir bereits am Beginn von Teil C zitiert. Seine Antwort? Früher gab es Einzelereignisse, die mit biblischen Endzeitaussagen zusammenzupassen schienen, heute dagegen sehen wir weltweit jene Merkmale, die Harmagedon zugrundeliegen (S. 218).

Das ist typisch signalistisch. Frühere Ausleger hätten sich demnach deshalb getäuscht, weil sie nicht genau genug darauf geachtet haben, ob wirklich schon alle Vorzeichen gegeben waren bzw. ob die Welt schon in ihrem Wesen die entsprechenden Merkmale zeigte. Es sollte uns jedoch zu denken geben, daß bereits innerhalb eines Jahrzehnts die politische Konstellation sich an mehreren Stellen geändert hat und die von Goetz angenommene Ausgangsbasis für die Endzeitereignisse nicht mehr gegeben ist.

c) Das Ende kommt schnell

So ist es für Goetz „offenbar, daß die prophetische Stunde weit vorgerückt ist". Es eilt bereits: „Harmagedon — die Kulissen werden gesetzt, und zwar sehr schnell" (S. 230, ähnlich S. 217).

Der Feigenbaum wird auf Israel bezogen, sein Blühen auf 1948/67, und das Ende sollte von derselben Generation noch miterlebt werden (S. 68.188.200). Damit bleibt nicht mehr viel Zeit — je nachdem, wie eng man „Generation" faßt. Jedenfalls sieht es so aus, „als gingen wir den letzten Tagen dieser Erde entgegen" (S. 70). „In Anbetracht der Schnelligkeit, mit der sich ein Puzzle-Teilchen an das andere fügt, kann der Kulminationspunkt dieser Ereignisse nicht mehr weit sein" (S. 140). Daß der Angriff Rußlands auf Israel stattfinden wird, ist eine Tatsache, und auch, „daß es nicht mehr lange bis dahin sein kann" (S. 140).

4. Verleger mit Schwerpunkt auf Endzeit: Klaus GERTH

„In seinen Ausführungen wird biblische Prophetie ... auf die Ereignisse unserer Zeit angewandt. Ich empfehle dieses Buch jedem, der erfahren möchte, wo wir nach Gottes Zeitplan heute stehen" (Hal Lindsey im Vorwort zu Gerths Buch, S. 6).

Klaus Gerth ist mit Hal Lindsey befreundet, ließ sich für sein Buch von ihm ein Vorwort schreiben und schließt sich in vielen Ansichten an Lindsey an. Er ist Inhaber des Verlages Klaus Gerth (früher: HSW = Hermann Schulte Wetzlar, später Schulte + Gerth). Wohl bei keinem anderen deutschen Verlag sind so viele Endzeitbücher erschienen.

a) Der Antichrist kommt, ja er ist schon da

Gerths Buch heißt *Der Antichrist kommt. Die 80er Jahre — Galgenfrist der Menschheit?*
„Der Antichrist kommt in den 80er Jahren" — fairerweise muß man festhalten, daß Gerth das nicht so direkt behauptet hat. Aber unsere primäre Frage ist, wie eine Botschaft auf die Leser wirkt, und die Verbindung von Titel mit Untertitel legt eine entsprechende Erwartung nahe. Die Gegenwartsform im Titel läßt ein gegenwärtig geschehendes Ereignis vermuten, im Sinne von: „Der Antichrist kommt jetzt", oder „Der Antichrist ist dabei zu kommen". Der Inhalt des Buches zeigt, daß es auch wirklich so gemeint ist. Das könnte sich aber, aus einiger Entfernung betrachtet, als Irrtum herausstellen (Eine vorsichtigere Formulierung wäre: „Der Antichrist wird kommen".).

In bezug auf den Antichristen sagt Gerth: „Ich gehe davon aus, daß er irgendwo bereits lebt. Hal Lindsey, der Bestsellerautor aus Amerika, vertritt die Auffassung, daß er bereits tatkräftig seine Aufgaben im Europapalais in Straßburg versieht" (S. 158).

Im Vergleich mit Lindsey — der den Antichristen bereits zu lokalisieren weiß — ist Gerth also noch relativ behutsam. Gerth zitiert J.W. White, der meint, „daß der Antichrist bereits lebt und ein erwachsener Mann ist" (S. 160). Aber auch Gerth ist davon überzeugt, „daß die Bühne für den Antichristen fertig vorbereitet ist und sein Auftritt nahe bevorsteht" (S. 166).

b) Was alles in den 80er Jahren geschehen sollte

Die durch den Untertitel ausgedrückte Frage können wir heute eindeutig verneinen: Die 80er Jahre waren *nicht* die Galgenfrist der Menschheit. Nun brachte Gerth 1989 eine aktualisierte Neuauflage heraus. Der Titel blieb gleich. Und was geschah mit dem Untertitel? Dieser konnte ja nicht unverändert bleiben. Gerth hat die „80er Jahre" nicht einfach durch die „90er Jahre" ersetzt. Er hat, eigentlich sehr konsequent, den Untertitel wesentlich verändert. Zuerst lautete die Frage, ob die 80er Jahre die Galgenfrist der Menschheit seien. Nun sind diese 80er Jahre vorüber, jetzt stellt sich also die Frage: „Bleibt noch eine Galgenfrist für die Menschheit?" Dadurch erscheint aber das Ende noch stärker nähergerückt.

Am Ende seines Buches wirbt Gerth für sein *TOPIC* genanntes Nachrichtenblatt (S. 205). Dabei sagt er u.a.: „Täglich geschehen Dinge, die mich aufhorchen lassen, weil sie den endzeitlichen Charakter des Jahrzehnts unterstreichen."

Dieselbe Werbung erschien auch noch in der überarbeiteten Auflage von 1989; auch dort hatte „das Jahrzehnt", also die 1980er Jahre, noch „endzeitlichen Charakter". Auch durch dieses besondere Heraushebens des Jahrzehnts, in dem wir gerade leben, wird der Leser zu dem Eindruck geführt, daß wir nun ganz knapp vor dem Ende stehen.

c) „In den nächsten Jahren..."

Gerths Buch erschien ursprünglich 1982. Ist es dann nicht noch zu früh, um schon eine Beurteilung abzugeben? Da erstens Gerth sich oft auf „die nächsten Jahre" festgelegt hat und da gerade in den letzten Jahren weltpolitisch Unerwartetes geschehen ist, ist bereits jetzt eine Beurteilung möglich.

1989 erschien die 6. Auflage; auf deren Cover ist angegeben: „Vollständig überarbeitet und aktualisiert!" (Die 7. Auflage von 1990 und die 8. Auflage von 1991 scheinen unveränderte Nachdrucke zu sein.)

Es liegt natürlich nahe, die Auflagen von 1982 und von 1989 miteinander zu vergleichen. Lesen wir in der „vollständig überarbeiteten" Neuauflage den historischen Bericht darüber, wie das, was 1982 für *die nächsten Jahre* angekündigt wurde, sich dann tatsächlich ereignet hat? Im Jahr 1989 müßte man darauf ja schon zurückblicken können ... (Damit konnte Gerth jedoch in keinem einzigen Fall dienen.) Oder bleibt die Aussage einfach unverändert stehen? Da hätten wir dann die permanente, unveränderte Demnächsterwartung. Oder wird der Satz gestrichen?

Betrachten wir die Fälle im einzelnen, was alles für „die nächsten Jahre" zu erwarten gewesen wäre. Die Zeitangaben in den Zitaten habe ich durch Kursivdruck hervorgehoben.

Heiliger Krieg: Wir lesen vom „Dschihad", vom „Heiligen Krieg" der Moslems. Dieser wurde gegen Israel schon im Iran und in Libyen gepredigt, neuerdings auch in Saudi-Arabien ... Soweit Gerth. Das *Ausrufen* eines solchen Krieges ist also nichts Neues, doch Gerth meint, daß es zu einem solchen Krieg auch kommen werde, und zwar bald: „Ich bin überzeugt, wir werden *in den nächsten Jahren* einen Dschihad erleben" (S. 67).

Das geschah nicht, aber Gerths Überzeugung hält unverändert an (in der Auflage von 1989 auf S. 75).

Wie soll ein solcher Krieg ablaufen? Der Westen wird erpreßt, indem ihm das Öl verweigert wird: „Die Waffe, mit der der Dschihad entschieden werden soll, ist auch bekannt: das Öl. Damit meint man, ein Erpressungsmittel par excellence in der Hand zu haben." (Die Raketenangriffe des Irak auf Israel während des Golfkrieges stellen also nicht die Verwirklichung des Dschihads der Moslems dar.)

Expandierender Kommunismus: Gerth malt die Gefahren des sich ausbreitenden Kommunismus aus: „Anscheinend ist keine Macht der Erde in der Lage, die UdSSR in ihrem Expansionsdrang aufzuhalten. Rücksichtslos wird Land um Land erobert. Was folgt nach Afghanistan? Der Iran oder die Türkei?" (S. 90; dieser Satz wurde noch 1989 beibehalten!)

Weder noch, müssen wir heute sagen, denn die letzten Jahre brachten eine Wende: Nicht nur Afghanistan wurde aufgegeben, sondern auch alle osteuropäischen Nachbarländer der Sowjetunion sowie die baltischen Republiken, und schließlich existiert die UdSSR in dieser Form überhaupt nicht mehr.

Wie groß die Gefahr des sich ausbreitenden Kommunismus ist, untermauert Gerth unter Berufung auf einen Fachmann: „Henry Kissinger hat sogar schon behauptet, daß ganz Westeuropa *in einigen Jahren* kommunistisch sein werde" (S. 90).

Gerth gibt allerdings nicht an, *wann* Kissinger das gesagt hat — ob diese „einigen Jahre" nicht schon zur Zeit der Publikation von Gerths Buch abgelaufen waren. Jetzt sind diese „einigen Jahre" jedenfalls abgelaufen, und das von Kissinger Vorhergesagte ist zumindest in weite Ferne gerückt.

Nun könnte man Gerth durch den Hinweis verteidigen, daß ja nicht er selbst das vorhergesagt hat, sondern Kissinger. Das ist richtig. Dennoch präsentierte Gerth dessen Vorhersage als Unterstützung für sein eigenes Zukunftsbild. Wie stark er sich damit identifiziert, wird auch darin sichtbar, daß er den Satz noch in der 1989er-Ausgabe wiedergibt (S. 96).

Gerth weiter: „Ich bin fest davon überzeugt, daß wir *in den nächsten Jahren* einen wilden Bären erleben werden" (S. 92).

Im Jahr 1989 ersetzte Gerth den „wilden Bären" durch den „starken Bären" (S. 97f). Wenn man bedenkt, daß in den hier angekündigten *nächsten* Jahren sämtliche Satellitenstaaten der Sowjetunion losgelassen wurden, außerdem die drei baltischen Republiken, und die Sowjetunion selbst in eine Reihe von großenteils miteinander verbündeten Einzelstaaten zerfiel, so sieht man, daß Gerth kaum eine noch falschere Prognose hätte abgeben können. Das ist sicherlich das Schicksal von vielen, die für die Entwicklung der Zukunft Prognosen abgeben. Aber es stellt sich doch die Frage, ob wir unsere so riskanten Prognosen unter Berufung auf die Bibel — also in gewisser Weise im Namen Gottes! — abgeben sollen.

Für Gerth ist es deutlich, daß Moskaus Einfluß im Mittleren Osten zunehmen wird. Afghanistan wurde ohnehin schon durch Moskau erobert. Und die anderen Länder? „Für die westliche Orientpolitik steht der Uhrzeiger auf fünf vor zwölf" (S. 97).

Es kam anders. „Jedenfalls ist der Einfluß Moskaus in dieser Region während der letzten beiden Jahre kräftig gestiegen, was auch die Situation im Irak und im Iran beweist." (Diesen Satz bringt die 1989er-Ausgabe übrigens unverändert, auf S. 105. Die beiden Jahre vor 1982 scheinen also den beiden Jahren vor 1989 zu gleichen?) Er erwähnt weiter, „daß der Kreml die Parole ausgegeben hat: ‚Warten bis Khomeini stirbt und die Mullahs sich im Streit um sein Erbe aufreiben.' Dann steht der Machtübernahme nicht mehr allzuviel im Wege" (S. 98, unverändert S. 106).

Die tatsächliche Entwicklung ist über Gerths Prognosen hinweggegangen. Beim Golfkrieg stand die Sowjetunion eher etwas abseits, eine Machtübernahme im Iran etwa durch Rußland ist derzeit äußerst unwahrscheinlich.

„Rußland dehnt seine Grenzen ständig aus und ist in seinem Egoismus schier unaufhaltsam" (S. 109, unverändert S. 117).

Wenn wir ehrlich sind, müssen wir zugeben: Wir alle sind durch die plötzliche Wende im Ostblock überrascht worden, Gerth ist da also kein Einzelfall. Allerdings hätten zumindest in der 1989er-Ausgabe die Konsequenzen aus manchen Irrtümern bereits gezogen werden können.

Drangsal/Antichrist: „Ich bin überzeugt, daß es *nur noch wenige Jahre* dauert, bis diese Drangsal unser Leben beeinflussen wird" (S. 146).

Was ist unter „wenige" zu verstehen? Zwei oder drei Jahre? Es vergingen 10 Jahre, und es ist noch immer nicht geschehen. Hat sich deshalb an Gerths Überzeugung etwas geändert? Ist er mittlerweile daraufgekommen, daß seine Demnächsterwartung übertrieben war? Keineswegs, in der Ausgabe von 1989 hat er lediglich „diese Drangsal" durch „der Antichrist" (S. 154) ersetzt.

Wiederaufbau des jüdischen Tempels: „Ist es also wahr, daß *in den nächsten Jahren* in Jerusalem der jüdische Tempel wieder aufgebaut wird?" (S. 163).

So hieß es 1982. Und auch 1989 ist dieser Bau *für die nächsten Jahre* zu erwarten, der Satz blieb unverändert ... (S. 171).

China in Harmagedon: Zuerst zitiert Gerth einen FAZ-Artikel: „1990 vielleicht, meinen westliche Fachleute, werde China die militärische Infrastruktur haben, die eine Armee braucht, um als Trumpfkarte im großen Spiel zu stechen" (S. 170).

Gerth selbst setzt fort: „Diese Zeitrechnung stimmt, wenn wir bedenken, daß unsere Welt in eine siebenjährige Trübsalszeit einmündet und China ja erst am Ende dieser Periode in das Kriegsgeschehen eingreifen wird" (1989 unverändert, S. 178).

Gerth akzeptiert also diese Zeitrechnung. Dem Leser wird hier der Eindruck vermittelt, China werde etwa 1990 in den Krieg eingreifen, am Ende der siebenjährigen Trübsalszeit. D.h. Mitte der 1980er Jahre sollte diese Trübsalszeit beginnen! Dazu paßt: „Was suchen die Chinesen *in einigen Jahren* in Harmagedon, wenn sie nicht von Haß gegen die Juden getrieben werden?" (S. 173).

In „einigen Jahren" kommt es also bereits zu Harmagedon! Anstatt daß das Ganze im Jahr 1989 schon vorüber wäre, schreibt Gerth dort neuerlich denselben Satz (S. 181).

Aber Gerth ist mit den „wenigen", „einigen" oder „nächsten Jahren" überhaupt etwas schnell bei der Hand. So schreibt er in bezug auf das Öl: „. . . dann werden die ohnehin *in wenigen Jahren* versiegenden Rohstoffquellen bald nicht mehr als Erpressungsmittel funktionieren" (S. 67).

An anderer Stelle spricht er aber selbst von „Jahrzehnten": „die Ölvorräte reichen nur noch für wenige Jahr*zehnte*" (S. 143).

Gerth schrieb 1982: „Es erscheint als wahrscheinlich, daß in den nächsten fünf Jahren jeder arabische Staat des Mittleren Ostens die Bombe besitzen wird."

Das wäre also bis 1987. Bis heute ist unsicher, ob schon irgendeiner dieser Staaten eine Atom- oder gar Wasserstoffbombe hat. Die Chance, daß arabische Staaten irgendwann an die Bombe herankommen, ist durchaus gegeben.

Die Demnächsterwartung von Gerth wird nun darin sichtbar, daß er so viele Geschehnisse schon für die jeweils allernächsten Jahre erwartet. Daß diese Erwartung übertrieben war, muß Gerth indirekt selbst zugeben — die neue Ausgabe von 1989 bringt den Satz unverändert. Nun ist der Zeitraum also bis 1994 hinausgeschoben!

Wann wird die EG eine politische Einheit darstellen? „Auch diese politische Einheit wird kommen. Vielleicht 1992? Sind erst einmal die Zollschranken niedergerissen, gibt es eine gemeinsame Währung, den ECU, eine Notenzentralbank und gar einen europäischen Ministerpräsidenten, dann wird sich Europa in Kürze zu einer Weltmacht auswachsen" (1989, S. 153).

Hier wird wieder Gerths Ungeduld sichtbar. Für 1992 plante die EG aber lediglich die Zolleinheit. Daß deswegen auch alles andere schon 1992 kommen könnte, ist Illusion.

Gerth erklärte seiner Sekretärin, „... daß ich gar nicht den rechten Mut hätte, über die Türkei etwas zu schreiben, da sich in dieser Weltregion nach meinem biblischen Verständnis in allernächster Zeit etwas ereignen müsse" (S. 102). Gerth erwartet eine Veränderung in der Türkei (Wechsel von der NATO zu einem islamischen Bündnis, um gegen Israel einsatzbereit zu sein) so bald, daß er Angst hat, würde er nun etwas über die momentane Situation in der Türkei schreiben, könnten die Ereignisse das von ihm Geschriebene überholen, noch bevor es gedruckt erscheint. Gerths Ungeduld erwies sich als übertrieben, denn auch sieben Jahre später, in der Ausgabe von 1989, bringt er den Satz unverändert (S. 110f).

Typisch ist der Satz: „Schon heute sind die Gewitterwolken zu sehen" (S. 146).

Die Wolken sehen wir also schon, wir warten bloß noch auf den Ausbruch des Gewitters.

d) Es kann kein halbes Jahrhundert mehr dauern

Daß Gerth dieser Meinung ist, ergibt sich schon daraus, daß er den Antichristen bereits als unter uns lebend vermutet.

Im Hinblick auf das westliche Europa meint Gerth: „Europa wird zu einer Weltmacht heranreifen, und ich bin überzeugt, daß die meisten meiner Leser noch Zeugen dieses Geschehens sein werden" (S. 141).

Auch das zeigt, daß Gerth die Endzeitereignisse als unmittelbar bevorstehend annimmt. Denn wenn wir unter „die meisten" etwa 80 Prozent verstehen und annehmen, daß Gerths Leser von 20 bis 70 Jahre alt sind, so daß 20 Prozent davon in 10 Jahren gestorben sind, müßte dieses Geschehen bis 1992 erfüllt sein. So exakt ist Gerths Angabe natürlich nicht gemeint, aber es zeigt doch, wie kurzfristig alles ablaufen sollte.

Beachten wir aber auch Gerths Fortsetzung, um zu sehen, was Gerth mit Weltmacht meint: „Aber ich weise noch einmal sehr eindrücklich darauf hin, daß die Weltgeschichte immer wieder bewiesen hat, daß nur aus den Niederlagen zuvor und aus dem Chaos eine neue Supermacht zum Vorschein kommt. Die Diktatoren unserer Zeitgeschichte sind fast ausnahmslos aus den Trümmern ihrer Länder hervorgekommen."

Gerth rechnet also mit sehr dramatischen Ereignissen auf dem Weg zu einem (West-)Europa als Supermacht. Es geht nicht einfach um ein allmähliches Stärkerwerden.

„Sicher ist, daß die Sowjetunion Israel angreifen wird" (S. 81).

Und wenn die Endzeit-Ereignisse noch 30 Jahre auf sich warten lassen? Wäre das möglich? Dann ist vielleicht an die Stelle der heutigen Sowjetunion ein anderes Gebilde getreten. Wenn Gerth so sicher ist, daß die *Sowjetunion* Israel angreifen wird, dann zeigt er dadurch, daß er die gegenwärtige politische Konstellation als unmittelbare Ausgangsbasis für die Endzeit-Ereignisse sieht. Und auch bei folgenden, Japan betreffenden Aussagen, wird das erkennbar: „Wenn nun die asiatischen Streitkräfte in die Schlacht um Harmagedon eingreifen, wird sicher Japan, gestärkt durch sein riesiges Industriepotential, mit von der Partie sein" (S. 174f).

„Seien Sie ganz sicher, Japan — und das zeichnet sich bereits heute deutlich ab — wird zu einem Gesinnungsgenossen von China, und eine schreckliche Allianz zieht herauf" (S. 181).

e) Zu jedem Ereignis ein passender Bibelvers

Gerth erwartete für die 80er Jahre bedeutende Ereignisse. An die für 1982 angekündigte seltene Planetenkonstellation wurden manche Befürchtungen geknüpft. Gerth greift sie auf und beginnt den darauf bezugnehmenden Abschnitt mit Offenbarung 6,12f: „Die Sonne wurde finster wie ein schwarzer Sack, und der Mond wurde wie Blut, und die Sterne des Himmels fielen auf die Erde" (S. 22).

Woher wissen wir denn, daß diese Planetenkonstellation mit diesem Offenbarungswort in Verbindung zu bringen ist? Gerth weiß es auch nicht (mehr), denn in seiner Neuauflage hat er diesen Abschnitt ersatzlos gestrichen.

EG und die 10 Hörner: Gerth meint, daß die Sowjetunion ihren Angriff auf Israel erst dann durchführen wird, wenn „der Zehnstaatenbund (wahrscheinlich die zehn EG-Staaten) unter der Herrschaft des Antichristen bereits existiert" (S. 106). Nun ist man natürlich gespannt, wie das in der 1989er-Ausgabe klingt, wo es doch nunmehr bereits mehr als 10 EG-Staaten gibt ... Der Satz wurde dort gestrichen. Das Kapitel „Der Zehnerclub" heißt nun „Das neue Machtzentrum". 1982 schrieb Gerth: „Heute sind es zehn Staaten, so wie die zehn Zehen des Standbildes Nebukadnezars es voraussagen" (S. 149).

Das ist typisch: Eine gegenwärtige Erscheinung zeigt eine gewisse Analogie zu einem Bibelvers — sofort wird darin die Erfüllung gesehen. Peinlich wird es nur, wenn der weitere Verlauf doch anders ist: „Heute sind es zwölf Staaten", sagt Gerth 1989 an derselben Stelle lapidar (S. 156), ohne noch irgendeine biblische Parallele heranzuziehen.

5. Der Teen Challenge-Begründer als Visionär: David WILKERSON

„D. Wilkerson will seine Vision nicht verteidigen. Sie soll daran geprüft werden, inwieweit sie in Erfüllung gehe.
Man kann solchen Visionen durchaus skeptisch gegenüberstehen. Tatsache ist, daß einiges von Wilkerson schon in Erfüllung ging, z.B. die weltweite Rezession, die von niemandem erwartet wurde. Wir dürfen die Weissagung nicht von vornherein ablehnen" (Zopfi 12).

David Ray Wilkerson wurde durch seine Arbeit unter Drogensüchtigen bekannt, sein Buch *Das Kreuz und die Messerhelden* wurde weltweit gelesen. Er gehört zur Pfingstbewegung. 1973 empfing er eine Vision: *Die Vision* — wie der Titel seines 1974 erschienenen Buches lautet.

a) *Jetzt und heute*

Bezieht sich *Die Vision* auf eine erst in weiter Zukunft liegende Zeit? Daß niemand auf einen solchen Gedanken kommen kann, dafür sorgt schon das Cover des Buches. Inwieweit sich die deutsche Ausgabe hierin an das amerikanische Original hielt, und inwieweit Wilkerson selbst dafür verantwortlich ist, entzieht sich meiner Kenntnis. Wer auch immer dafür verantwortlich ist — in dieser konkreten Gestalt wirkt das Buch auf den deutschen Leser.

Auf dem vorderen Buchdeckel liest man ganz oben in der ersten Zeile: „Eine Prophezeiung über die Endzeit!"

Und in der zweiten Zeile: „Dinge, die jetzt geschehen!"

Man beachte das Wörtchen „jetzt" — also nicht *irgendwann!*

Wilkerson empfing seine Vision 1973; in deutscher Sprache wurde sie 1974 veröffentlicht. Wenn es damals hieß, daß diese Dinge „jetzt" geschehen, können wir heute, 18 Jahre später, erwarten, daß diese Dinge mittlerweile geschehen *sind.*

Das hintere Deckblatt versucht mit wenigen Worten auf den Inhalt der Vision hinzuführen. Ganz oben, in großen Buchstaben, lesen wir: „Heute!"

Für Leser, die nicht ganz begriffstutzig sind, ist es also schon bei äußerer Betrachtung des Buches, noch vor dem Aufschlagen, klar: Es geht um *heutige* Dinge. Vom heutigen Datum aus betrachtet: Um Dinge, die sich in der Zeit um 1974 zugetragen haben — oder etwa doch nicht?

Am Beginn stehen einige Vorbemerkungen. Zuerst sagt Wilkerson, daß er die Vision im April 1973 empfing. Und er setzt fort: „Viele Voraussagen dieser Vision haben sich in der Zwischenzeit schon erfüllt; andere werden in naher Zukunft in Erfüllung gehen; und noch andere in den Jahren, die vor uns liegen" (S. 5; wurden diese Vorbemerkungen 1974 geschrieben?).

Wilkerson unterscheidet hier gemäß dem Zeitpunkt der Erfüllung drei Gruppen von Voraussagen: Erstens bereits erfüllte (also 1973/74 geschehene Ereignisse), zweitens sich „in naher Zukunft" erfüllende, und drittens sich in den vor uns liegenden Jahren erfüllende.

Bei der dritten Gruppe handelt es sich also um *Jahre* — aber nicht um *Jahrzehnte.* 18 Jahre danach werden sich diese also wohl auch längst alle erfüllt haben. Die zweite Gruppe sollte sich noch früher erfüllt haben. Wilkerson baut ja auf: bereits erfüllt — in naher Zukunft — in den nächsten Jahren. Die „nahe Zukunft" ist daher noch früher als „in den nächsten Jahren". Sie meint also etwa die nächsten Monate, ungefähr die Jahre 1974/75 ...

Somit mag die ganze Sache nur noch das Interesse eines Historikers beanspruchen — handelt es sich doch um längst erledigte Ereignisse. Oder doch nicht?

„Die Botschaft dieser Vision kann nur durch den Ablauf der Zeit und die eintretenden Ereignisse geprüft werden" (S. 6).

So sagt Wilkerson selbst. Durch den Ablauf von wieviel Zeit?

Aufmachung des Buches sowie Wilkersons Äußerungen ließen die in seinem Buch beschriebenen Ereignisse in der Zeit um 1974 erwarten. So ist es jetzt sicherlich nicht zu früh, um uns an die Prüfung machen zu können.

b) Einige Unklarheiten

Wie wir oben lasen, sieht Wilkerson „*viele* Voraussagen" als bereits erfüllt an. Zu einem Zeitpunkt, der auf jeden Fall vor der deutschen Ausgabe liegen muß. Danach erst, nämlich im vom deutschen Leuchter-Verlag verfaßten Vorwort, lesen wir: „Mittlerweile, im Herbst 1974, also nur eineinhalb Jahre später, sehen wir manche dieser Dinge schon in Erfüllung gehen" (S. 13).

Hier sind diese Dinge also erst dabei, in Erfüllung zu gehen (anstatt bereits erfüllt zu *sein*), und es handelt sich hier lediglich um *manche* (statt um „viele") Dinge. Wilkerson und Leuchter-Verlag schätzen also das Ausmaß des bereits Erfüllten sehr verschieden ein.

Aber auch unter Wilkersons Aussagen gibt es Widersprüche. Er glaubt, „daß die allermeisten Dinge dieser Vision in unserer Generation geschehen werden" (S. 5). Damit läßt er doch noch einen gewissen zeitlichen Spielraum. Denn demnach würden *einige* der geschauten Ereignisse — die ja sämtlich vor Jesu Wiederkunft liegen — von unserer Generation gar nicht mehr erlebt. Das Ende könnte sich dann noch eine geraume Weile, jedenfalls über mehrere Jahrzehnte hinziehen. Bei der weiteren Lektüre muß der Leser jedoch feststellen, daß Wilkerson glaubt, „daß alle Ereignisse, die Erwähnung fanden, in unserer Generation geschehen werden" (S. 17). Nun ist wieder von *allen* Ereignissen die Rede.

Eine weitere Unklarheit ergibt sich daraus, daß Wilkerson bei der Präsentation seiner Vorhersagen nicht eindeutig sagt, was Bestandteil seiner Vision war, und was lediglich darauf aufbauende Kombinationen und Überlegungen sind. Die Grenze zwischen dem von Gott Gegebenen und den Deutungen des Visionärs ist hier also nicht ganz deutlich.

Ein ähnliches Problem zeigt sich dann in einem späteren Buch, Wilkersons *Wetterleuchten des Gerichts*. Einerseits behauptet er, die darin enthaltene Botschaft sei „völlig durch die Voraussagen Jesu Christi selbst gedeckt" (S. 14). Andererseits sagt er gleich im Anschluß daran, daß er diese Botschaft in seinem Gebetskämmerlein empfing. Bei letzteren Worten würde man eher vermuten, daß es bei dieser Botschaft um mehr geht als bloß um Aussagen, die ohnehin deutlich im Neuen Testament ausgesprochen sind. Der betreffende Abschnitt ist überschrieben mit „Amerika wird bald gerichtet". Eine solche für diese Weltregion spezifische Vorhersage wird man unter den im Neuen Testament überlieferten Worten Jesu kaum finden.

Weiter unten behandeln wir noch Diskrepanzen zwischen Aussagen der verschiedenen Bücher Wilkersons, und zwar bei der Wirtschaft (Gold) und beim Wetter (Katastrophen in den USA).

c) Wirtschaft: Währungen, christliche Programme, Gold, Banken

Wilkerson kündigt „fünf tragische Katastrophen" an (S. 15). Stichwortartig können wir sie folgendermaßen benennen: Wirtschaft, Wetter, Schmutz, Jugend, Verfolgungen.

Beginnen wir mit der Wirtschaft. „Ein Zusammenbruch kommt", so lautet bereits die Überschrift des ersten Abschnitts. Dieser beginnt so: „Eine weltweite wirtschaftliche Verwirrung liegt unmittelbar vor uns" (S. 19).

Diese deutliche Zeitangabe könnte irreführen, denn Wilkerson sagt, daß vorerst noch einige gute Jahre kommen: „Trotz der Gefahrenzeichen des bevorstehenden wirtschaftlichen Unheils werden die nächsten wenigen Jahre (von 1973 an) einige der blühendsten der Menschheitsgeschichte sein" (S. 20).

Ende 1972 bahnten sich aufgrund steigender Rohstoffpreise bereits wirtschaftliche Schwierigkeiten an, die durch den Ölschock von 1973 noch verstärkt wurden. Das Jahr 1974 brachte eine echte Rezession. Zwar spricht auch Wilkerson von einer Rezession (S. 19), damit kann er aber nicht die von 1974 gemeint haben, da er ja zuvor noch einige blühende Jahre ankündigt.

Wilkerson erläutert, was er unter wirtschaftlicher Verwirrung versteht: „Nicht nur der amerikanische Dollar wird in sehr große Schwierigkeiten geraten, sondern auch alle anderen Währungen der Welt."

Für den Dollar könnte man diese Aussage eventuell noch gelten lassen, für die anderen Währungen der westlichen Welt gilt das bis heute nicht.

Wilkerson weiter: „Ich glaube, wir werden den Zusammenbruch einiger der größten und bekanntesten Industriegesellschaften miterleben" (S. 22).

Darauf warten wir immer noch. „Die meisten christlichen Radio- und Fernsehprogramme wird man einstellen müssen." Auch das geschah bislang nicht.

Etwas schwieriger ist die Beurteilung seiner Edelmetall-Voraussage: „Die Goldpreise steigen ständig. Doch alle, die deshalb ihr Geld im Gold anlegen und so hoffen, eine gewisse Sicherheit zu finden, werden eine tragische Überraschung erleben. Der Goldpreis wird astronomische Höhen erreichen, wird aber nicht allzulange so hoch bleiben können. Auch Silber wird sich zu einem sehr, sehr kostbaren Metall entwickeln und einen wilden Preisauftrieb erleben. ... Leute, die Gold horten, werden sehr große Verluste erleiden. Dies ist eine der eindeutigsten Voraussagen dieses Buches" (S. 27).

Zur Zeit von Wilkersons Vision bzw. der Veröffentlichung lag der Goldpreis bei etwa 100 US-Dollar, heute liegt er bei 400 US-Dollar. Nimmt man Wilkersons Aussagen wörtlich, ergibt sich folgendes: Er sprach in der Gegenwartsform („ihr Geld in Gold anlegen", „Gold horten"). Wer das zur Zeit von Wilkersons Vision tat, erlebte weder eine tragische Überraschung, noch erlitt er große Verluste. Trotz aller Schwankungen seit 1973 gilt: Wer damals Gold kaufte, hat dadurch Gewinne erzielt.

Zwar gab es ein kurzes, extremes Hoch Anfang 1980, während dem der Goldpreis sogar 850 US-Dollar erreichte. Aber dieses Hoch währte nur einige Monate lang. (Zur selben Zeit stieg infolge von Spekulationen auch der Silberpreis steil an, fiel aber rasch wieder.) Seit diesem Höhenflug bewegt sich der Goldpreis im Bereich von 500 bis 300 US-Dollar.

Die Aussage Wilkersons bezog sich nicht auf Spekulanten — deren Tätigkeit naturgemäß mit Risiken verknüpft ist —, sondern auf jene, die eine dauerhafte Geldanlage suchten. Diesen meinte er sagen zu müssen, daß das Geldanlegen in Gold zu großen Verlusten führen werde. Aber darin hatte er sich getäuscht. Wer in den 1970er Jahren in Gold investierte, hatte gute Gewinne. (In den 1980er Jahren gab es weder besondere Gewinne noch Verluste — derzeit ist Gold daher keine bevorzugte Geldanlageform.)

Wieso kam Wilkerson überhaupt dazu, dem Goldpreis „astronomische Höhen" zu prognostizieren? Es ist aufschlußreich, die Entwicklung dieses Preises kurz vor Wilkersons Vision zu betrachten. Nachdem der Preis die Jahre zuvor ziemlich konstant bei 40 US-Dollar lag, stieg er 1972 stark an und erreichte schließlich 65 Dollar; im Februar 1973 kam es zur Abwertung des Dollars, woraufhin das Interesse am Gold stark zunahm, so daß der Preis innerhalb von zehn Tagen einen Anstieg um fast 20 Dollar erzielte. Nur zwei Monate danach hatte Wilkerson seine Vision. Er stand also noch unter dem Eindruck eines seit kurzem steigenden Goldpreises. Von daher war es durchaus naheliegend, einen weiteren Anstieg zu prognostizieren.

In einem späteren Buch scheint es, daß Wilkerson die Verluste überhaupt erst für die Zeit des Gerichts ansetzt. So wird die Vorhersage aber zu einer trivialen Aussage. Natürlich werden materielle Reichtümer zur Zeit des Gerichtes Gottes wertlos, nicht nur Gold. In jenem Buch (*Wetterleuchten des Gerichts* — mehr dazu weiter unten) sagt er: „Gold mag vorübergehend im Wert steigen, aber Gottes Wort sagt nachdrücklich, daß Gold am Tage des Gerichts wertlos sein wird. In der Stunde des Gerichts gibt es Millionen von Menschen, die Gold und Silber horten" (S. 75).

Im selben Buch berichtet er auch: „Ich habe vor einigen Jahren davor gewarnt, daß eine Bankenkatastrophe die Schweiz überfallen wird ... Die Schweizer Nummernkonten, die Glanzbeispiele für Sicherheit, werden total unsicher. ... Die Fundamente des Schweizer Bankensystems werden erschüttert, und der Schweizer Franken wird deshalb viel seines Wertes verlieren" (Wetterleuchten 76).

Je mehr Zeit vergeht, desto wertloser wird eine solche Warnung.

Wilkerson meint, daß „wirtschaftliche Aktionen in Europa die kommende Rezession auslösen werden" (S. 34). Die Schuld an der Rezession werde man dann aber auf die USA schieben. Wohl als Folge dieser antiamerikanischen Stimmung sollte folgendes geschehen: „Drastischer USA-Truppenrückzug von Europa wird die Verwirrung noch vergrößern."

Auch das fand nicht statt. (Im Zuge der Ost-West-Entspannung wird zur Zeit die Zahl der in Europa stationierten US-Truppen reduziert. Aber der Ursache-Wirkungs-Zusammenhang ist in Wilkersons Vision ein ganz anderer.)

d) Wetter: Erdbeben und Hungersnot in den USA, Epidemien

Und wie sehen Wilkersons Wettervorhersagen aus? „Drastische Wetterkatastrophen und Erdbeben" heißt das 2. Kapitel. Wenn er sagt, daß es verstärkt Erdbeben und Hungersnot geben wird, so könnte man denken, daß da etwas dran ist. Doch das konnte man schon alleine aufgrund biblischer Aussagen bzw. aufgrund der bisherigen Weltgeschichte voraussagen — auch ganz ohne persönliche Vision. Wir werden also gut daran tun, auf die zeitlich und örtlich präziseren Voraussagen zu achten — bei solchen kann Erfüllung oder Nichterfüllung eher beurteilt werden.

„Die USA werden in nicht allzulanger Zeit das tragischste Erdbeben ihrer Geschichte erleben. Eines Tages, und zwar bald, wird die USA von der Wucht dieses schrecklichsten Geschehens unserer Zeit erzittern und taumeln. Alle Zeitungen werden voll sein von dem Verderben, welches dieses furchtbarste Erdbeben seit Menschengedenken anrichtet. ... Ich glaube, daß es viele Male schwerer sein wird als das große Erdbeben von San Francisco" (S. 40f).

Dieses Erdbeben blieb bisher aus. (1987 scheint Wilkerson seine Vision schon vergessen zu haben; nunmehr kündigt er eine nukleare Katastrophe an — Näheres im letzten Abschnitt.)

Wenn Wilkerson sagt, daß es in Indien und Afrika Hungersnöte geben wird, so war das nichts besonders Neues (obwohl es Indien in den letzten Jahren gelungen ist, die Versorgung der Bevölkerung zu sichern) — neu dagegen ist, daß auch die USA davon betroffen werden: „Die Lebensmittelvorräte der USA werden dahinschwinden, und zwar hauptsächlich der Dürreperioden und Überschwemmungen wegen, die dieses Land treffen. Weizen, Reis und Sojabohnenvorräte werden total aufgebraucht, und die Nachfrage nach Korn, Reis und Weizen wird nicht mehr befriedigt werden können" (S. 43).

Wieder einmal wagt Wilkerson eine Zeitangabe: „Es wird immer häufiger Überschwemmungen, Hagel, Wirbelstürme und Orkane geben. Mehr als ein Drittel der USA z.B. wird man in einigen Jahren zum Katastrophengebiet erklären müssen" (S. 45).

Hier ist von „einigen Jahren" die Rede — mittlerweile sind etwa 20 Jahre vergangen ...

Lebhaft werden die künftigen Ereignisse ausgemalt: „Erdausbrüche, Verfärbungen wie Blut und Mondverschleierungen, seltsame Zeichen im Kosmos, wie kosmische Stürme — diese und andere, noch nie vorher dagewesene Ereignisse werden viele Menschen zum Nachdenken bringen. Der Dunst, der im Kosmos hängt, wird dazu führen, daß der Mond rot aussehen wird, und daß Perioden der Finsternis über die Erde kommen. Es wird manchmal so sein, als ob die Sonne nicht mehr scheinen wolle" (S. 45).

Bei all dem möchte ich keineswegs ausschließen, daß es dazu tatsächlich einmal kommen wird — ich halte lediglich fest, daß in der bisher vergangenen Zeit nichts davon geschehen ist. Das gilt auch für das folgende: „Europa muß die härtesten Winterausbrüche hinnehmen, die es je gab" (S. 47).

Tatsächlich sind die Winter seit 1973 eher milder geworden.

„Als Nachwirkung der Hungersnöte, Überschwemmungen und Erdbeben wird sich die Menschheit der Drohung neuer Epidemien ausgesetzt sehen. Eine große Cholera-Epidemie wird durch viele unterentwickelte Länder gehen. Indien und Pakistan werden erleben müssen, daß ungezählte Tausende an Seuchen und Hungersnöten sterben" (S. 48).

Vor kurzem beobachteten wir einen Cholera-Ausbruch in Peru und müssen die Ausbreitung in Lateinamerika befürchten. Hat sich also Wilkersons Vorhersage erfüllt? Bei dieser Frage ist mehrerlei zu beachten: Erstens wurden seine Vorhersagen so präsentiert, daß man vor allem an die Zeit bald nach 1973 denkt, und damals geschah davon nichts. Zweitens nennt Wilkerson drei Ursachen, die aber alle nicht zutreffen: In Wirklichkeit ist mangelnde Hygiene in den Slums der Hauptgrund. Drittens nennt er zwei Länder ausdrücklich; man hätte demnach erwartet, daß die Cholera vor allem diese beiden Länder betreffen werde.

Da Wilkerson von den neuen Epidemien als Folge von Hungersnöten, Überschwemmungen und Erdbeben spricht, kann die Seuche AIDS nicht als Erfüllung dieser Vorhersage angesehen werden. An dieser Stelle hätte es sich übrigens erweisen können, daß jemand tatsächlich von Gott eine Vision über zukünftige Dinge bekommen hatte.

Wenn jemand etwa 1973 vorhergesagt hätte, es werde eine neue Geschlechtskrankheit auftauchen und sich verbreiten, so wäre das beeindruckend gewesen. Hier sehen wir die andere Möglichkeit, wie eine Vision überprüft werden kann: Wir fragen uns, was wirklich in der Zeit danach geschehen ist, was aufgetaucht ist, womit niemand gerechnet hätte. Nun untersuchen wir, ob der christliche Visionär das vorausgesagt hat. Können wir solche für die damalige Zeit wirklich überraschenden Vorhersagen bei ihm finden, oder hat er sich eher auf Entwicklungen beschränkt, die ohnehin auch zu seiner Zeit schon erkennbar waren, und hat lediglich das weitere Fortschreiten dieser Tendenzen „vorhergesagt"?

Wilkerson geht dann und wann auch auf die Frage des Zeitpunktes ein. Die vorletzte Zwischenüberschrift im Kapitel über das Wetter lautet „Das Jahrzehnt des Unheils". Ist damit gemeint, daß das auf 1973 folgende Jahrzehnt das in diesem Kapitel beschriebene Unheil bringen wird? Das bringt Wilkerson nicht ganz klar zum Ausdruck. Aber immerhin sagt er am Ende des Kapitels: „Einige der Voraussagen in diesem Teil meiner Vision werden in den nächsten Jahren schon beginnen, in Erfüllung zu gehen" (S. 52).

Hier haben wir eine klare Aussage: „In den nächsten Jahren beginnen." Gibt es in diesem Kapitel solche Vorhersagen, auf die das zutrifft? In den Jahren nach 1973 sollten sie beginnen — dann sollten einige davon heute, ca. 20 Jahre danach, schon deutlich ausgeprägt sein. Von all jenen Voraussagen, die einigermaßen konkret sind und die nicht einfach eine Verlängerung eines bereits 1973 vorhandenen Entwicklungstrends darstellen, trifft das auf keine einzige zu. Überfliegen wir kurz die einzelnen Abschnitte. „Die gewaltigsten Wetteränderungen der Geschichte ... durch Erdbeben, Überschwemmungen und andere schreckliche Katastrophen, die alles bisher je Geschehene weit übertreffen" (S. 40). Das ist nicht geschehen. Das furchtbarste Erdbeben in den USA, das Drittel der USA als Katastrophengebiet ... Hungersnöte: Daß es solche etwa in Afrika geben werde, konnte man 1973 auch ohne Vision erwarten; das Sensationelle an der Vision Wilkersons ist, daß auch in den USA die Lebensmittelvorräte dahinschwinden sollten, und davon ist zur Zeit nichts zu bemerken. Die noch nie dagewesene Ereignisse im Kosmos, die neuen Epidemien ... Daß das Wetter unregelmäßiger wird, stimmt — aber das ist nicht sehr spezifisch und war wohl auch 1973 schon festzustellen.

e) Moralischer Schmutz: Sexuelle Liberalisierung

Wie steht es mit dem Kapitel 3? „Eine Flut von Schmutz" — gemeint ist *moralischer Verfall.* Hier geht es um eine Entwicklung, die auch 1973 schon erkennbar war. Daß die oberflächliche Kirchlichkeit des Großteils der westlichen Welt immer mehr abgestreift wird und statt dessen die „Säkularisierung" um sich greift, ist eine seit langem erkennbare Entwicklung. Hier zu sagen, daß diese zunehmen werde, wäre noch kein Beweis für eine besondere göttliche Führung. Bei den konkreten Beispielen Wilkersons ist es schwierig zu beurteilen, erstens ob das Genannte nicht auch schon vor 1973 irgendwo vorgekommen war (so daß eine Voraussage dessen keine wirkliche Vorhersage ist), und zweitens wie verbreitet die einzelnen Erscheinungen sind (ob es sich also lediglich um vereinzelte Ausnahmen oder um etwas für die Zeit seither Repräsentatives handelt).

f) Jugend: Sexdroge erfunden, andere Drogen nehmen ab

Im Kapitel 4 geht es um „Das Jugendproblem Nummer eins der Zukunft", nämlich den Haß der Jugendlichen auf ihre Eltern. Dabei sagt Wilkerson selbst über seine Zeit: „Schon jetzt macht sich dieser Haß gegen die Eltern überall wie Krebs breit" (S. 77).

Dabei geht es also um etwas bereits 1974 Vorhandenes, das sich in Zukunft lediglich noch verstärken sollte.

Unter der Zwischenüberschrift „Eine neue Sexdroge" wird es dann aber doch recht konkret: „Ich glaube, daß schon bald eine neue Sexdroge zusammengebraut und auf dem schwarzen Markt unter Jugendlichen und Studenten verteilt wird" (S. 78).

Davon war bislang nichts zu hören. „Zur selben Zeit wird in der gesamten Drogenszene ein gewaltiger Wechsel stattfinden. Abgesehen von dieser Sexdroge, von der ich voraussage, daß sie kommen wird, wird sich die junge Generation nicht mehr so sehr mit Rauschgift abgeben."

Hier hat Wilkerson leider nicht recht behalten. Das Rauschgift ist nach wie vor ein großes Problem und verbreitet sich weiterhin. „Der Gebrauch von Marihuana wird legalisiert werden. ... Nach LSD, Haschisch und anderen Drogen wird man immer weniger fragen."

Die Legalisierung „leichter" Drogen wird zur Zeit auf politischer Ebene diskutiert, die „harten" Drogen allerdings sind so verbreitet wie noch nie.

g) Christenverfolgung auch im Westen, Super-Weltkirche entsteht

Im 5. Kapitel geht es um „Wütende Verfolgungen", die alle Christen betreffen sollen, auch jene in der sogenannten „freien Welt": „Ich sehe eine Stunde der Verfolgung von solchem Ausmaß kommen, wie sie die Menschheit vorher noch nicht gesehen hat. Alle wahrhaft Jesusgläubigen werden unter dieser Verfolgung zu leiden haben ... Die Verfolgung wird sich in den USA und Kanada ausbreiten und weiterhin auch in der ganzen Welt" (S. 92).

Von einer solchen Verfolgung ist bis heute nichts zu sehen. Dafür sieht Wilkerson etwas anderes: „Ich sehe, wie aus der Vereinigung liberaler, ökumenisch gesinnter Protestanten und der römisch-katholischen Kirche eine Super-Weltkirche entsteht ..." (S. 92).

Diese Vereinigung aller Kirchen, seitens mancher Evangelikaler schon seit langem als beinahe vollzogen dargestellt, ist derzeit in weite Ferne gerückt. Rom ist wieder auf konservativerem Kurs, und auch die orthodoxen Kirchen fühlen sich im Weltkirchenrat zunehmend unwohl. Manches an Wilkersons Beschreibung stimmt — etwa die Konzentration der Ökumene auf soziale und politische Fragen. Diese gab es aber auch schon lange vor 1973. Typisch ist folgende Feststellung Wilkersons: „Die offizielle politische Verschmelzung liegt noch einige Zeit in der Zukunft, aber der formlose Rahmen für diese Union ist schon im Entstehen begriffen" (S. 94).

Einen Teil des von Wilkerson Beschriebenen konnte man also bereits 1973 beobachten; es benötigte also keinen Propheten. Dieser damals ohnehin schon vorhandene Teil könnte dem oberflächlichen Leser nun im nachhinein den Eindruck vermitteln, daß Wilkersons Vision doch recht zutreffend sei. Doch der damals noch zukünftige Teil steht nach wie vor aus, auch zwei Jahrzehnte danach, und es sieht nicht so aus, daß wir seine Erfüllung innerhalb der nächsten Jahre erleben werden.

Was sieht Wilkerson noch? „Ich sehe eine große und übernatürliche Vereinigung aller wahren Nachfolger Jesu Christi ..." (S. 98).

Das würde ich auch gerne sehen, aber neben Bestrebungen in Richtung Einheit sehe ich leider auch sehr viel Abgrenzung, Warnung vor anderen, Konfrontation ... Wilkerson spricht hier ja von „allen wahren Nachfolgern Jesu". So ist Wilkersons Vision im wahrsten Sinne eine utopische Zukunftsvision: „Man wird sich nicht mehr so sehr um die Besonderheiten der einzelnen Bekenntnisse kümmern, sondern vielmehr die Aufmerksamkeit auf die Wiederkunft Jesu Christi richten." Er sagt aber auch, wodurch es zu dieser Einheit kommt: „Die wahnsinnigen Verfolgungen, die kommen, werden diese Christen immer enger zusammentreiben und immer näher zu Jesus Christus führen."

Und da wir eben auch noch auf die Verfolgungen warten müssen, warten wir ebenso auf die Einheit.

Aber die Verfolgung kommt! „Katholische Charismatiker ... gehen einer Stunde der bittersten Verfolgung entgegen" (S. 99).

Und auch die Evangelikalen müssen sich auf einiges gefaßt machen. „Zur Zeit gibt es enorme Freiheit für die Verkündigung des wahren Evangeliums in Rundfunk und Fernsehen" (S. 101).

Das war 1974. Aber nicht mehr lange! Denn „eine Strömung der Veränderung liegt in der Luft" (S. 102).

„Die Türen, die jetzt noch weit offen sind, werden sich langsam, aber sicher, schließen."

Die Verfolgung wird verschiedene Formen annehmen. Eine Form ist die Besteuerung der Kirchen: „Es wird die Zeit kommen, wo man versucht, die Kirchen und mit ihnen verwandte Organisationen zu besteuern. ... Es wird sich zunächst nur um eine geringfügige, ärgerliche kleine Abgabe handeln, doch bald wird daraus eine riesige Steuer werden, die manche unabhängige Kirchen und Missionsgesellschaften an den Rand des Bankrotts bringt" (S. 105).

Im folgenden finden wir wieder eine Zeitangabe, nämlich „während". Zwei Ereignisse sollen also gleichzeitig stattfinden: „Während durch die freien Nationen eine Welle echter Verfolgungen geht, werden die Länder hinter dem Eisernen Vorhang und hinter dem Bambusvorhang eine kurze Zeit der geistlichen Erweckung erleben. Die, welche unter großen religiösen Verfolgungen leben mußten, werden sich einer beschränkten Periode religiöser Freiheit erfreuen. Gottes Heiliger Geist wird den Eisernen Vorhang und den Bambusvorhang durchbrechen und in Rußland, China und Osteuropa hungrige Herzen suchen und finden" (S. 111).

Nun ist aber das zweite — die Öffnung in Rußland und Osteuropa — bereits eingetreten, während das erste weiterhin aussteht. Daß es gleichzeitig hätte geschehen sollen, sagt Wilkerson ausdrücklich: „Ironischerweise werden sich die Türen hinter dem Eisernen Vorhang und dem Bambusvorhang zu der Zeit öffnen, wenn sich die Tore auf dieser Seite zu schließen beginnen" (S. 112).

Wilkerson weiß auch, wie das Evangelium nach China bzw. nach Rußland kommen wird: „Japanische und koreanische Christen werden von Gott gebraucht, um dann das Evangelium zu Tausenden in China zu bringen."

Das ist so noch nicht geschehen und wird vermutlich auch nicht geschehen, da es in China prozentual wesentlich mehr Christen gibt als in Japan. (Die große Zahl der Christen in China war zur Zeit von Wilkersons Vision noch nicht bekannt.) Die paar japanischen Christen können also durchaus daheim bleiben und ihre eigenen Landsleute evangelisieren.

„Der Weg nach Rußland wird sich durch Finnland öffnen." Ich würde eher sagen: „durch Gorbatschow". Wilkerson stellt sich diese Öffnung als Resultat einer Erweckung in Finnland vor, die sich nach Rußland hinein ausdehnen sollte.

h) „Jesus warnt ausdrücklich vor falschen Prophezeiungen"

Wilkerson selbst stellt fest: „Gott wird mein Richter sein" (S. 6).

Und er ist sich des Risikos des falschen Vorhersagens durchaus bewußt, sagt er doch selbst in seinem Buch *Es begann mit Kreuz und Messerhelden:* „Auch in vergangenen Zeiten haben schon viele angenommen, daß das Ende nahe sei. Wieso können wir überzeugt sein, daß wir heute richtig sind, wo jene irrten?" (S. 160).

Er sieht also durchaus, daß in der Vergangenheit „schon viele irrten". Warum möchte Wilkerson dennoch riskieren, sich in deren Reihe einzuordnen? „In der Vergangenheit trafen manchmal einige dieser Zeichen zusammen, aber niemals alle."

Also: Heute liegen alle Zeichen vor, von denen Jesus sprach, daher muß es gleich kommen. „Ist es nicht wirklich sehr, sehr wahrscheinlich, daß das Ende ganz nahe ist und nur noch wenig Zeit, bis die große Trennung stattfindet ...?" (S. 161).

Also: „ganz nahe", „nur noch wenig Zeit". Der Leser kann sich darauf einstellen, daß es jetzt gleich kommt. Schwierig kann es werden, wenn diese „Demnächsterwartung" über Jahrzehnte hinweg aufrechterhalten werden muß. Irgendwann kommt dann doch jeder darauf, daß seine Erwartung, in den nächsten Jahren müßte es endlich kommen, falsch war. Und Wilkersons Buch *Es begann* ... erschien im Amerikanischen 1974 (dt. 1975), also vor bald zwei Jahrzehnten.

Im selben Buch präsentiert Wilkerson sogar die Festlegung eines Christen, daß es bis zur Wiederkunft Jesu keine 15 Jahre mehr dauern werde. Anstatt eine solche Festlegung aber zu kritisieren, erwähnt Wilkerson diese Haltung durchaus positiv. Und zwar erlebte er „kürzlich" (also 1974 oder etwas früher) ein Interview, wo ein Reporter eine Gruppe von jungen Christen fragte: „Was wird in fünfzehn Jahren, von jetzt an gerechnet, sein, wenn ihr etwas älter geworden seid und dann die Verantwortung für alle Angelegenheiten übernehmen müßt?"

Deren Antwort? „Das ist keine echte Frage für uns. Wir glauben nämlich nicht, daß wir in fünfzehn Jahren noch hier sein werden."

Begründung? „Wir leben in der Endzeit" (S. 165).

Wilkersons Kommentar dazu? Warnt er vor einer solchen Festlegung? Erinnert er daran, daß niemand Tag oder Stunde weiß? Im Gegenteil: „Das war die Botschaft, die ich von jetzt an den jungen Leuten brachte, die sich Sorgen über ihre Zukunft machten."

Damit meinte er nicht unbedingt die Festlegung auf weniger als fünfzehn Jahre, aber die Grundhaltung: Jetzt bald kommt Jesus, und wer zu Jesus gehört und auf dessen Wiederkunft wartet, für den wird die Zukunft eine frohe Sache.

Als ich in den 70er Jahren diese Seite las, hatte ich starke Bedenken dagegen, daß Wilkerson das so unkritisch präsentiert. Zwar konnte ich natürlich nicht ausschließen, daß Jesus tatsächlich in den nächsten Jahren kommen werde, aber dürfen wir einen solchen zeitlichen Rahmen angeben? Mittlerweile sind die fünfzehn Jahre vergangen, und nicht nur die jungen Leute sollten ihre Festlegung überdenken, sondern auch Wilkerson seine Einstellung dazu.

Dabei weiß Wilkerson sehr gut um die Gefahren, sagt er doch selbst: „Leider werden viele Christen von menschlichen Prophezeiungen, Briefen und Warnungen betrogen, die das Gericht für bestimmte Tage und Zeiten ankündigen. Sei vorsichtig und prüfe die Geister. Jesus warnt ausdrücklich vor falschen Prophezeiungen."

Dieser Warnung möchte ich mich anschließen. So zu lesen übrigens in seinem Buch *Wetterleuchten des Gerichts* (1978, S. 124), mit den Untertiteln *Eine Botschaft von Prüfung und Triumph. Die Konsequenz aus dem Buch „Die Vision"*. Interessante Untertitel! Die Konsequenz aus seiner *Vision*? Diese hätte doch folgendermaßen auszusehen: Eine klare Abwendung von derartigen Festlegungen. Hat Wilkerson also erkannt, daß diese Vision nicht von Gott war? Mit Bedauern müssen wir feststellen, daß von einer klaren Abwendung jede Spur fehlt.

Zwar sagt Wilkerson: „Ich bin kein Prophet und weigere mich, mich so nennen zu lassen. Aber ich bin ein Wächter" (S. 7). Ich frage mich nur, warum Wilkerson dann prophezeit hat – und zwar ausgiebig! –, wenn er sich selbst nicht als *Prophet* sieht. Bist du ein *Wächter*? Dann führe deinen Dienst aus, aber mache keine Vorhersagen!

i) Sind Wilkersons Worte mit Gottes Worten gleichzusetzen?

Ein wichtiger Gesichtspunkt bei der Beurteilung ist die Sicherheit, mit der die Voraussagen verkündet werden. Jemand, der von bloßen Möglichkeiten spricht, ist anders zu beurteilen als jemand, der Sicheres behauptet: „Ich weiß sicher, daß dies die Wahrheit ist" (Vision 52).

So sagt Wilkerson über seine Vision von 1973: „Bis tief in mein Herz hinein bin ich davon überzeugt, daß diese Vision von Gott ist, daß sie wahr ist, und daß sie in Erfüllung gehen wird" (S. 16).

Solche Worte drücken *Sicherheit* aus, nicht bloß eine *Möglichkeit*.

Und auch in seinem Buch *Wetterleuchten* tritt Wilkerson mit hohem Anspruch auf: „Ich weiß nur, daß Gott mich dafür verantwortlich macht, die Botschaft zu verkündigen, die Er mir gab. ... Ich gebe diese Botschaft mit innerem Frieden und Freude weiter, die nur Gott geben kann ..." (S. 6).

Die Botschaft ist also von Gott, daher die logische Konsequenz für den Leser, daß er sie ernst zu nehmen hat, und zwar Wort für Wort: „Ich möchte, daß alle Christen dieses Buch erst beiseite legen, wenn sie den gesamten Inhalt aufgenommen haben ... Ich möchte, daß jeder, der noch nicht bereit ist Gott zu begegnen, dieses Buch mit ehrerbietiger Furcht liest ... Bitte, lege dieses Buch nicht beiseite, ehe du nicht jedes Wort gelesen hast. Dein Leben mag davon abhängen" (S. 8f).

Das Buch *Lass die Posaune erschallen* bringt ganz am Beginn das Selbstverständnis Wilkersons: „Ich kann mit Amos sagen: ‚Ich war kein Prophet ... sondern ich war ein Hirte. Aber der Herr holte mich hinter der Herde weg, und der Herr sprach zu mir: Geh hin, weissage meinem Volk!' (Amos 7,14.15)" (S. 4).

Wilkerson handelt demnach im klaren Auftrag Gottes. Und im Vorwort zur deutschen Ausgabe hofft Bernd Ewert: „Möge die Gemeinde

Jesu diesen von Gott gesandten ‚Posaunenton' ... als endgültige Warnung und ultimativen Hinweis Gottes annehmen" (S. 7).

j) Gott wird richten, aber wir wissen nicht, wann

Wilkerson beruft sich im *Wetterleuchten* darauf, daß sich der Inhalt aus der Bibel selbst ergibt (S. 7). „Die Botschaft, die ich dir in diesem Buch sagen möchte, wird auch von vielen anderen verkündigt: Das Gericht kommt! Es ist eine Botschaft, die völlig durch die Voraussagen Jesu Christi selbst gedeckt ist. Ich empfing diese Botschaft in meinem Gebetskämmerlein ..." (S. 14).

Nun präsentiert Wilkerson in diesem Buch tatsächlich viele Bibelabschnitte. Er möchte zeigen, wie Gott auf Sünde mit Gericht reagiert, und schließt aus einer Betrachtung der gegenwärtigen Weltsituation, daß diese Welt gerichtsreif ist. Soweit kann man ihm durchaus folgen. Aber können wir definitiv behaupten, daß dieses Gericht in den nächsten Jahren kommen wird? Oder könnte es sein, daß Gott noch einige Jahrzehnte zuwartet? Hier ist die Stelle, an der Wilkerson zu weit geht. Somit ist es nicht richtig, wenn er behauptet, daß seine Botschaft „völlig durch die Voraussagen Jesu Christi selbst gedeckt" ist. Seine zeitlichen Festlegungen sind biblisch keineswegs gedeckt.

Wilkerson berichtet: „Ich habe die Arbeit an diesem Buch im April 1976 beendigt, dem Jubiläumsjahr der USA. Während ich Gericht predige, sagen die falschen Propheten aus Regierung und Wirtschaft ‚gute Zeichen' voraus. Ich zitiere ... ‚Wirtschaftsexperten reden von einer langen Periode guter Entwicklung. ... Der Aufwärtstrend wird anhalten, vielleicht sogar für viele Jahre ...'" (S. 77).

Dem stellt nun Wilkerson ein Gerichtswort aus Jeremia 23 entgegen und verurteilt die Wirtschaftsexperten: „Diese Art falsche Prophetie bringt die Menschen dazu, weiterhin sorglos den Weg zur Hölle zu gehen. Diese glattzüngigen Propheten des Wohlstandes machen die Predigt vom Gericht lächerlich" (S. 78).

Ich fürchte, *Wilkerson* ist es, der „die Predigt vom Gericht lächerlich" macht. Denn was ist die Folge, wenn Leute wie Wilkerson auftreten und sagen: „Jetzt gleich kommt es", es kommt dann aber nicht?

Man beachte, daß die von Wilkerson zitierten Wirtschaftsexperten keine Prognose für viele Jahrzehnte gemacht haben — so etwas wäre aufgrund der vielen Unsicherheitsfaktoren des Wirtschaftslebens sowieso unmöglich. Sie haben lediglich prognostiziert, daß die wirtschaftliche Entwicklung der nächsten Jahre gut sein wird, „vielleicht sogar für viele Jahre". In diesem Sinne haben sie durchaus recht behalten, denn seither sind bald zwei Jahrzehnte vergangen, und die wirtschaftliche Entwicklung war, insgesamt gesehen, für die USA tatsächlich gut. Wenn Wilkerson solche in ihrer Prognose erfolgreichen Experten als „falsche Propheten" bezeichnet, so wirft das in mehrfacher Hinsicht ein schiefes Licht auf ihn selbst.

Wenn ein Mensch sorglos dahinlebt, ohne nach Gott zu fragen, so ist es durchaus unsere Aufgabe, ihm den Ernst von Gottes Gericht vor Augen zu stellen (wobei wir sicherlich nicht vergessen werden, auch von Gottes Liebe zu reden). Doch ich kann nicht sagen, ob diesen Menschen schon in den nächsten Jahren und schon hier auf der Erde ein göttliches Gericht treffen wird. Ich weiß es nicht, und kann es ihm daher auch nicht ankündigen. Und wenn ich in der Bibel von vielen Fällen lese, wo Gott tatsächlich bereits in der diesseitigen, irdischen Welt gerichtet hat, kann ich diese Beobachtung doch nicht so verallgemeinern, daß ich mich darauf festlege, daß das Gericht hier und jetzt kommen wird. An diesem Punkt geht Wilkerson zu weit. Bis zu diesem Punkt ist seine Botschaft wertvoll und herausfordernd, und so ist es durchaus denkbar, daß — wie der Leuchter-Verlag (im Vorwort zu Wetterleuchten S. 4) behauptet — viele Menschen dadurch gesegnet wurden. Dieser Segen beruht nicht auf Wilkersons falschen konkreten Vorhersagen, sondern darauf, daß Wilkerson herauszustreichen versucht, wie radikal Gott Sünde verurteilt. An diese radikale Verurteilung müssen wir sicherlich immer wieder neu erinnert werden.

k) Großer Absatz, kleine Hilfe

Meine primäre Frage bei dieser Untersuchung ist: War das Buch *Die Vision* so, wie es sich präsentierte, für die Leser zur Zeit des Erscheinens eine Hilfe? Daß sich die Leser sofort auf dieses Buch gestürzt haben, wird schon daran erkennbar, daß die erste Auflage mit 5000 Exemplaren sofort vergriffen war, und im Monat danach eine zweite Auflage (mit 8000 Exemplaren) gedruckt wurde. (Die Nachfrage hält an: Im März 1991 erschien die 13. Auflage.)

Meine Frage muß folgendermaßen beantwortet werden: Insgesamt gesehen bot das Buch kaum eine Hilfe. Denn es führte den Leser dazu, für die nächsten Jahre eine Reihe von Ereignissen zu erwarten, die dann nicht eingetreten sind. Selbst wenn diese Ereignisse Jahrzehnte später doch noch eintreffen sollten — für die *damaligen* Leser führte das Buch eher zu falschen Erwartungen. Denn die Vorhersagen in dem Buch werden doch so präsentiert, daß der Leser an die nächsten Jahre, wenn nicht gar an die nächsten Monate denken muß. Der Schaden eines solchen Buches ist nicht zu übersehen: Die Leser stellen sich darauf ein, daß in der nächsten Zeit Ereignisse stattfinden, zu denen es dann nicht kommt. Durch die Ankündigung von Gericht bzw. Jesu Wiederkunft in der allernächsten Zeit unter Berufung auf Gott kommt auch der christliche Glaube in Verruf.

l) Wilkerson — ein unbelehrbarer Prophet?

Anstatt nach den vergangenen Mißerfolgen zurückhaltender zu werden, macht Wilkerson weiter mit Vorhersagen: 1987 kam Wilkersons Buch *Lass die Posaune erschallen* heraus. Darin kündet er eine Katastrophe für die Bewohner der USA an, weil diese trotz massiver Präsenz des Evangeliums im Lande doch so schwer sündigen: „Amerika wird durch Feuer vernichtet werden! Ganz plötzlich wird es geschehen, und nur wenige werden entrinnen. Völlig unerwartet wird eine nukleare Katastrophe über diese Nation hereinbrechen, und innerhalb von nur *einer* Stunde wird Amerika ausgelöscht sein" (S. 9).

Nun steht auf einmal eine nukleare Katastrophe bevor, die nur wenige Menschen überleben werden! Dabei warten wir doch noch immer auf das in *Die Vision* angekündigte Erdbeben. Auch in *Wetterleuchten* hieß es noch: „Ich glaube, Gott wird unsere Nation besonders mit drei Instrumenten des Verderbens richten: mit Erdbeben, Dürre und finanziellem Zusammenbruch" (Am Beginn von Kap. 5 mit dem Titel „Amerikas Strafe", S. 63).

Diese drei Instrumente stehen noch aus, nun kündet Wilkerson ein ganz neues an!

Nach einem kleinen Erdbeben brachte eine Tageszeitung Erdbebenwitze. Wilkerson über das kommende, alles bisher Dagewesene weit übertreffende große Erdbeben in den USA: „Bald wird ein Tag kommen, da wird es mit solchen Witzen vorbei sein. ... Viele werden überleben. Unter den Überlebenden werden auch die sein, die sich vor Gott gedemütigt hatten ..." (Wetterleuchten 67).

Hier wird besonders deutlich, daß mit der nuklearen Katastrophe in der *Posaune* etwas völlig Neues gemeint ist, denn dieser werden dann ja nur *wenige* entrinnen, während das Erdbeben viele überleben. (Eine nähere Beurteilung von Wilkersons *Posaune* spare ich mir auf, bis genügend Zeit vergangen ist, um die Treffsicherheit dieses Buches beurteilen zu können.)

Eine Gefahr für Männer in der Position Wilkersons liegt sicher in dem zustimmenden Verhalten ihrer Umgebung. Als eine solche Zustimmung kann gewertet werden, daß die Verlage seine Bücher weiterhin auflegen. Dann gibt es Christen, die allen Ernstes die Ansicht äußern, Wilkersons Vorhersagen seien eingetroffen. So lautet etwa das Urteil von Bernd Ewert, der in bezug auf *Die Vision* und auf *Wetterleuchten des Gerichts* im Jahr 1987 schrieb: „Viele darin enthaltene Voraussagen haben sich schon erfüllt oder sind im Begriff, es zu tun" (Im Vorwort zur deutschen Ausgabe von Wilkersons Buch *Lass die Posaune erschallen*, S. 7).

Ewert verzichtet darauf, konkrete Beispiele solcher erfüllter Voraussagen anzugeben. Es wäre ihm auch nicht leicht gefallen, solche zu finden.

Wenn die engere Umgebung eines Menschen diesen in seinem Weg bestärkt, wird für ihn die Umkehr immer schwerer.

6. Heimkehr aller russischen Juden angekündigt: Steven LIGHTLE

Im Jahr 1974 empfing Steven Lightle eine Vision: Alle russischen Juden werden die UdSSR verlassen und über Westeuropa nach Israel zurückkehren. 1983 brachte er dazu ein Buch heraus; in der deutschen Ausgabe steuerte Eberhard Mühlan einen Teil dazu bei, so daß beide Namen als Autoren angegeben werden. Der Titel lautet: *Der II. Exodus. Norden gib heraus.* Im selben Jahr kam es noch zu einer 2. Auflage, bei der 3. Auflage von 1991 wird — bei ansonsten unverändertem Inhalt — Mühlan nicht mehr als Mitautor genannt.

Bei der Beurteilung einer Prophetie ist der Kern einerseits und die Hülle andererseits zu unterscheiden: Es kann sein, daß der Kern stimmt, die Hülle dagegen zeitbedingt ist. Was ist, wenn sich der Kern erfüllt, die Hülle dagegen, die genaue Ausgestaltung nicht? Dazu ein Beispiel: Der Prophet Agabus sagte die Gefangennahme des Paulus voraus, und zwar mit folgenden Worten: „Den Mann, dem dieser Gürtel gehört, werden die Juden in Jerusalem ebenso fesseln und den Heiden ausliefern" (Apg 21,11).

Tatsächlich haben die Juden Paulus zwar ergriffen und geschlagen; *gefesselt* haben sie ihn jedoch nicht, sie hätten ihn wahrscheinlich getötet, wenn nicht die Römer (= Heiden) ihn weggenommen hätten. Die Römer haben ihn dann gefesselt. Vorausgesetzt, daß der Bericht des Lukas über diese Vorhersage sowie über die Erfüllung genau war, so stimmte der Kern der Vorhersage, nicht jedoch die Hülle. Die Hülle, die konkrete Formulierung, war vielleicht in Anlehnung an Jesu Gefangennahme gestaltet worden.

Wir sollten bei der Beurteilung einer Vision eines Zeitgenossen nicht strenger sein als bei der Beurteilung einer in der Bibel berichteten Vision. Wenn wir Lightles Vision betrachten, so stellen wir rasch fest, daß die konkrete Gestalt dieser Vision Fehler sowie Unwahrscheinlichkeiten aufweist. Was den *Kern* betrifft, den Grundgedanken, so läßt sich darüber aufgrund des seither Geschehenen noch nicht endgültig urteilen. Darüber könnte man höchstens exegetisch urteilen, indem man prüft, inwiefern biblische Aussagen in diese Richtung weisen. In diesem Buch möchte ich jedoch exegetisch zurückhaltend sein und primär empirisch urteilen.

a) Die Vision von 1974

Mit folgenden Worten berichtet Lightle von seiner Vision: „Am letzten Tag meiner Fastenzeit in der Gegenwart Gottes war es mir, als sähe ich eine große Kinoleinwand vor mir: Ich sah eine gewaltige Anzahl Menschen, die ich sofort als Juden erkannte. Diese Juden befanden sich in der Sowjetunion. Auf vielen kleinen Straßen strömten sie aus den verschiedensten Teilen des riesigen Landes zusammen und trafen sich auf einer Art Autobahn, die in Richtung Westen führte.

Ich sah Männer, die offensichtlich einen Dienst taten, der ähnlich dem des Mose war. Während sie unter der Leitung des Heiligen Geistes weissagten, geschahen in diesem Land gewaltige Katastrophen, die so einschneidend waren, daß sie die Nation auf die Knie zwangen. Danach war es so, als würde die Sowjetunion die Juden aushusten.

Sie zogen alle auf der von Gott gebauten Autobahn nach Westen durch Polen und die DDR hindurch und erreichten in der Höhe von Helmstedt die Grenze der Bundesrepublik. Über Braunschweig und Hannover ging es dann weiter nach Holland. Dort bestiegen sie Schiffe und fuhren nach Israel.

Ich war verwirrt durch das, was ich sah ..." (S. 38).

Im Jahr 1983, als Lightle sein Buch herausbrachte, sah er diese Ereignisse noch als bevorstehend an. Er hatte ja nicht gemeint, daß vereinzelte Juden ausreisen – das hatte es ja auch zuvor bereits gegeben –, sondern an einen Exodus aller ca. 2,7 Millionen russischen Juden.

b) Fehler der Vision

Die konkrete Gestalt, in der Lightle seine Vision präsentierte, ist an mehreren Stellen durch die Ereignisse überholt worden. Er spricht von der *Sowjetunion* – diese gibt es nicht mehr. Er nennt die dort lebenden Menschen „die Nation" – die gegenwärtige GUS, überhaupt all die dort lebenden Völker, wird man kaum als *eine* Nation bezeichnen können. Er spricht von der *DDR* und deren *Grenze zur Bundesrepublik*. Auch diese gibt es nicht mehr.

Wohl niemand rechnet damit, daß diese Staatsgebilde mit den ursprünglichen Namen in genau gleicher Form wiedererstehen werden. Aber es könnte sein, daß Lightle lediglich Menschen durch die europäische Landschaft ziehen sah, und daß er selbst die Grenzen seiner Zeit dazudachte, um den Weg, den diese Menschen gingen, zu beschreiben. Aber meine Aufgabe hier ist es sowieso nicht, Visionen zu beurteilen, sondern Bücher. Worauf auch immer sich der Inhalt eines Buches stützt, ob auf Visionen oder auf Bibelauslegung: Ich beachte, wie sich ein Buch präsentiert, welchen Anspruch es erhebt, welchen Eindruck es beim Leser hinterläßt. Und ich untersuche weiter, ob das Buch für die Leser zum Zeitpunkt seines Erscheinens eine Hilfe war oder nicht. Das Ergebnis meiner Untersuchung betrifft also nicht primär den Inhalt von Lightles Vision – deren genauer Umfang wird uns ohnehin nicht mitgeteilt. Mein Ergebnis betrifft Lightles *Buch*. Bei meiner Untersuchung möchte ich aber durchaus die Möglichkeit nicht von vornherein ausschließen, daß sich zwar die

Hülle als unzutreffend erweist — also einige konkrete Einzelheiten sich so nicht erfüllten —, der Kern aber doch richtig ist (oder zumindest noch nicht abschließend beurteilbar ist).

c) Wo die Erfüllung immer unwahrscheinlicher wird

Die zuvor genannten „Fehler" sind genau genommen Unwahrscheinlichkeiten. Sie erweisen sich dann als Fehler, wenn die genannten Staatsgebilde in dieser Form und mit diesem Namen nicht wiedererstehen. Da mit diesem Wiedererstehen wohl niemand rechnet, habe ich einfach von „Fehlern" gesprochen.

Daneben gibt es noch weitere unwahrscheinliche Annahmen, mit deren Zutreffen aber vielleicht doch manche Menschen noch rechnen. Der beschriebene Reiseweg geht von der Existenz des Ostblocks aus sowie davon, daß die Reise mit dem Schiff wesentlich billiger als die mit dem Flugzeug ist. Die Juden verlassen demnach die Sowjetunion, durchqueren andere Warschauer Pakt-Staaten (Polen, DDR), dabei wohl auch Berlin, und fahren weiter nach Holland, von dort aus mit dem Schiff nach Israel. Nun existiert der Ostblock nicht mehr, und die direkte Reise mit dem Flugzeug ist billiger als der umständliche Reiseweg über Holland. Insofern ist dieser umständliche Reiseweg bereits sehr unwahrscheinlich geworden. Entweder fliegen die russischen Juden direkt mit Flugzeugen nach Israel, oder sie reisen mit der Bahn nach Polen, Ungarn, Rumänien oder Bulgarien, und von dort weiter mit dem Flugzeug.

Aber die Vision Lightles geht ja von einem Massen-Exodus aus. Die bis dahin der Ausreise ihrer Juden widerstrebende Sowjetunion wird durch Katastrophen dazu gezwungen, sie schließlich doch ausreisen zu lassen. Bei einem solchen Massen-Exodus von mehr als zwei Millionen Juden haben die Flugzeuge vielleicht zuwenig Kapazität. Ähnliches würde aber auch für den umständlichen Reiseweg über Holland gelten. Zwar ist das Fassungsvermögen von Zügen und Schiffen größer, dafür brauchen diese wesentlich länger für ihre Reise. Somit ist es durchaus nicht sicher, daß Züge und Schiffe der Aufgabe, über zwei Millionen Menschen innerhalb kurzer Zeit nach Israel zu bringen, besser gewachsen sind als Flugzeuge.

d) Erfüllung jetzt im Gange?

Derzeit ist es für russische Juden wesentlich leichter, das Gebiet der ehemaligen Sowjetunion zu verlassen, und viele Juden nutzen diese Möglichkeit. Sollten wir darin vielleicht die Erfüllung von Lightles Vision sehen?

Erstens wäre damit der von Lightle „geschaute" Reiseweg völlig verfehlt.

Zweitens würde auch die Ursache dafür, daß die Russen nun doch ausreisen dürfen, nicht stimmen. Sie dürfen es im Zuge der Liberalisierung, wie sie von Gorbatschow eingeleitet und verstärkt durch Jelzin weitergeführt wurde. Lightle sprach aber von „gewaltigen Katastrophen". Die Abschaffung des Kommunismus wird nur ein eingefleischter Kommunist als „Katastrophe" ansehen. Könnte mit den Katastrophen vielleicht die schlechte Versorgungslage gemeint sein? Diese ist durchaus nichts Neues, sondern eine Erscheinung, die die Sowjetunion seit langem begleitet. (Hier könnte man aber eventuell eine gewisse Übereinstimmung behaupten: Mit den „gewaltigen Katastrophen" ist die in den letzten Jahren in den Städten besonders schlechte Versorgungslage gemeint, die zwei Folgen hat: Sie verstärkt den latenten Antisemitismus, der die russischen Juden dazu bringt, sich um eine Ausreise zu bemühen. Und sie erzwingt eine noch stärkere Anlehnung der GUS an den Westen und somit auch eine verstärkte Liberalisierung.)

Drittens kann auch jetzt nur ein kleiner Teil ausreisen: 1991 kamen 140 000 russische Juden nach Israel. Das ist sicherlich sehr viel, aber doch nur ein Bruchteil der ca. 2,7 Millionen.

e) Folgen der russischen Liberalisierung

Diese könnten in zwei gegenläufige Richtungen gehen:

Erstens kann es zu einer zunehmenden Auswanderung kommen. In bezug auf Lightles Vision bedeutet das jedoch, daß erstens (wahrscheinlich) der Reiseweg falsch ist und zweitens die Ursache: nicht aufgrund von Katastrophen erzwungen, sondern aufgrund politischen Wandels (liberal statt kommunistisch).

Zweitens kann es sein, daß viele Juden sich in der GUS wohlfühlen: Sie bekommen einen größeren Spielraum, um ihre Kultur zu pflegen, der Antisemitismus wird zumindest seitens der Regierung nicht mehr gefördert, da diese sich mehr westlich orientiert. So wollen sie dann gar nicht mehr nach Israel ausreisen (wie das ja auch die westeuropäischen und amerikanischen Juden kaum tun). Mit einem gewissen Risiko würden sie ja auch in Israel leben müssen, und eine solche Umstellung — Wohnort, Klima, Sprache — fällt vielen schwer.

f) Finnland

Im Jahr 1980 hatte Lightle eine weitere Vision: „Neben mir an der Wand hing eine große Landkarte von Finnland. Plötzlich sah ich, wie an der Grenze zwischen Rußland und Finnland ein Feuer ausbrach. Es sah aus wie ein richtiges Feuer, mit Flammen und Rauch! Da war ich aber hellwach! Ich schaute mich um, suchte Wasser, um zu löschen. Aber die Landkarte verbrannte nicht. Wie gebannt beobachtet ich dieses Schauspiel: ,Herr Jesus, was passiert da?'

Wieder sprach die mir schon vertraut gewordene, leise Stimme: ,Erinnerst du dich an die Vision von 1974?' Wie sollte ich sie vergessen haben!

Da sah ich die gleiche Vision wieder vor meinen Augen. Aber diesmal konnte ich meine Aufmerksamkeit mehr den Einzelheiten widmen. Mir fiel auf, daß die Juden im nordwestlichen Teil der Sowjetunion nicht über die ,Autobahn' zogen, die über Polen nach Westeuropa führte.

,Herr, warum schließen sie sich diesem Zug nicht an?'

,Diese Juden werde ich durch Finnland in die Freiheit bringen. In meiner Güte werde ich Finnen und Deutschen die Chance geben, mein geliebtes Volk zu segnen.'

,Herr Jesus, was soll ich mit diesen neuen Eindrücken anfangen?' fragte ich aufgewühlt.

,Hast du mich nicht um ein Wort für heute abend gebeten? Hier hast du es. Geh hin und gib diese Botschaft den Finnen weiter!'

So gab ich an diesem letzten Abend in Finnland die Botschaft über den Auszug der Juden aus Rußland weiter. Und ich sprach über die Verantwortung, die Finnland dabei haben wird" (S. 41f).

In dieser Vision von 1980 wurde also der Inhalt der Vision von 1974 bestätigt sowie präzisiert. Nicht nur Deutschland, auch Finnland werde eine wichtige Rolle spielen. Warum gerade diese beiden Länder? Menschlich gedacht, könnte man hier den damaligen politischen Zustand als wesentliche Ursache vermuten: Deutschland und Finnland als jene Länder, die erstens an den Ostblock grenzen und zweitens viele evangelikale Christen haben. Denn diese Christen sollten sich auf diesen Massen-Exodus vorbereiten. Doch damit kommen wir zu einem weiteren Punkt: Auch andere Christen haben, unabhängig von Lightle, diese Botschaft empfangen!

g) Vielfach bestätigt oder Massenverführung?

Lightle und Mühlan beschreiben in ihrem Buch, daß viele weitere Christen die selbe Botschaft empfangen haben: Teils völlig unabhängig von Lightle, teils ein Stück weit vorbereitet in dieser Richtung, bevor sie von Lightle hörten.

Dieser Befund macht es schwieriger, an die Prüfung dieser Botschaft heranzugehen. Wer bin ich, daß ich das, was so viele Christen empfangen haben, von oben herab beurteilen und dann eventuell kurzerhand vom Tisch fegen will? Wenn es von Gott ist — widerstrebe ich mit meiner Skepsis dann dem Heiligen Geist? Wie Mühlan sagte: „Wenn es jetzt immer noch jemand schwerfällt, diesen Aussagen zu glauben, muß er sich die Frage gefallen lassen, ob es tatsächlich möglich ist, daß sich so viele aufrichtige Christen so tiefgreifend täuschen konnten" (S. 108).

Eberhard Mühlan beschreibt, daß er von einem Skeptiker zu einem Anhänger wurde, als er sich selbst davon überzeugt hatte, wie viele Christen diese Botschaft empfangen hatten. Und er selbst meinte zu erkennen, daß er sich an Lightles Buch beteiligen soll — ungeachtet des dabei klar erkannten Risikos: „Was ist, wenn alles Einbildung ist? Wenn Steve sich geirrt hat und dann das Ganze in sich zusammenfällt, so wie wenn jemand mit einer Nadel in einen Luftballon sticht? Dann schaue ich aber dumm aus der Wäsche!" (S. 61).

Aber Mühlan wollte Gott gehorchen: „Dann dieser Auftrag, ein Buch zu schreiben! Nicht irgendeins, sondern ein Buch, durch das ich schnell zum Gelächter und Gespött werden könnte. Trotz dieser Bedenken wünschte ich nichts sehnlicher, als das zu tun, was dem Willen Gottes für mich entsprach. So brannte dieser Auftrag wie ein Feuer in mir, das ich nicht löschen konnte. In seiner grenzenlosen Liebe überzeugte mich der Herr, so daß ich ihm gehorsam war" (S. 62).

Mühlan nahm Kontakt mit jenen Christen auf, die eine ähnliche Botschaft wie Lightle empfangen zu haben meinten: „So bereiste ich im Februar und März 1983 die Länder Dänemark, Schweden, Finnland, Holland und Deutschland. Ich suchte Christen auf, von denen ich gehört hatte, daß Gott ihnen Dinge in bezug auf einen Exodus der Juden aus der Sowjetunion geoffenbart hatte.

Was ich vorfand, übertraf alle meine Erwartungen. Ich war als Skeptiker losgefahren und kehrte als ein von dem wahren Sachverhalt der Berichte Überzeugter zurück" (S. 64).

Auf diese Berichte kommen wir noch zu sprechen. Jedenfalls wird es bei einer so großen Anzahl von Zeugen schwer, dagegen aufzustehen. Gleichzeitig gilt aber auch: Falls diese Botschaft doch falsch ist, handelt es sich hierbei um eine riesige Massenverführung! Wobei hier die Verführung wohl weniger durch einen bestimmten Menschen erfolgen würde (wenngleich Lightle durch seine Vortrags- und Publikationstätigkeit sicherlich dazu beiträgt), sondern wohl eher durch einen Geist.

In Holland betete eine Gruppe von Christen dafür, daß ein bestimmter Grenzabschnitt von 60 km Länge zwischen Deutschland und Holland für die Juden geöffnet sein soll — wenn es soweit ist. „So fuhren wir einige Monate lang jeden Montag an die Grenze und beteten für den uns von Gott bezeichneten Grenzabschnitt." (Warum haben sie damit wieder aufgehört?)

Andere Gebetsgruppen beteten für andere Grenzabschnitte (S. 95). Falls sich diese Christen geirrt haben und niemals ein Massenexodus russischer Juden nach Holland stattfinden wird, dann setzen hier Christen viel Zeit und Kraft für eine unnötige Sache ein.

Wie aussagekräftig ist es, wenn so viele Christen sagen, sie haben von Gott eine solche Botschaft empfangen? Läßt sich das nur durch ein großes, übernatürliches Wunder erklären? Wir müssen zuvor festhalten, daß diese Christen bereits wesentliche Voraussetzungen mitbringen: Erstens rechnen sie mit dem nahen Ende, und zweitens erwarten sie die Sammlung der Juden, vor allem der russischen, und deren Rückführung nach Israel. Und damit ist der Kern der Botschaft bereits gegeben! Daß viele Christen meinen, daß demnächst die russischen Juden ausreisen werden, betrachte ich daher nicht mehr als ein Wunder, das sich nur auf übernatürliche Weise erklären läßt.

Zu diesem bereits vorgegebenen Kern kommen jedoch noch Einzelheiten hinzu, nämlich eine zeitliche und eine örtliche Präzisierung:

Die *örtliche* Präzisierung liegt in der Festlegung des Reiseweges. Die *zeitliche* Präzisierung besteht darin, daß diese Christen damit rechnen, daß die russischen Juden auf ihrem Reiseweg — also außerhalb der UdSSR und Israels — eine zeitlang untergebracht werden müssen. (Das müßte ja nicht sein, es könnte sich ja auch so abspielen, daß diese Juden rasch durchziehen.) Diese Präzisierung könnte also durch eine Eingebung Gottes zustandegekommen sein. Nun auch diese Präzisierung vorausgesetzt, ist die praktische Schlußfolgerung, daß sich die Christen der betreffenden Länder auf die Aufnahme der Juden vorbereiten sollen, ziemlich naheliegend. (Vor allem in Kreisen, wo unter Hinweis auf 1.Mose 12,3 wiederholt betont wird, daß wir die Juden segnen sollen.)

Was die örtliche (und wohl auch die zeitliche) Präzisierung betrifft: Diese wirkt derzeit sehr unwahrscheinlich. Damit will ich aber noch kein abschließendes Urteil treffen.

h) Vorbereitungen seit über zehn Jahren

Lightle hatte vorerst damit gezögert, seine Vision bekanntzumachen. Unmittelbar nach Erhalt (1974) gab er sie in einer Gebetsgruppe in Braunschweig wieder, nach der 2. Vision bezüglich Finnland (1980) sprach er dort darüber, danach noch zwei weitere Male (1981/82). „Aber gegen Ende des Jahres 1982 bezeugte mir der Heilige Geist, daß nun die Zeit des Schweigens vorüber sei. Ich erhielt den Auftrag, in der ganzen Welt über die Vision zu sprechen, damit die Menschen vorbereitet seien. *Ein* Werkzeug zur Weiterverbreitung der Botschaft soll dieses Buch sein …" (S. 58).

Demnach will Gott die Christen seit einem Jahrzehnt darauf aufmerksam machen — damit diese Vorbereitungen treffen können. Wenn sich auch ein letztes Urteil über diese Vision noch nicht fällen läßt, so kann man zumindest soviel festhalten: Je mehr Zeit seither verstreicht, desto fragwürdiger werden einige Vorbereitungsmaßnahmen — von denen in Lightles Buch berichtet wird:

Es werden viele russische Bibeln für jenen Exodus bereitgehalten, die in der Zwischenzeit einen wichtigen Dienst hätten tun können. Ein Finne konnte nur einen Teil von 25 000 russischen Bibeln in die UdSSR schmuggeln. 10 000 mußte er bei sich lagern. Nach Lightles Vortrag wußte er, daß diese für die russischen Juden zurückbehalten werden sollen (S. 73). In Berlin wurden 4 000 russische Bibeln an Christen verteilt, die sie für die dereinst dort durchziehenden russischen Juden aufheben sollten (S. 97). Weitere 200 000 waren auf dem Weg nach Berlin: „Ein Teil dieser Bibeln wird sicherlich noch in die Sowjetunion gelangen können. Der andere Teil wird gelagert, um für den Exodus der Juden bereitzustehen" (S. 98).

In Finnland lernen mindestens 100 Christen, vielleicht auch ein Vielfaches davon, Russisch, um mit den dereinst durchreisenden russischen Juden sprechen zu können (S. 66). (Ist vielleicht ein Teil der Russischlernenden mittlerweile schon gestorben?)

Wenn Nahrungsmittel gelagert werden, ist zu befürchten, daß manches davon mittlerweile verdorben ist. Ein Finne lagerte seit 1977 jeweils 10 Prozent seiner Ernte, um damit dereinst die durchziehenden russischen Juden ernähren zu können (S. 43f). Im Sommer 1992 müßte es also bereits die 16. Ernte gewesen sein, von der er 10 Prozent zurücklegt. In Dänemark „haben einige ihre Wohnungen hergerichtet und kleine Lebensmittel- und Kleiderlager angelegt" (S. 83). Ein Holländer berichtete: „Eine ganze Reihe von Christen hat sich einen Vorrat an Lebensmitteln angelegt. Ich kenne ein riesiges Kleiderlager. Gerade kürzlich wurden dort für 18 000 Gulden neue Kleider eingelagert" (S. 94).

Es wird auch Wohnraum bereit gehalten. Dieser kann zwar kurzfristig anderweitig eingesetzt werden, aber doch immer nur „auf Abruf", da er ja jederzeit beziehbar sein soll — für den Exodus, der jederzeit losbrechen kann. In Finnland hatte ein Mann Anfang 1980 den Eindruck, er sollte fünf Lagerhäuser kaufen, um eine große Menge Menschen beherbergen zu können. Aufgrund von Lightles Vortrag dachte er dann, daß diese Menschen russische Juden sein werden (S. 43). Als Mühlan 1983 mit ihm sprach, stellte sich heraus, „daß er inzwischen aufgrund beruflicher Schwierigkeiten einige Häuser abgeben mußte, aber immer noch eine Halle ... bereithält" (S. 67f).

Das war jetzt nur ein Ausschnitt der in Lightles Buch berichteten Beispiele. Vielleicht noch ein letztes Beispiel aus Holland: 1978 bekommt eine Krankenschwester von Gott den Auftrag, Russisch und Arabisch zu lernen. In ihrem Haus sollte sie dereinst kranke russische Juden pflegen. Gemeinsam mit einer anderen Krankenschwester wird sie dann 15 Personen pflegen und insgesamt bis zu 50 Personen aufnehmen können. „Wir haben Betten und Decken gesammelt, alles an Medikamenten gelagert, was ein kleines Krankenhaus braucht, und haben genügend Lebensmittel, so daß wir drei Monate ohne Hilfe von außen auskommen können."

Damit „das Haus zur richtigen Zeit leer stehen wird", haben sie keine neuen Menschen mehr aufgenommen; 1982 starb der letzte Pflegegast. „Unser Haus ist nun vorbereitet" (S. 89).

Fassen wir zusammen: Um 1980 merkt sie, sie soll sich vorbereiten; die Medikamente sind nunmehr über ein Jahrzehnt alt (und vielleicht schon teilweise verdorben?), das Haus wird seit einem Jahrzehnt nicht mehr für die Krankenpflege genutzt (zwischendurch wurde ein Büro für ein christliches Werk dort eingerichtet) ... Das alles klingt sinnvoll, wenn bald darauf die erwartete Situation eintritt, aber je mehr Zeit vergeht, desto komischer wirkt es.

i) Wann wird der Exodus geschehen?

Auf einen genauen Zeitpunkt legt sich Lightle nicht fest: „Ich weiß nicht, wann dieser Exodus stattfinden wird" (S. 162).

Aber er läßt den Zeitpunkt auch nicht einfach völlig offen, denn er fügt hinzu: „Da sich nun die Situation der Juden in der Sowjetunion so zugespitzt hat und unser Herr diese Gedanken so vielen seiner Boten unabhängig voneinander in einem relativ kurzen Zeitraum persönlich bestätigt hat, bin ich mir sicher, daß unsere Generation es erleben wird."

Die hier genannte zeitliche Bestimmung („unsere Generation") läßt sich zur Not auch sehr ausdehnen. Man könnte an 30 Jahre denken; wenn es sein muß, kann man den Zeitraum auch auf die gesamte Lebensspanne eines Menschen ausdehnen.

Dabei ist jedoch daran zu erinnern, daß alle die genannten Vorbereitungen nur dann sinnvoll sind, wenn innerhalb weniger Jahre das erwartete Ereignis eintritt. Nehmen wir einmal an, Christen erhalten den Eindruck, sie sollten sich vorbereiten, und danach vergehen 20 Jahre bis zu dem erwarteten Ereignis. Wenn 100 Christen aller Altersstufen beginnen, Russisch zu lernen, so ist — gemäß der Wahrscheinlichkeitsrechnung — zu erwarten, daß nach 20 Jahren etwa ein Drittel davon gestorben ist. Tausende russische Bibeln lagen 20 Jahre ungenutzt herum. Ein großer Teil der gelagerten Medikamente sind mittlerweile unbrauchbar geworden. Vielleicht auch ein Teil der Lebensmittel, aber zumindest ist es sehr mühsam, einen großen Lebensmittelvorrat anzulegen und diesen auch immer wieder rechtzeitig vor dem Verderben zu verbrauchen und zu ergänzen. Richtig sagt daher Mühlan: „Vorausgesetzt, diese Christen haben sich nicht geirrt, kann es nicht mehr allzuviele Jahre dauern, bis dieses Ereignis eintreffen wird" (S. 110).

Somit erweckt Lightles Buch beim Leser den Eindruck, daß die vorhergesagten Ereignisse innerhalb eines kurzen Zeitraumes stattfinden werden, selbst wenn Lightle sich nicht präzise festlegt. Dieser Eindruck wird auch durch Äußerungen der folgenden Art verstärkt: „Die Ereignisse auf der Weltbühne steuern mit rasantem Tempo auf das Ende zu" (S. 163).

j) Entrückung und Jesu Kommen auf lange Zeit verschoben

Wenn jemand mit der Sammlung aller Juden nach Israel rechnet, so bleibt noch immer die Frage des Zeitpunktes: Muß diese Sammlung unbedingt vor Jesu Wiederkunft bzw. vor der Entrückung der Gemeinde geschehen sein? In einer Besprechung von Lightles Buch meint F.A. Tatford: „Die zukünftige Sammlung Israels wird offensichtlich bei dem Erscheinen des Messias auf dieser Erde stattfinden, nachdem die Gemeinde bereits entrückt ist ..." (deutsche Übersetzung in Bibel und Gemeinde 1986, S. 328-331).

Gemäß dieser Sicht haben die Christen nicht die Aufgabe, sich auf die vorübergehende Aufnahme russischer Juden vorzubereiten.

Wenn jemand jedoch meint, daß die Sammlung der Juden in Israel noch zur Zeit der auf der Erde lebenden Gemeinde erfolgen soll, so ließe sich folgendes Szenario vorstellen: Aus irgendeinem Grund (z.B. der latent vorhandene Antisemitismus führt zu wilden Pogromen) wollen alle russischen Juden fliehen. Israel kann jedoch pro Jahr nur etwa 100 000 Neuansiedler integrieren. Die anderen müssen vorerst außerhalb Israels warten. Die osteuropäischen Länder sind zu arm, um weitere Millionen zu versorgen. Die westeuropäischen Länder erklären sich bereit, das zu tun, wobei die auf einen solchen Fall bereits vorbereiteten Christen eine wichtige Unterstützung darstellen. Die Unterbringung der russischen Juden wird sich dann doch über einige Zeit erstrecken, so daß verschiedene Vorbereitungen (bereitgestellte Wohnräume, Russisch lernen) sich als durchaus sinnvoll erweisen. Lightles Vision würde sich dann doch als richtig herausstellen. Wie lange würde es dann dauern, bis alle russischen Juden in Israel integriert sind? Wenn wir nun von einer jährlichen Zahl von 100 000 ausgehen, würde es 25 Jahre dauern, bis 2,5 Millionen in Israel aufgenommen wurden. Die Entrückung bzw. Jesu Kommen wären damit in einige Ferne gerückt. (Wenn jemand meint, daß alle mindestens 10 Millionen außerhalb Israels lebenden Juden nach Israel kommen müssen, bevor es zur Entrückung/Wiederkunft kommt, würde es gemäß der angenommenen Integrationsgeschwindigkeit noch 100 Jahre dauern!)

Daß Lightle einen hohen Anspruch erhebt und keinen Zweifel daran läßt, daß Gott es war, der zu ihm geredet hat, wird in seinen Äußerungen immer wieder deutlich, auch in den hier zitierten. Ich kann daher darauf verzichten, diesen Punkt gesondert nachzuweisen.

7. Missionar unter Moslems:
Marius BAAR

„Die Aussagen über den Islam sind weitgehend unzuverlässig. Bei aller Notwendigkeit, vor dem Islam zu warnen, sollte man ihn doch wenigstens kennen, bevor man über ihn schreibt. ... Es ist bedauerlich, daß ... die spekulative Endzeitmystik in immer neuen Systemen einen Höhenflug erlebt, der vielen den Blick dafür verstellt, was in der Bibel wirklich klar und deutlich gesagt wird.“
(Thomas Schirrmacher in seiner Besprechung von Baars Buch „Nahost: Auftakt zu Weltbrand oder Weltfrieden?", in: Bibel und Gemeinde 1990, S. 331.)

Marius Baar hat 25 Jahre im Tschad unter Moslems missioniert. Er glaubt, daß der Antichrist weder aus der röm.-kath. Kirche, noch aus der EG, noch aus der UNO, noch aus der New Age-Bewegung, sondern aus der islamischen Welt hervorgehen wird (Abendland 23-26.44f.54). Er sieht die Weltgeschichte als einen Kampf zwischen Arabern und Israel, beginnend mit der Auseinandersetzung zwischen Ismael und Isaak. Sie setzt sich fort mit der Auseinandersetzung zwischen Mohammed und seinen Nachfolgern einerseits und Jesus und seinen Nachfolgern andererseits.

Wir befassen uns hier mit einem frühen Buch von Baar: *Das Abend-land am Scheideweg. Ismael oder Israel — Koran oder Bibel — Mohammed oder Jesus?* (1979). Es hatte einen enormen Absatz: fünf Monate nach Erscheinen war bereits die 6. Auflage gedruckt. Mittlerweile ist es vergriffen und durch andere Bücher Baars ersetzt: Das oben von Schirrmacher kritisierte Buch *Nahost: Auftakt zu Weltbrand oder Weltfrieden? Erbschaftsstreit zwischen Ismael und Isaak um Volk, Land und Segen* kam ursprünglich 1984 heraus; alleine 1991 erschienen davon zwei Nachdrucke. Ein weiteres Buch, *Zeitbomben der Weltgeschichte. Nahost — die Folgen eines jahrhundertealten Missverständnisses,* 1991 erschienen, wurde bereits im selben Jahr nochmals aufgelegt.

a) „In einigen Monaten oder Jahren …"

Auch in Baars Sicht werden die Endzeitereignisse nicht lange auf sich warten lassen: „Im Nahen Osten strebt alles mit rasender Geschwindigkeit einem Höhepunkt zu" (S. 32).

Im Unterschied zu vielen *Dispensationalisten* (diesen Begriff erläutere ich am Beginn von Kap. A, 10e) rechnet Baar nicht mit dem Wiederaufbau des Tempels in Jerusalem. Das würde ja die vorherige Zerstörung der auf dem Tempelplatz stehenden Moschee erfordern, was die Araber nicht erlauben würden. „Rechnen wir mit dem Wiederaufbau des Tempels, dann müssen wir mit der Vernichtung der heutigen Weltstruktur, einschließlich des Islam und der Ölmächte, und mit einer neu aufsteigenden Macht rechnen. Das aber würde die Endzeit in eine ziemlich weit entfernte Zukunft rücken" (S. 166).

Und das wiederum darf nicht sein, denn gemäß der Demnächsterwartung steht es doch fest, daß wir es sind, die die Endzeitereignisse erleben werden. Diese werden doch sehr schnell kommen, daher muß auch die heutige politische Konstellation jene sein, die die unmittelbare Ausgangsbasis für die biblischen Endzeitereignisse darstellt.

Wenn diese Endzeitereignisse vor der Tür stehen, dann kommt eine schwere Zeit auf die Welt zu — insbesondere auf Europa, das erstens durch einen kommunistischen Angriff teilweise überrannt, zweitens von den Arabern mittels des Öls unter Druck gesetzt werden wird: „Die kommenden Wochen und Monate, vielleicht auch Jahre, werden für das Abendland sehr schwer werden" (S. 213).

194

Daß Baar vor allem an Wochen und Monate denkt, die Möglichkeit, daß es noch Jahre sind, eben bloß als „vielleicht" sieht, zeigt, wie rasch er sich die ganze Entwicklung vorstellt.

Wie schnell alles laufen sollte, zeigt sich auch daran, daß *ein Jahrzehnt* eine zu lange Zeit ist: „Das Wettrennen um neue Rohstoff- und Energiequellen ist verloren. Denn vorausgesetzt, daß Öl gefunden wird, benötigt man etwa zehn Jahre, um die Ölquellen zu erschließen und ausbeuten zu können. Frage: Bleibt uns noch soviel Zeit?" (S. 56).

Seit 1979 sind erheblich mehr als zehn Jahre vergangen, Baars Hektik erwies sich als übertrieben.

Eifrig sammelt er Zitate, die es wahrscheinlich machen, daß es rasch zu diesen Endzeitereignissen kommt: „Der PLO-Führer Arafat glaubt an einen unmittelbar bevorstehenden Krieg. Ein fünfter Nahost-Krieg steht auch nach Ansicht des früheren Leiters der militärischen Abteilung der palästinensischen Befreiungsaktion, Zouheir Mohsen, unmittelbar bevor" (S. 214).

„Das Waffenlager um Harmagedon (Hesekiel 38) wird mit den neuesten und modernsten Waffen aus Ost und West beliefert. Wann die Schlacht stattfindet, ist nur noch eine Frage der Zeit" (S. 227).

Das mag stimmen, aber Baar möchte die „Frage der Zeit" nicht offenlassen, sondern die Antwort weitgehend festlegen: Jetzt gleich kommt es.

b) Die Tatsachen müssen sich dem vorgefaßten Bild beugen

Baar betreibt Schwarzweißmalerei. Der Westen sei uneinig, die arabische Welt schon ziemlich einig: „Es gibt nichts mehr, was die westliche Welt auf einen Nenner bringen könnte, weder in der Politik, noch in der Gesellschaft, noch im Blick auf Devisen und Währung. ... Der Nahe Osten einigt sich mehr und mehr auf jedem Gebiet, und was ihn vor allem zusammenschließt, ist die geistige Macht des Islam" (S. 50f).

Soweit Baar 1979. Der Golfkrieg 1991 zeigte ein anderes Bild: Da war sich die westliche Welt auf Regierungsebene ziemlich einig, während die islamische Welt zutiefst gespalten war. So stimmt es auch nicht, daß „das Abendland und Amerika" sich „im Zustand der Ohnmacht befinden" (S. 48).

Daß sich die Araber zu einem gemeinsamen Reich unter einem gemeinsamen Führer zusammenschließen, ist nicht sicher. Jedenfalls sind wir seit 1979 diesem Zustand um nichts nähergerückt. Daß ein solches geeintes arabisches Reich das stärkste Reich der Welt wäre, ist auch durchaus nicht sicher. Was ist mit den USA, mit der EG, mit Japan? Für Baar erschien das alles 1979 schon sehr deutlich: „Der Islam wird die Kraft des zukünftigen stärksten Reiches sein ... Wer dies heute noch nicht sieht, der treibt Vogel-Strauß-Politik" (S. 36).

Ist Europa heute, wirtschaftlich gesehen, ein Zwerg? Baar hat es erwartet: „Während in Europa und Amerika alles ins Stocken gerät und das Abendland verzweifelt aus der Krise zu kommen sucht, bricht in den Ländern am Persisch-Arabischen Golf das goldene Zeitalter an. ... Europa wird bald neben diesen Staaten nur noch als Zwerg erscheinen, dazu noch als ein armer Zwerg. Das arabische Wirtschaftswunder hat begonnen" (S. 28.30).

Um die sich anbahnende Bedeutung der Moslems zu unterstreichen, bedient sich Baar fragwürdiger Argumente, etwa im Hinblick auf die Bevölkerung der UdSSR: „Seit einem Jahrhundert nimmt die Zahl der Russen als ethnische Gruppe ab, dagegen wächst die Zahl der Moslems in Rußland. Ende dieses Jahrhunderts werden es ungefähr 100 Millionen sein, also über ein Drittel der Gesamtbevölkerung. Ein Beweis dafür, daß die religiöse Dynamik des Islam dem dialektischen Materialismus der Russen überlegen ist" (S. 219).

Aus der größeren Vermehrungsrate kann man nicht auf die Überlegenheit einer Weltanschauung schließen.

c) Bewertung

An manchen Stellen gesteht Baar seine Fehlbarkeit. Schon der im Inneren des Buches gelieferte Untertitel klingt bescheiden: „Versuch einer Deutung der endgeschichtlichen Prophetie" (S. 3). Wenn wir uns jedoch an die zuvor zitierten Aussagen erinnern, dann zitiert Baar durchaus nicht in Möglichkeitsform, sondern sagt, was geschehen wird.

Während auch das folgende Eingeständnis bescheiden klingt: „Ich beanspruche nicht, die einzig richtige prophetische Schau unserer Zeit zu haben" (S. 13), erläutert Baar an anderer Stelle, was er sehr wohl beansprucht: „Ich habe aber durch meine jahrelangen Erfahrungen mit dem Islam und dem Evangelium ein intuitives Verständnis für die Entwicklung des aufwachenden Riesen im Nahen Osten und auch für die gegenwärtige allgemeine Entwicklung bekommen. So glaube ich aufgrund meiner Erkenntnis eine Botschaft für unsere Zeit zu haben, selbst wenn diese vielen nicht in ihre Weltanschauung paßt und sie durch diese Zeilen schockiert werden. Möge solch ein Schock für viele heilsam sein!"

Ist Marius Baar ein von Gott beauftragter und begabter Ausleger der biblischen Endzeitprophetie?

1. Löst man seine Botschaft aus dem zeitlichen Rahmen, so würde sie lauten: „Der irgendwann einmal auftretende Antichrist wird aus dem Islam kommen."

In dieser Form könnte die Botschaft stimmen.

2. Baar hat eher eine Grundbotschaft, weniger eine Festlegung auf viele einzelne Ereignisse. Insofern gibt es bei ihm nicht viele Punkte, wo er unrecht behalten kann. Soweit er aber doch an manchen Stellen die große zeitliche Nähe des Auftretens des Antichristen betont, war er voreilig, denn man muß festhalten, daß inzwischen doch schon mehr als ein Jahrzehnt vergangen ist. Je mehr Zeit seither verstreicht, desto fraglicher wird es, ob es wichtig war, die Christen im Jahr 1979 darauf hinzuweisen, daß der Antichrist ein Moslem sein werde. Sollen die Christen all die Jahrhunderte hindurch jedem Moslem besonders argwöhnisch gegenüberstehen? Unser Urteil über eine Religion muß auf sachlichen Gründen beruhen, nicht darauf, daß aus dieser Religion vielleicht irgendwann der Antichrist hervorgehen könnte. (Dieses Grundbedenken gilt für jede Antichrist-Spekulation.)

3. Die Entwicklung der letzten 13 Jahre ist eher anders verlaufen als von Baar prognostiziert. Das hat seinen Grund zum Teil darin, daß bereits Baars Einschätzung der Situation im Jahr 1979 verzerrt war. Der Bereich des Islam ist weit von einer Einheit entfernt: Hier Irak, dort Iran; hier reiche Länder (Saudi-Arabien, Kuweit), dort arme (Jordanien, Ägypten); hier israelfeindliche Regierungen, dort das mit Israel friedensvertraglich arrangierte Ägypten; hier Schiiten, dort Sunniten. Die wirtschaftliche Stärke einiger arabischer Staaten ist beachtlich, aber wirtschaftliches Wachstum geschieht in der EG und vor allem in Japan. Und was militärisches Engagement betrifft: Die USA der Ära Reagan/Bush haben wiederholt die Bereitschaft dazu gezeigt (Libyen, Panama, Kuweit).

8. Herausgeber verbreiteter Endzeitzeitschriften: Wim Malgo

Wim Malgo wurde 1922 in Holland geboren. 1976 erhielt er vom American Christian College in Tulsa (USA) ein Ehrendoktorat für Literatur. Da amerikanische Colleges im allgemeinen zwar Ehrendoktorate vergeben können, aber keine regulären Doktorate — dazu erforderliche Fachstudien finden dort nicht statt —, ist ein dort erhaltenes Ehrendoktorat auch nicht überzubewerten. Ich weise deshalb darauf hin, weil in manchen von Malgos Büchern — z.T. schon vorne am Deckblatt, z.T. hinten — „Dr. Wim Malgo" geschrieben wird. (Im allgemeinen heben Verlage es nicht auf dem Titelblatt hervor, wenn der Autor das Doktorat hat.)

Malgos Bücher und Zeitschriften befassen sich hauptsächlich mit Zukunftsfragen. Vor allem die Monatsschrift *Mitternachtsruf* findet weite Verbreitung. Das kostenlos abgegebene Buch *Was sagt die Bibel über das Ende der Welt?* wurde in mehr als 20 Sprachen übersetzt und in insgesamt über eine Million Exemplaren aufgelegt.

Malgo ist ein engagierter Kämpfer, der über weite Teile der sogenannten Christenheit ein sehr hartes Urteil hat: „Man muß mal solche Theologieprofessoren reden hören, welch ödes Zeug da heruntergeleiert wird, oder lesen, was zum Beispiel der Papst alles erzählt; frommes Gerede ohne geistliche Substanz. Aber die Masse strömt herzu, Hunderttausende von Menschen, obwohl das, was der Mann sagt, so leer und so nichtssagend ist, daß man entsetzt fragt: Wo stehen wir denn heute?" (Israel 24).

a) Worauf legt der russische Bär demnächst seine Pranken?

Um diese Frage geht es in Malgos Buch *Der beschleunigte Aufmarsch Russlands nach Israel* (1980). Wie schon der Titel zeigt, hat Malgo sich hier in einer Richtung festgelegt, die durch die Gorbatschow-Wende in der Sowjetunion mittlerweile sehr unwahrscheinlich wurde. Natürlich könnte die Entwicklung irgendwann einmal doch in diese Richtung gehen, das schließe ich keinesfalls aus. Aber Malgo hat ja nicht bloß gesagt, *was* passieren wird, sondern auch, *wann* es passieren wird: nämlich sehr bald. Wir müssen bei der Betrachtung seines Buches auch immer die zeitlichen Näherbestimmungen beachten.

Malgo fällt auf, „daß der Zug Rußlands nach dem Persischen Golf und nach Israel in der letzten Zeit sehr stark geworden ist. Warum das? Weil die Wiederherstellung Israels eine Tatsache ist, und die Entrückung der Gemeinde Jesu vor der Tür steht" (S. 11).

Also: Jetzt gleich kommt die Entrückung, und deshalb erobert die Sowjetunion den Mittleren Osten. „Noch hat der ‚russische Bär' erst Afghanistan eingeheimst, aber bald schon wird er seine Pranke auf den Iran legen" (S. 35).

Es kam anders, der Bär hat seine Pranke nicht nur von Afghanistan zurückgezogen, sondern auch von anderen Ländern wie den baltischen Staaten.

Zu beachten ist hier folgendes: In der Sowjetunion setzte sich stärker das Selbstbestimmungsrecht der einzelnen Völker durch. So durfte sich auch der Warschauer Pakt auflösen, die Sowjetunion als solche hat sich praktisch aufgelöst, die Gemeinschaft unabhängiger Staaten (GUS) trägt schon im Namen die neue Zielsetzung. Ein völliges Rückgängigmachen dieser Entwicklung innerhalb der nächsten Jahre ist unwahrscheinlich. Die kürzlich freigegebenen Länder im Ostblock einfach wieder zu überfallen, ist ganz ohne international akzeptablen Grund nicht leicht möglich. Und durch die größere geistige Freiheit, die in den ehemals sowjetischen Ländern seit einigen Jahren herrscht, gäbe es auch mehr inneren Widerstand gegen unbegründete Angriffskriege.

Schon früher schrieb Malgo in seiner Zeitschrift *Nachrichten aus Israel:* „Schon vor Jahren betonten wir, daß Persien, das so an den Westen gebunden und mit hypermodernen amerikanischen Waffen versehen ist, russifiziert wird. ... Kürzlich fiel Afghanistan in die Hände der Sowjets. Man sagte damals: Die nächsten sind Persien und Pakistan. Der Weg nach Israel wird gebahnt!" (Okt. 1978, S. 11f).

Da zeichnete sich also der weitere Verlauf schon klar ab — klarer, als er dann wirklich eintrat. Malgo sah in der damals beobachteten Entwicklung auch eine Bestätigung dafür, wie nahe am Ende wir stehen: „Heute ist der Iran nahe zum Punkt gekommen, in sowjetische Hände zu fallen. Der Überfall Rußlands auf Israel ist näher, als du denkst. Es ist viel später, als daß du meinst. Letzthin konnte man der Presse entnehmen, daß sowjetische Truppen intensiv im Kaukasus

(Südrußland) für den Durchstoß zum Persischen Golf üben (lies: ... den Durchstoß nach Israel)."

Und so geht es weiter.

Angesichts der Auflösung der Sowjetunion wirken Vorhersagen darüber, was mit der Sowjetunion demnächst geschehen werde, besonders merkwürdig. Vor allem, wenn sie als völlig sicher hingestellt werden, und die Autorität der Bibel für diese Vorhersagen in Anspruch genommen wird: „Die Sowjetunion bahnt sich ihren Weg durch Afghanistan, die Türkei, den Iran und die verschiedenen afrikanischen Staaten nach Israel, wo der Großteil ihres Heeres mit den es begleitenden Satelliten-Staaten bald zugrundegehen wird (vgl. Hes 38 und 39)" (Heil 36).

Die Fußnote dazu erläutert: „... Hesekiel 39,6a ... Hier wird der entsetzliche Dritte Weltkrieg geschildert, der ja zweifelsohne durch den plötzlichen Angriff der Sowjetunion und ihrer Satelliten ausgelöst werden wird."

„... daß das Hitler-Nazi-Reich *an* Israel zugrundeging, während die Sowjetunion nach dem untrüglichen prophetischen Wort *in* Israel zugrunde gehen wird: ‚...' (Joel 2,19-20) ..."

Wie auch sonst öfters werden hier weltliche Autoritäten herangezogen: „Solschenizyn sagte wörtlich: ‚Die sowjetische Wirtschaft ist so stark auf Krieg eingestellt, daß es nicht mehr in der Macht des Politbüros liegt, ihn zu verhindern — selbst wenn alle Mitglieder einstimmig keinen Krieg beginnen wollten.' Dies aber ist die exakte Erfüllung von Joel 4,9-14: ..." (Schatten 181).

Nun hat sich die Sowjetunion bereits aufgelöst und kann als solche nicht mehr *in* Israel zugrundegehen — egal was das „untrügliche prophetische Wort" sagt. Auch der Weltkommunismus hätte in Israel zugrundegehen sollen: So wußte Malgo schon 1974, daß „die Sowjetunion, ja der Weltkommunismus schlechthin, *an* Israel *in* Israel zugrunde gehen wird" (Israel 75). Malgo fordert auf, als Bestätigung Hesekiel 38 und 39 anzusehen, aber dort wird man kaum herauslesen können, daß Jelzin die kommunistische Partei in Rußland verbieten wird. Vielleicht sollten wir vorsichtiger werden damit, die jeweilige politische Situation in prophetische Bibelaussagen hineinzulesen. Dann bleiben uns auch manche Enttäuschungen erspart! Noch 1990 verband Malgo den bevorstehenden Untergang des Weltkommunismus mit Hesekiel 38 und 39, also mit einem gescheiterten Angriff der kommunistischen Heere von Rußland und dessen Verbündeten auf Israel (Bibel 43).

Israels Feind aus dem Norden sind laut Malgo „die kommunistischen Armeen" (Israel 184).

Malgo teilt auch die typische Sorge aller Endzeitautoren mit Demnächsterwartung: Wenn das Ende so schnell herbeieilt – was ist, wenn es während der Drucklegung dieses Werkes schon da ist? Dann wären die Aussagen des Buches schon beim Erscheinen des Buches überholt... „Wenn bei der Drucklegung dieser Zeilen die Sowjets noch nicht bis zum Persischen Golf durchgestoßen sind und Israel noch nicht überrannt haben, so ist es unnötig zu sagen, daß diese letzte Aggression der Russen bevorsteht" (Aufmarsch 97).

Das zeigt deutlich, wie rasch diese letzten Ereignisse zu erwarten sind: Nämlich schon für die der Niederschrift des Buches folgenden Monate ...

Ist der russische Angriff auf Israel nicht bereits im Gange? „Zurückgreifend auf die Erfüllung von Hesekiel 38 und 39, in der wir schon mitten drin stehen, ist es aufschlußreich zu sehen, wie die Sowjetunion weiter unter einem unwiderstehlichen Zwang fieberhaft aufrüstet: ..." (S. 99).

Und auch sonst ist vieles bereits im Gange ...

b) Der Dritte Weltkrieg hat bereits begonnen!

Malgo meint, daß der Dritte Weltkrieg „im Grunde genommen schon begonnen hat" (Aufmarsch 97). Der Dritte Weltkrieg dauert demnach länger als der Erste mit seinen vier Jahren und der Zweite mit seinen knapp sechs Jahren, wenn er schon vor 1980 begonnen hat – und er wurde wohl noch nicht beendet. Solche Äußerungen zeigen, wie nahe die letzten Ereignisse für Malgo sind, die er praktisch als eigentlich schon geschehend betrachtet.

Auch bei Malgo wirkt der Fehler mit, in winzigen Anhaltspunkten bereits die volle Erfüllung zu sehen: „Bitte unterschätzt die antizionistische Resolution vom 11. November 1975 in der UNO nicht. Sie ist die *politische* Erfüllung von Sacharja 14,2, wo der Herr sagt, daß Er alle Heiden nach Jerusalem bringen wird. ... Weltpolitik gegen Zion bedeutet im Wesen schon Weltkrieg gegen Zion."

So zu lesen in einem weiteren Buch Malgos: *Im Schatten von Harmagedon* (S. 46). Der Titel zeigt, daß es wieder um das einschlägige Thema geht. Das Buch gibt kein Erscheinungsjahr an; vom Inhalt her zu schließen dürfte es etwa 1977 erschienen sein.

Auch in diesem Buch finden wir weit vorgerückte Entwicklungen: „Die Welteinheitskirche nimmt immer klarere Konturen an!" (S. 14). Wie klar sind die Konturen heute, mehr als ein Jahrzehnt danach? Die röm.-kath. Kirche geht auf deutliche Distanz zum Weltkirchenrat. Malgo dagegen glaubte: „Wenn die römische Kirche auch noch nicht Mitglied des Weltkirchenrates ist, so wird sie doch immer mehr zum beherrschenden Faktor dieses religiösen Blockes werden" (S. 15).

Auch ohne ausdrückliche Festlegung auf ein bestimmtes Jahr kann doch dem Leser ein bestimmter Eindruck vermittelt werden. Malgo resümiert im Jahr 1974: 1912/13 meinten „Beobachter der weltpolitischen Szenerie", „daß in naher Zukunft ein Großkrieg ausbrechen müsse" (was 1914 geschah). Anfang der 1930er Jahre meinten viele, Hitler bedeutet Krieg (der 1939 kam). Wann kommt der nächste Krieg? Malgo: „Die Krisenstäbe der Machtzentren in Ost und West rechnen mit einer Zuspitzung der Lage für 1975/76" (Israel 155f).

Durch eine solche Zusammenstellung — die zu beweisen scheint, daß es einige Jahre nach der Ankündigung tatsächlich zu einem Weltkrieg kommt — wird der Leser zu der Erwartung geführt, daß wenige Jahre nach 1974 wieder ein Weltkrieg zu erwarten ist. Malgo sagt es auch ganz ausdrücklich: „Heute, Mitte 1974, können wir optisch wahrnehmen, daß der Kreml die nächste große militärische Auseinandersetzung vorbereitet. Später wird man dieses Ereignis den ‚Dritten Weltkrieg' nennen."

Heute, knapp zwei Jahrzehnte danach, hat der ‚Dritte Weltkrieg' noch immer nicht begonnen, und der Kreml ist derzeit auch gar nicht mehr mit dessen Vorbereitung beschäftigt, sondern mit der Lösung seiner wirtschaftlichen Probleme. (Aber das kann sich natürlich auch wieder einmal ändern.)

Bereits 1974 vernahm Malgo die „dröhnenden Schritte" des Antichristen (Israel 161). Nun sollte man erwarten, daß derjenige, dessen Schritte Hellhörige bereits vor knapp zwei Jahrzehnten hören konnten, mittlerweile aufgetreten ist, so daß man nun weiß, um wen es sich dabei handelt.

c) Ist Jesu Wiederkunft berechenbar?

Malgo zitiert ausführlich einen Kommentar von Albert Springer: „Es ist uns nicht gegeben, den ‚Tag oder die Stunde' der Wiederkehr Christi zu kennen. Er hat uns aber Anhaltspunkte gegeben, die wir wohl tun, zu beachten" (Aufmarsch 56).

Eine solche Haltung ist von den Zeugen Jehovas her gut vertraut: Einerseits kennt man das warnende Wort Jesu, andererseits versucht man dessen Bedeutung abzuschwächen. Etwa in dem Sinn: Die *genaue Uhrzeit* wissen wir nicht, aber doch den *ungefähren Zeitpunkt*. Springer begründet dann durch mehrere Argumente, daß „eine Generation" mit 40 Jahren gleichzusetzen ist. „Diese Generation wird nicht vergehen" — das soll heißen: Die Generation, die das Sprießen des Feigenbaumes miterlebt, wird auch noch das Ende erleben. Jetzt kommt es nur noch darauf an, wie man das Sprießen des Feigenbaumes datiert. Springer — der wohl schon einige Zeit vor Malgo geschrieben hat — tut das mit der Gründung des Staates Israel. Konsequenterweise setzt er fort: „Unsere Meinung ist daher, daß wir von der Gründung des Staates Israel im Jahre 1948 bis zum Kommen Christi eine biblische Generation, also 40 Jahre rechnen müssen. Dies bringt uns zum Jahre 1988" (S. 57).

Schließlich versucht Springer noch etwas abzuschwächen: „Diese Zahl soll uns nur als Leitfaden dienen, denn es ist ebenso gefährlich, eine genaue Jahrzahl für die Wiederkehr Christi anzuführen, wie Sein Kommen als bevorstehend zu beschreiben."

Ein wahres Wort! Tatsächlich ist es gefährlich. Und zwar nicht nur, eine *genaue* Jahreszahl anzugeben, sondern auch eine *ungefähre*.

Viele Endzeitautoren legen sich nicht wortwörtlich darauf fest, daß das Ende in den allernächsten Jahren kommen müßte — hierbei wäre auch das Risiko zu groß. Aber dennoch wirken ihre Texte immer in diese Richtung: Höchstwahrscheinlich kommt es in den nächsten Jahren, sehr lange (etwa mehrere Jahrzehnte) wird es nicht mehr dauern.

Diese Darstellungsweise finden wir auch bei Malgo. 1988 war für den Ablauf der gesamten Endzeitereignisse schon etwas knapp, als Malgo sein Buch 1980 herausbrachte. Wenn bis 1988 auch noch die siebenjährige Trübsalszeit Platz finden soll, und die Entrückung davor liegt, müßte diese ja unmittelbar nach dem Erscheinen von Malgos Buch kommen! Eine Festlegung auf einen so knappen Zeitraum wäre denn doch sehr riskant. Malgo dehnt den Zeitraum aus.

Wie? Indem er das Sprießen des Feigenbaums mit 1967 datiert, mit der Rückgewinnung der Altstadt Jerusalem. Die 40 Jahre für eine Generation behält er bei, es bleibt also noch Zeit bis 2007. (Die siebenjährige Trübsalszeit müßte dann spätestens im Jahr 2000 beginnen.)

Auch dieser Zeitraum könnte einmal knapp werden, aber zur Zeit der Niederschrift erschien dieser Zeitraum eher lange, denn man könnte als Leser im Jahre 1980 denken: Es dauert also noch 20 Jahre ...

Malgo betont nun, daß es schon viel früher kommen könnte: „Wir haben aber dabei zu überlegen, daß der Herr nicht gesagt hat: ‚Wenn diese Generation vergangen sein wird, dann wird dieses alles geschehen', sondern ..." (S. 59).

Die Endzeitereignisse sollen also zur Gänze während dieser 40 Jahre ablaufen, wobei wir aber nicht wissen, ob die einzelnen Ereignisse unbedingt zum spätestmöglichen Zeitpunkt stattfinden: „Die Entrückung muß in Bälde geschehen, weil wir nicht wissen, ob es in des Herrn Ratschluß liegt, die Zeit einer ganzen Generation, also 40 Jahre, zu benützen."

Die Spannung bleibt somit aufrecht, denn jetzt gleich muß das so lange Erwartete geschehen!

Das „Wissen" vom so nahen Ende hat Konsequenzen, auch für den Umgang mit Geld. Dieser soll natürlich immer verantwortungsbewußt sein, aber so knapp vor dem Ende handelt es sich nach Malgo um eine ganz besondere Situation. Jetzt wäre es nicht mehr sinnvoll, für die Zukunft zu sparen. Wenn doch in wenigen Jahren die Entrückung stattfinden wird ... Bankkonto oder Versicherung erscheinen da überflüssig. Malgo beobachtet entsetzt: „... gibt es noch immer Gotteskinder, die es wagen, auf ihrem Bankkonto Geld anzuhäufen; sie leben von ihren Zinsen und Zinseszinsen. ... [er verweist auf Matthäus 6,19] ... Was geschieht denn mit deinem Sparguthaben, wenn heute die Entrückung stattfindet? Diese Mittel, die du für die Sache Jesu Christi hättest investieren können, gehen dann in den Besitz des Antichristen über" (S. 65).

Was ist, wenn ein Leser, solcherart angespornt, seine finanziellen Reserven einer Missionsgesellschaft (z.B. dem Mitternachtsruf) spendet, und dann nach mehreren Jahren zuwenig Geld hat? Ist es nicht verantwortungslos, Christen dazu aufzufordern, daß sie ihren Besitz unter Zugrundelegung der Annahme, daß in einigen wenigen Jahren das Ende kommt, verwalten sollen?

„Der Herr Jesus kommt höchstwahrscheinlich zu deiner Lebzeit wieder" (S. 72).

Malgos Leser sind in der Mehrzahl ältere Leute, als Durchschnitt kann man ein Alter von etwa 55 oder 60 Jahren annehmen. Seit 1980 dürfte dann doch ein bedeutender Teil davon gestorben sein (ein Viertel?). Die von Malgo behauptete „Höchstwahrscheinlichkeit" traf also nicht zu. (Von „höchstwahrscheinlich" würde ich bei 90 Prozent oder mehr sprechen.)

In dem Buch *Was sagt die Bibel über das Ende der Welt?* (1982 oder 83 erschienen) zitiert Malgo den Futurologen Hermann Kahn, der meint, daß die befürchteten zukünftigen Katastrophen militärischer und ökologischer Art „nicht vor 1985 Wirklichkeit werden". Malgo dazu: „Und dann? Ja, dann kommt: Das letzte Gericht ..." (S. 43f).

Auch hier wird dem Leser wieder der Eindruck vermittelt, daß es in den nächsten Jahren soweit ist.

Dabei liefert Malgo selbst Anhaltspunkte dafür, daß es auch noch länger dauern könnte. Er meint: „Die dritte und letzte Rückkehr Israels ins Land der Väter hält seit 1948 unvermindert an und wird solange gehen, bis alle Juden heimgebracht sind. ... in Hesekiel 39,28 lesen wir: ‚Also werden sie (die Juden) erfahren, daß Ich, der Herr, ihr Gott bin, der Ich sie habe lassen unter die Heiden wegführen und wiederum in ihr Land versammeln, und nicht *einen* von ihnen dort gelassen habe.' Je mehr sich aber die Sammlung der Kinder Israels ihrer Vollendung nähert, desto mehr nähert sich auch die kosmische Katastrophe, von der die Bibel spricht, ihrer Erfüllung" (Heil 39f).

Nun sieht man unter den Millionen in den USA lebenden Juden wenig Bestreben, nach Israel auszuwandern. So wird sich auch die Vollendung der Sammlung, wenn man sie wie Malgo so wörtlich nimmt, noch über einige Zeit hinziehen. Doch setzen wir einmal voraus, alle Juden wollen nach Israel: Wenn wir ein jährliches Integrationsvermögen Israels von etwa 100 000 einwandernden Juden zugrundelegen, wird es 100 (!) Jahre dauern, bis die etwa zehn Millionen außerhalb Israels lebenden Juden in Israel leben.

d) Malgo, ein Prophet?

Wie präsentieren sich Malgos Bücher? Das Buch *Was sagt die Bibel über das Ende der Welt* wurde mit einem Vorwort von Ulrich Hartmann versehen. Darf der Leser die Aussagen des Buches in Frage stellen? Ja, wenn er „in Glaubensfragen unsicher" ist – dann mag ihm „der Inhalt zunächst unrealistisch und phantastisch anmuten". Wenn er jedoch um das Wirken Gottes auf Erden weiß, werden ihm „diese Darlegungen lebendige Realität sein" (S. 9). Dem Leser wird hier also von vornherein reiner Wein eingeschenkt, so daß er weiß, wie er einzustufen ist, wenn er den Inhalt von Malgos Buch in Frage stellt. Dieses Buch ist, es versteht sich, aufmerksam zu lesen (S. 9). Es kommt aber noch stärker: „Lesen Sie das Buch nicht nur einmal, sondern zwei-, dreimal, und lassen Sie den Inhalt auf sich einwirken" (S. 10).

Dann kommt noch ein Vergleich mit Noah: Wie Noah ausgelacht wurde, so werden auch heute warnende Männer Gottes nicht ernst genommen.

Und wenn Noahs Botschaft von Gott war, die zeitlichen und politischen Festlegungen Malgos dagegen nicht? Müssen wir dennoch alles, was Malgo sagt, so nehmen, als würde Gott reden?

Malgo bedenkt nicht, daß er sich bei seinen Bibeldeutungen mitunter in sehr unsichere Gebiete begibt. Seiner Meinung nach ist das von ihm Präsentierte einfach das, was die Bibel sagt. So kann er dann auch den Leser anreden: „Lieber Leser, nicht wahr, du hast innerlich gespürt, daß das, was du bis dahin gelesen hast, die Wahrheit ist, zumal es die Bibel so sagt" (Bibel 103).

e) Redet Gott durch Sterne, wirkt er durch UFOs?

Wahrscheinlich 1980 erschien Malgos Buch *Heilsgeschichtliche Konstellationen von 1948 bis 1982.* Ein mutiges Buch, versucht er darin doch zu zeigen, daß wichtige irdische Ereignisse (die durchwegs mit Israel in Verbindung stehen) gleichzeitig mit besonderen kosmischen Vorgängen stattfanden: teils mit Planetenkonstellationen, teils mit dem Erscheinen von UFOs. Das können sowohl die Astrologen (das haben sie ja schon immer behauptet!), als auch die UFO-Anhänger als Bestätigung auffassen, denn bei Malgo erscheinen die UFOs durchaus positiv, nämlich als Helfer Israels bei den Nahostkriegen. Doch das ist jetzt nicht unser Thema. Wichtiger ist, daß für 1982 eine besondere Planetenkonstellation erwartet wurde: Alle Planeten unseres Sonnensystems stehen in einer geraden Linie. Das erzeugte bei Malgo eine besondere Spannung: Ob das nicht mit der Wiederkunft Jesu einhergehen werde? So sagt schon der Text auf dem hinteren Buchdeckel: „Im vorliegenden Buch werden kosmische Konstellationen in ihrer Beziehung zu Israel und zum Kommen Jesu beleuchtet. Neue Erkenntnisse über den Stern von Bethlehem, die UFOs und die ‚Planeten-Parade‘ von 1982 werden zusammengetragen und ins Licht des prophetischen Wortes gestellt. Dabei wird der Leser zur Gewißheit geführt: Jesus kommt bald wieder!"

Könnten wir diese Gewißheit nicht auch ohne Planeten-Parade haben? Hier finden wir den alten Fehler dieser Endzeitliteratur wieder: Winzige Anhaltspunkte, entfernte Parallelen, mögliche Zusammenhänge werden sofort gierig aufgegriffen und als wahrscheinliche Indizien für bestimmte Ereignisse verkündet.

Wim Malgo zitiert zu dieser nahenden Konstellation einige Experten und faßt dann zusammen: „Diesmal aber erwarten die Wissenschaftler die größte aller kosmischen Störungen, die seit der Schöpfung der Welt je bekannt wurden. Es ist darum wichtig, in diesem Zusammenhang wiederum auf die Prophezeiung unseres Herrn Jesus Christus hinzuweisen, wenn Er von der Wiederherstellung Jerusalems redet: ‚... Und alsdann werden sie sehen des Menschen Sohn kommen in der Wolke mit großer Kraft und Herrlichkeit. ...‘ (Luk 21,24b-28)" (S. 46).

Und weiter: „Die unausweichbare Konsequenz dieser Geschehnisse, mit denen wir heute schon konfrontiert werden, ist die bevorstehende Entrückung" (S. 48).

Wird Jesus 1982 wiederkommen? Ganz festlegen möchte sich Malgo wohlweislich nicht: „Wir wissen nicht, wann die Entrückung stattfinden wird, ob vor oder nach 1982. Denn wir können nicht sagen, ob der Herr in Seinem Erbarmen dieser Welt noch eine Gnadenfrist gewährt, die über 1982 hinausgeht. Niemand von uns weiß die Stunde der Hinwegnahme der Gemeinde" (S. 48f).

Nachdem Malgo solcherart sein Nichtwissen eingesteht, betont er aber doch auch, daß man den Zeitpunkt nicht einfach völlig offenlassen kann: „Aber wer heute diese überdeutlichen, wuchtigen Endzeitzeichen nicht erkennt, fällt unter das Wort Jesu von Matthäus 16,3b: ‚Ihr Heuchler, über des Himmels Gestalt könnt ihr urteilen; könnt ihr denn nicht auch über die Zeichen dieser Zeit urteilen?‘"

Ich fürchte, daß auch Malgo unter dieses Wort Jesu fällt, denn „die Zeichen dieser Zeit" konnte er *nicht* beurteilen. Seine so betonte Planetenkonstellation von 1982 steht, wie wir ein knappes Jahrzehnt danach sagen müssen, in keinem näheren Zusammenhang zu irgendeinem Endzeitereignis.

f) Deutschland wird vor Harmagedon nicht wiedervereinigt

In dem schon erwähnten Buch *Im Schatten von Harmagedon* (ca. 1977) geht Malgo von der Wiederherstellung des 4. Reiches der Daniel'schen Vision aus, dem Römischen Reich. Dieses Reich sollte in genau jenen Grenzen wiederhergestellt werden, die es zur Zeit seiner größten Ausdehnung hatte. So vergleicht Malgo nun: „Die provisorische Westgrenze des Römischen Reiches unter Augustus entspricht fast genau der provisorischen Grenze zwischen der BRD und der DDR" (S. 80).

Und wie es damals war, muß es auch heute sein; und da nun nichts mehr passieren darf, als nur die allerletzten Endzeitereignisse (Demnächsterwartung!), ist auch klar, daß sich diese Grenze zwischen BRD und DDR nicht vorzeitig ändern darf: „Das besagt, daß auch in unseren Tagen dasselbe geschehen wird. Die Versuche einer Wiedervereinigung Deutschlands werden mißlingen bis zur Auseinandersetzung der Völker bei Harmagedon. Es wird nach dem altrömischen Reich so kommen, daß die Sowjetunion Westeuropa bis zum Rhein überrennen wird. Nach dem Studium des Wortes und der Grenzen des altrömischen Reiches können wir zu keiner anderen Feststellung kommen."

Hier wird die Autorität des *Wortes* (d.h. doch wohl: der Bibel) herangezogen, um eine — mittlerweile als falsch erwiesene — Behauptung zu stützen. Für Malgo schien das alles sehr klar, auch deshalb, weil ja die DDR als Satellit der Sowjetunion gegen Israel ziehen werde: „... daß Gomer, Ostdeutschland, das ja der stärkste Satellit Sowjetrußlands ist und mit ihm gegen Israel ziehen wird (Hes. 38,6) ..." (S. 25).

Solche Vorhersagen bot Malgo auch schon den Lesern seiner Zeitschriften: „West-Berlin ... wird zweifelsohne von den asiatischen Horden überrannt, die bis zum Rhein vordringen werden. ... der Angriff Sowjetrußlands und seiner Satelliten auf Israel mit ihrem Überfall auf den Westen parallel laufen wird. Ich möchte aber einschränkend bemerken, daß unsere Erkenntnis Stückwerk ist. Aber dies alles kommt mit unheimlicher Geschwindigkeit auf uns zu. Wohl dem, den der Herr wachend findet! Überdies werden West- und Ostberlin bzw. West- und Ostdeutschland wiedervereinigt werden, aber über Jerusalem" (Mitternachtsruf Dez. 1978, S. 22).

Zwischendurch eingeschobene Lippenbekenntnisse darf man nicht überbewerten. Wenn Malgo hier davon spricht, „daß unsere Erkenntnis Stückwerk ist", so ändert das ja doch nichts daran, daß er viele Aussagen als sehr sicher hinstellt.

g) Hat Malgo umgedacht?

Als Herausgeber der verbreiteten Zeitschrift *Mitternachtsruf* hätte Malgo die Möglichkeit, sehr rasch zu der Nichterfüllung seiner Vorhersagen Stellung zu nehmen. Er bräuchte kein neues Buch herausbringen, er bräuchte auch nicht die Neuauflage eines seiner bisherigen Bücher abzuwarten.

Was für eine Stellungnahme wäre zu erwarten? Wir haben in unserer Untersuchung gesehen, daß Malgo unter Berufung auf die Bibel eine ganze Reihe von definitiven Vorhersagen gemacht hat. Ein Teil davon hat sich bereits als falsch herausgestellt, ein Teil hat sich in der Zwischenzeit von einer Erfüllung weit entfernt. Zu deren Erfüllung kommt es jedenfalls nicht so rasch wie von Malgo angekündigt. Was ist, wenn Christen diese Ankündigungen Malgos übernommen haben? Dann kann es z.B. sein, daß sie nun ohne finanzielle Mittel dastehen, da eine Vorsorge so knapp vor dem Ende laut Malgo falsch ist. Es kann auch sein, daß sie nun in Glaubenskrisen schlittern, da das, was sich laut Malgo aus der Bibel ergibt, erwiesenermaßen falsch ist. Es kann sein, daß sie in ihrem Bekanntenkreis in evangelistischer Absicht über die bald zu erwartenden politischen Ereignisse gesprochen haben. Nun stehen sie — und die Bibel! — vor diesen Bekannten als die Dummen da. Alles in allem gibt es also manches, was Malgo ausgelöst hat und was bereinigt gehört.

Im Mai 1991 hatte Malgo einen Herzinfarkt, der ihn dem Tod nahe brachte. Malgo hat sich wieder erholt, und im Dezember '91 konnten seine Leser bereits wieder Artikel von ihm lesen. Darin wiederholt Malgo zwar, daß das Ende knapp bevorsteht, von einer Umkehr ist jedoch noch nichts zu bemerken. Malgo kommentiert die neueste politische Entwicklung, ohne dabei jedoch zu erwähnen, daß diese laut seinen früheren Vorhersagen gar nicht so sein dürfte wie sie ist. Man gewinnt also den Eindruck, daß Malgo zur Tagesordnung übergehen möchte, und so tun möchte, als ob nichts gewesen wäre. Was wird Gott tun? Wird er auch zur Tagesordnung übergehen? Oder wird er

Malgo für die falschen Vorhersagen, die dieser im Namen Gottes verbreitet hat, zur Verantwortung ziehen?

In seinem wohl meistverbreiteten Buch, in *Was sagt die Bibel über das Ende der Welt?*, hat Malgo ca. zehn Seiten gestrichen, und an ihre Stelle ein neues Kapitel eingefügt: „Haben wir uns in der Erwartung der baldigen Entrückung geirrt?" (Mir liegt die Ausgabe vom Nov. 1990 vor.)

Bevor wir uns dieser zweifellos berechtigten Frage zuwenden, rekapitulieren wir nochmals den Inhalt der *gestrichenen* zehn Seiten, in der Ausgabe von 1984 auf S. 84ff. Zuvor lesen wir noch die Überleitung: „Damit kommen wir auf eine weitere prophetische Gerichtsperspektive von ungeheurem Ausmaß" (S. 83). Es handelt sich beim folgenden also um eine „prophetische Perspektive". Der erste Abschnitt ist überschrieben mit „Die Grenzen des Römischen Weltreiches". Zu diesen behauptet Malgo: „Diese müssen zunächst in ihrem Rahmen, den sie vor zwei Jahrtausenden hatten, wiederhergestellt werden" (S. 84).

Als Begründung meint Malgo, daß „das erste und zweite Kommen Jesu heilsgeschichtlich ... ein und dasselbe ist". Diese Behauptung stützt er durch 2.Petr 3,8 („Ein Tag vor dem Herrn ist wie tausend Jahre"). Das ist eine ungeeignete Beweisführung. Jedenfalls meint Malgo, „heute können wir die Beschleunigung in der Wiederherstellung des Römischen Reiches bereits klar sehen". Wenn um 1984 schon die *Beschleunigung* zu sehen war, sollten wir diese doch heute noch klarer sehen, wohl schon in Form des Ergebnisses?

Was nun müßte zu dieser Wiederherstellung geschehen, und hat sich laut Malgo damals schon angekündigt? Dänemark und Norwegen müßten die NATO verlassen; sie werden gemeinsam mit Schweden und Finnland dem russischen (= „asiatischen") Bündnis beitreten. Dieses russische Bündnis verfestigt sich laut Malgo: „Gleichzeitig wird der asiatische Machtbereich blutig zementiert. Ich erinnere nur an die DDR in den fünfziger Jahren ..." (S. 87).

Des weiteren erinnert Malgo an Ungarn, die Tschechoslowakei und Polen. „Das blutig unterdrückte Aufbegehren der Vasallen Moskaus — wie jetzt Polen — wird sich nach Hesekiel 38,21b auf den Bergen Israels voll durchsetzen, wo dann ,eines jeglichen Schwert wider den anderen sein wird'" (S. 90f).

Malgo rechnet also damit, daß diese außerhalb des Gebietes des Römischen Reiches liegenden Länder mit Rußland einen Angriff auf Israel starten werden.

Diese Seiten hat Malgo gestrichen. Verständlich, denn die Entwicklung der letzten Jahre ging in eine völlig entgegengesetzte Richtung. Aber der Leser würde natürlich gerne wissen, wie Malgo heute dazu steht. Ist er darauf gekommen, daß er sich geirrt hatte? Dann wäre es wertvoll gewesen, hätte er auch seine Leser über seinen Irrtum informiert und auch diesen geholfen, aus diesem Irrtum herauszufinden. Falls er diese Sicht aber weiter festhält (und S. 96 der 1990er-Ausgabe weist in diese Richtung) — warum hat er diese Seiten dann gestrichen? Diese Fragen bleiben also offen.

Wenden wir uns nun dem neuen Kapitel zu. Am Beginn verweist Malgo auf eine Rundfunksendung über die Zukunftserwartung der Christen in Amerika und Europa, in der auch das hier besprochene Buch Malgos erwähnt wurde. Inwiefern, verschweigt Malgo. Wurde es etwa kritisiert? Wenn ja, warum? Malgo war jedenfalls mit dem Inhalt der Sendung — den er uns leider verschweigt — nicht einverstanden und schießt mit vollen Rohren zurück: „Die Arroganz der geistlichen Mittelmäßigkeit"; überall „bricht Hohn und Spott auf, wenn es um die Erwartung des Wiederkommens Jesu geht". Malgo erinnert an Offb 12,12b: „Der Teufel ist zu euch hinabgestiegen ...", heute sehen wir „Angstausbrüche aus der Hölle."

Malgo: „Ist es nicht eigenartig, daß gerade dieses Gratisbuch, das Sie hier in einer neu bearbeiteten Auflage vor sich haben, ganz unerwartet schon in so viele Sprachen übersetzt wurde? Da wehrt sich der Teufel mit Macht, denn nicht wenige Menschen hatten dadurch eine entscheidende Begegnung mit dem Herrn Jesus Christus!" (S. 84f).

Ein Kritiker von Malgos Schriften kann hier einen Vorgeschmack bekommen von dem, was ihn erwartet. Im übrigen ist dieses Kapitel Malgos für mich eine einzige Enttäuschung. Bei der Frage „Haben wir uns in der Erwartung der baldigen Entrückung geirrt?" sollte es ja nicht bloß darum gehen, daß der Ausdruck „bald" eventuell dehnbar ist, sondern vielmehr darum, daß Malgo sehr konkrete Ereignisse für die nächsten Jahre vorhergesagt hat, die nicht gekommen sind. Ich erinnere etwa an die Behauptung, daß Deutschland vor Harmagedon nicht wiedervereinigt wird, eine Behauptung, die sich eindeutig als falsch herausgestellt hat. Die Tatsache, daß sich Malgo in konkreten Endzeit-Erwartungen geirrt hat, kann nicht bestritten werden. Ein solches Eingeständnis sucht man in diesem Kapitel jedoch vergeblich. Statt dessen macht Malgo in ebendiesem Kapitel weiter wie bisher: Er präsentiert weiterhin Vorhersagen, wobei er sich auf „verschiedene

Berichte" stützt: „Der nächste brisante militärische Zeitraum ist vom Kreml für die kommenden Jahre geplant. Der sowjetische Angriff soll quer durch Deutschland gehen ..." (S. 95).

Und weiter: „Gorbatschow ... ist fieberhaft dabei ... die Rüstungsbemühungen voranzutreiben, damit Rußland in absehbarer Zeit in der Lage ist, den Westen militärisch zu schlagen" (S. 96).

Und weiter: „Gemäß einer schwedischen Studie bereitet sich die Sowjetunion auf einen konventionellen Krieg in Europa vor."

Malgo unterstreicht diese Aussagen noch: „Jedenfalls stimmen die politischen Prognosen, von denen wir kurz einige erwähnt haben, haargenau mit der prophetischen Chronologie überein" (S. 97).

So macht Malgo also mit Ankündigungen weiter, wobei er sich auf die Bibel beruft, und es sieht nicht so aus, als ob er dieses Mal eine glücklichere Hand gehabt hätte. Obwohl also Malgo bereits eine Reihe von Behauptungen über die Zukunft gemacht hat, die fehlgingen, betont er doch: „Wir lehnen es entschieden ab, auf den Boden der Spekulation zu treten; vielmehr halten wir uns an das untrügliche Wort Gottes" (S. 97).

Das ist eben das Problem Malgos, daß er seine Deutungen von Bibelstellen mit der Bibel selbst gleichsetzt und sie daher für richtig hält. Aber die wiederholten Fehlschläge sollten ihn doch zur Besinnung bringen und ihm zeigen, daß seine Deutungen nicht ohne weiteres mit der Bibel selbst gleichzusetzen sind!

Schlußwort

Wir haben Endzeitliteratur der vergangenen Jahrzehnte betrachtet und den Vorhersagemißerfolg festgestellt.

„Eines steht aber fest: Jünger Jesu erkennen auf Grund ihrer Schriftkenntnis und ihrer Glaubenserfahrung den Welthintergrund besser als Nichtchristen" (Koch 86).

Wenn Kochs Äußerung sich darauf bezieht, daß Jünger Jesu die Entwicklung der nächsten Jahre besser vorhersagen können, so fürchte ich, daß wir uns da überschätzen. Die lange Liste der Irrtümer evangelikal geprägter Endzeitpropheten zeigt doch: Auch mit der Bibel in der Hand können wir die unmittelbare Zukunft nicht vorhersagen. Manche glauben es zu können, weil sie überzeugt sind, daß die momentane politische Konstellation die Ausgangsbasis für die Endzeitereignisse ist. So daß also alle in der Bibel erwähnten Zukunftsgrößen in der momentanen politischen Landschaft ihre Identifikation haben müssen.

Ich finde es verlockend, ausgehend von der gegenwärtigen Zeit zu überlegen, wie es weitergehen könnte, und wie es möglicherweise schon in naher Zukunft zu Endzeitereignissen kommen könnte. Ich gebe dieser Verlockung einen Augenblick lang nach, um im Anschluß daran abzuschätzen, ob Überlegungen dieser Art etwas bringen können.

Politik

Wird es bald zu einem Angriff arabischer, russischer und anderer Staaten auf Israel kommen? Dieser Angriff kehrt als Auftakt zu Harmagedon regelmäßig in der Endzeitliteratur wieder. Erscheint ein solcher Angriff als wahrscheinlich für die nächsten Jahre?

Israel hat Kernwaffen, die es im Ernstfall vielleicht auch einsetzen würde. Umgekehrt könnten arabische Staaten, selbst wenn sie Atombomben haben, sie nicht so leicht einsetzen, ohne damit auch die arabische Bevölkerung zu gefährden. Das wird zu einer gewissen Zurückhaltung seitens der arabischen Staaten führen, selbst wenn sie verbal und auch wirtschaftlich Israel attackieren. Insbesondere bei Ägypten ist damit zu rechnen, daß es international zurückhaltend sein wird, weil der Assuan-Staudamm eine enorme Bedrohung darstellt.

Wie werden sich die Nachfolgestaaten der Sowjetunion verhalten? Es wäre ein Grund denkbar, weshalb Rußland sich in einen Krieg mit Israel hineinziehen lassen könnte: Um den moslemischen Nachfolgestaaten einen Gefallen zu erweisen (der zu Gegenleistungen führen könnte). Derzeit sieht es allerdings so aus, daß alle diese Staaten andere Sorgen haben — angefangen mit der katastrophalen Wirtschaftslage. Dann gibt es dort ein enormes Potential für Grenzstreitigkeiten. Hier bahnen sich noch manche Konflikte auch zwischen den moslemischen Staaten an. Überhaupt darf man sich die moslemische Welt nicht zu einheitlich vorstellen. Die Feindschaft gegen Israel scheint oft der einzige gemeinsame Nenner zu sein.

Wirtschaft

Durch die Gewinne aus dem Ölexport haben einige arabische Länder riesige Gewinne, insbesondere seit der Preiserhöhung im Jahr 1973. Dennoch sieht es so aus, daß die arabischen Länder auch gemeinsam nicht die Wirtschaftsmacht Nr. 1 werden. Neben den USA ist hier die EG zu beachten, aber auch Japan.

Die wirtschaftliche Stärke könnte insofern von Bedeutung sein, als es in dieser Hinsicht immer stärker zu einer Machtkonzentration kommen kann. Während wir in Europa in mehreren Staaten separatistische Tendenzen erleben, finden wir gleichzeitig eine Bewegung hin zu großen, starken Wirtschaftsblöcken, insbesondere eine Tendenz hin zur EG. Die politische Eigenständigkeit — auch wenn sie formell gewahrt bleibt — wird durch das wirtschaftliche Zusammenwachsen immer schwächer. Gleichzeitig führt eine freie Marktwirtschaft dazu, daß die Starken immer stärker werden. Im wirtschaftlichen Bereich wäre es daher denkbar, daß die Macht immer mehr in den Händen einiger weniger zusammenläuft. Insofern könnte eine starke Wirtschaftsmacht die Basis für einen Antichristen bilden.

Daneben ist auch an die Möglichkeit zu denken, daß der Antichrist ökologisch erzwungen wird, durch die Notwendigkeiten des Umweltschutzes. Wenn die nächsten Jahre weitere, vielleicht noch größere Umweltkatastrophen bringen und sich außerdem die Meinung verstärkt, daß diese Katastrophen auf unseren sorglosen Umgang mit der Natur zurückgehen, so könnte sich bei der gesamten Menschheit immer mehr das Empfinden einstellen, daß die Zeit schon zu weit fortgeschritten ist, um wie bisher jahrelang über geeignete Maßnahmen zu diskutieren — mit dem Ergebnis, daß dann bestimmte Schadstoffgrenzen um einige Prozentpunkte verschoben werden. Sofortiges Handeln erscheint gefordert, bevor es zu spät ist. Und da die Austragung der Interessensgegensätze im Zuge von Verhandlungen — wie in der Vergangenheit praktiziert — zuviel Zeit erfordern würde, erscheint es nun notwendig, daß eine Einzelperson oder zumindest eine zentrale Regierung das Anordnen sofort zu befolgender Maßnahmen in die Hand nimmt.

Weltanschauungen

Könnte es sein, daß eine gemeinsame Weltanschauung der gesamten Menschheit die Grundlage bildet, die einem Antichristen das Regieren ermöglicht? Hier wurde in letzter Zeit vor allem die New Age-Bewegung genannt, wobei auch die Entwicklung einer Welteinheitsreligion wichtig wäre. Zu einfach darf man sich den Weg zu einer gemeinsamen Weltanschauung der gesamten Menschheit aber nicht vorstellen.

Eine geistige Gleichschaltung der gesamten Menschheit wäre ein mühsamer, langwieriger und Jahrzehnte beanspruchender Prozeß. Sollte eine derartige Gleichschaltung tatsächlich Voraussetzung eines Weltreiches des Antichristen sein, dann wäre dieses Reich jedenfalls nicht für die nächsten Jahrzehnte zu erwarten.

Gerade angesichts der Wende im Ostblock wurde folgendes eindrücklich sichtbar: Obwohl die dort lebenden Menschen seit Jahrzehnten im kommunistischen Sinn beeinflußt und „erzogen" worden waren, gibt es in der Bevölkerung doch eine große Meinungsvielfalt und auch den Wunsch, diese Meinungen zum Ausdruck bringen zu dürfen. Das bestätigt, daß man Menschen militärisch unter Druck setzen und zum Schweigen bringen kann, daß man aber nicht alle zu einem bestimmten Umdenken (hier: in Richtung Kommunismus) bringen kann.

Die Befürchtung, es könnte bald zu einer weltweiten „Gleichschaltung" kommen, gründet sich auch darauf, daß die Medien (allen voran das Fernsehen) starke Einflußmöglichkeiten haben. Das stimmt. Aber was das Fernsehen betrifft: In ärmeren Ländern haben viele Menschen kein Fernsehgerät. In reicheren Ländern haben die Menschen solche Geräte, aber gleichzeitig auch die Auswahl zwischen zwei und mehr Programmen — hier gibt es also Pluralismus (ja, auch schon im Rahmen eines einzigen Programmes gibt es das). Natürlich könnte dieser Pluralismus durch eine „Weltregierung" abgeschafft werden, aber die an Pluralismus gewohnten Menschen würden das merken und dagegen protestieren. Womit wir wieder beim Beispiel Kommunismus wären: Man kann Menschen zwar gewaltsam unter Druck setzen und zum Schweigen bringen, aber nicht so leicht ein unmerkliches Umdenken herbeiführen. Man muß sich einmal anschaulich vorstellen, wie an demokratische Verhältnisse gewohnte Menschen auf eine Diktatur reagieren würden!

In den ärmeren Ländern gibt es also viel weniger Fernsehgeräte und somit auch kaum die Möglichkeit, die Bewohner durch stundenlange Berieselung — für diese unmerklich — zu beeinflussen. Und andere Medien, etwa Zeitungen? Vergessen wir nicht, daß in den ärmeren Ländern auch die Zahl der Analphabeten sehr hoch ist.

Halten wir fest: Die Länder mit den größeren technischen Möglichkeiten zur Manipulation haben gleichzeitig auch größere Meinungsvielfalt. Außerdem besteht in diesen Ländern die Neigung zum Kritisieren, weniger zum Idealisieren — eine Grundhaltung also, die keine günstige Basis für eine Diktatur darstellt.

Schließe ich daraus, daß die New Age-Bewegung im Hinblick auf endzeitliche Entwicklungen völlig irrelevant ist? Ganz bedeutungslos ist sie nicht. Insofern als sie die Beschäftigung mit okkulten Praktiken fördert, fördert sie damit sicherlich auch gegenchristliche Kräfte. In diesem Sinne könnte sie — so wie andere esoterische Zweige — zu einem antichristlichen Reich beitragen.

Solche Überlegungen könnte man anstellen und dabei abzuwägen versuchen, wie wahrscheinlich bestimmte konkrete Entwicklungen sind. Grundsätzlich meine ich, daß wir Überlegungen dieser Art durchaus anstellen dürfen. Allerdings schätze ich ihren Wert sehr gering ein. Es bleiben soviele Faktoren übrig, die wir nicht genau einschätzen können, so daß die Entwicklung doch ganz anders verlaufen mag. Wie leicht man danebentippen kann, wie schnell eine Entwicklung unerwartet umschlägt, das hat uns ja ein Rückblick auf verschiedene Endzeitbücher im Vergleich mit dem tatsächlichen Verlauf der letzten Jahre gezeigt.

Was tun wir also im Hinblick auf das Zeitgeschehen? Mitdenken, aber die Ergebnisse unseres Mitdenkens nicht überbewerten. Eine Überbewertung liegt auch vor, wenn jemand glaubt, er müßte seine

Überlegungen massenhaft verbreiten. Und wenn jemand glaubt, er könnte seine Überlegungen mit biblischen Aussagen verknüpfen und damit unter die göttliche Autorität stellen, dann handelt er verantwortungslos. Denn ein Versagen der eigenen Überlegungen fällt dann gleichzeitig negativ auf das Image der Bibel zurück.

Im Verlaufe dieses Buches habe ich immer wieder auf die negativen Auswirkungen der Demnächsterwartung hingewiesen. Manche Christen meinen aber, die einzig richtige Form der Erwartung des Wiederkommens Jesu sieht so aus, daß ich dieses Kommen für die nächsten Jahre, jedenfalls noch für meine eigene Lebenszeit erwarte. Wenn ich das nämlich nicht tue, liegt mir ja wohl gar nicht viel daran!

Dazu lieferte Augustinus in einem Brief einen klassischen Ausspruch: „Nicht derjenige liebt die Wiederkunft des Herrn, der sagt, sie liegt noch in weiter Ferne; auch nicht der, der sagt, sie steht unmittelbar bevor; sondern derjenige, der sie mit ernstem Glauben, fester Hoffnung und brennender Liebe erwartet, ganz gleich, ob sie fern oder nah ist" (Brief 199; lateinischer Text in: CSEL 57, S. 255).

Literatur

Hier führe ich jene Schriften an, die im Text meines Buches mehrmals und daher nur in Kurzform vorkommen. Nur einmal vorkommende Schriften gebe ich gleich an der betreffenden Stelle ausführlich an.

Baar = Marius Baar: *Das Abendland am Scheideweg. Ismael oder Israel — Koran oder Bibel — Mohammed oder Jesus?* 1979.

Bacchiocchi = Samuele Bacchiocchi: *Hal Lindsey's prophetic jigsaw puzzle. Five predictions that failed!* 1987 (die Übersetzung der hier aus diesem Buch zitierten Sätze stammt von mir).

Bergmann = Gerhard Bergmann: *Leben wir in der Endzeit?* 1973.

Clouse = Robert Clouse (Hg.): *Das Tausendjährige Reich: Bedeutung und Wirklichkeit. Vier Beiträge aus evangelikaler Sicht.* 1983 (am. Orig. 1977).

Fünning = A. Fünning: *Das Israel der Letztzeit im Lichte des prophetischen Wortes.* 1949.

Geldbach = Erich Geldbach in seinem Artikel *Endzeiterwartung,* in: Evangelisches Gemeindelexikon, hg. von Erich Geldbach/Helmut Burkhardt/Kurt Heimbucher. 1986, S. 141.

Gerth = Klaus Gerth: *Der Antichrist kommt. Die 80er Jahre — Galgenfrist der Menschheit?* 1982 (diese Erstauflage ist zitiert, wenn nicht anders angegeben; 1989 erschien eine überarbeitete 6. Auflage mit dem Untertitel *Bleibt noch eine Galgenfrist für die Menschheit?*; die 7. Auflage und 8. Auflage 1991 sind unveränderte Nachdrucke).

Gitt = Werner Gitt: *Das Fundament.* 1985.

Goetz = William Goetz: *Die Apokalypse kommt!* 1983 (kan. Orig. 1981).

218

Graham = Billy Graham: *Friede mit Gott*. [10]1971 (am. Orig. 1954, deutsche Neuauflage für den Herbst 1992 angekündigt).

Grier = William J. Grier: *Plötzlich — in einem Augenblick. Überlegungen zur Wiederkunft Christi*. 1978 (irisches Orig. 1945; [7]1976).

Großmann = Siegfried Großmann: *Das Ende der Welt. Eine Auslegung von Matthäus 24 und 25*. 1991.

Hallesby = Ole Hallesby: *Die Endzeit. Von der christlichen Hoffnung*. 1983.

Hubmer = Fritz Hubmer: *Weltreich und Gottesreich, in Prophetie und Erfüllung*. 1958.

Hutten = Kurt Hutten: *Seher, Grübler, Enthusiasten. Das Buch der traditionellen Sekten und religiösen Sonderbewegungen*. [13]1984 (= 1982).

Koch = Kurt Koch: *Der Kommende. Israel in der Erfüllungszeit*. 1967.

Köster = Arnold Köster: *Lampenlicht am dunklen Ort. Predigten und Vorträge*. 1965.

Lightle = Steven Lightle/Eberhard Mühlan: *Der II. Exodus. Norden gib heraus*. 1983 ([3]1991).

Lindsey = Hal Lindsey/Carole C. Carlson: *Alter Planet Erde, wohin? Im Vorfeld des Dritten Weltkriegs*. 1971.

Malgo: Aufmarsch = Wim Malgo: *Der beschleunigte Aufmarsch Russlands nach Israel*. 1980.

Malgo: Bibel = Wim Malgo: *Was sagt die Bibel über das Ende der Welt?* [14]1990 (diese Auflage ist zitiert, wenn nicht anders angegeben; damit habe ich auch [9]1984 verglichen).

Malgo: Heil = Wim Malgo: *Heilsgeschichtliche Konstellationen von 1948 bis 1982*. Um 1980.

Malgo: Israel = Wim Malgo: *Israel — das Zeichen an der Wand.* 1974.

Malgo: Schatten = Wim Malgo: *Im Schatten von Harmagedon.* Um 1977.

May = Fritz May: *Israel zwischen Blut und Tränen. Der Leidensweg des jüdischen Volkes.* 1987.

Neumann = Bruno Neumann: *Die Zahl 666. Die Zahl des Antichristen — der Versuch einer Deutung.* 1977 ([3]1980).

Pache = René Pache: *Die Wiederkunft Jesu Christi.* [6]1970 (= [9]1977).

Pohl: Offenbarung = *Die Offenbarung des Johannes*, erklärt von Adolf Pohl. 1.Teil (Wuppertaler Studienbibel). 1969.

Prince = Derek Prince: *Biblische Prophetie und der Nahe Osten. Israel — Gottes Zeiger an der Weltenuhr.* 1982.

Russell — siehe Stuhlhofer

Schrupp = Ernst Schrupp: *Israel in der Endzeit. Heilsgeschichte und Zeitgeschehen.* 1991, S. 62.

Stuhlhofer = Franz Stuhlhofer: *Charles T. Russell und die Zeugen Jehovas. Der unbelehrbare Prophet.* 1990.

Weyer-Menkhoff = Michael Weyer-Menkhoff: *Angst vor der Endzeit? Wie Christen mit Zahlenspielen und anderem verunsichert werden* (= idea-Dokumentation Nr. 8/85).

Wilkerson: Es begann = David Wilkerson: *Es begann mit Kreuz und die Messerhelden* (am. Orig. 1974), 1975

Wilkerson: Posaune = David Wilkerson: *Lass die Posaune erschallen.* 1987.

Wilkerson: Vision = David Wilkerson: *Die Vision.* 1973 (am. 1973, [13]1991).

Wilkerson: Wetterleuchten = David Wilkerson: *Wetterleuchten des Gerichts. Eine Botschaft von Prüfung und Triumph. Die Konsequenzen aus dem Buch „Die Vision".* 1978

Wolff = Richard Wolff: *Israel. Die Bibel und der Nahe Osten.* [5] 1972 (am. Orig. 1967).

Zeugen Jehovas — siehe Stuhlhofer

Zopfi = Jakob Zopfi: *Prophetie (und Endzeit).* 1982.

Franz Stuhlhofer

Jesus und seine Schüler

Wie zuverlässig wurden Jesu Worte überliefert?

112 Seiten. Paperback

Das Interessanteste am Christentum ist zweifellos Jesus
Christus selbst. Doch wissen wir überhaupt etwas
Sicheres über den historischen Jesus! Die liberale
theologische Forschung verneint die Frage. Neuere
Forschungen führen aber zu ganz anderen Ergebnissen.
Franz Stuhlhofer stellt in seinem Buch diese Ergebnisse
vor. Dabei geht es auch um sehr spezielle Fragen: Wie
zuverlässig war die mündliche Überlieferung? Welche
Hilfen wurden in der Antike beim Auswendiglernen in
Anspruch genommen? Gab es Einflüsse durch die
hellenistischen Mysterienkulte auf die christlichen
Gemeinden?
Schwierige wissenschaftliche Sachverhalte werden
allgemeinverständlich dargeboten.

BRUNNEN VERLAG GIESSEN / BASEL

Bargil Pixner / Rainer Riesner

Wege des Messias und Stätten der Urkirche

Mit zahlreichen Fotos, Skizzen und Landkarten.
438 Seiten, Paperback

Das Buch folgt in seiner Gliederung weitgehend den
Evangelienberichten, bringt neueste archäologische
Erkenntnisse zu den Stationen des Wirkens Jesu und
der Urchristenheit. Die Evangelienberichte werden
anschaulicher und verständlicher. Ein allgemein-
verständliches Fachbuch für Bibelleser und Israel-
Reisende.
Nicht nur der fachlich Interessierte erhält hier neueste
Informationen z. B. über die Verbindung von Juden-
christen und Essener-Gemeinschaft. Jeder Israel-
Reisende interessiert sich für die allgemeinverständli-
chen und anschaulichen Beiträge. Man spürt ihnen
Freude, ja Begeisterung für das große Thema ab.
Besonderer Schwerpunkt ist das Wirken Jesu in Galiläa
und weiter im Norden des Landes, der „Heimat" Jesu
also und den Stätten seiner längsten Wirksamkeit.
Durch den ständigen Vergleich mit den Texten des
Neuen Testaments bewegt sich der Leser auf vertrautem
Gebiet (z. B. „Die Zollstation des Matthäus", „Die Reise
Jesu nach dem Markusevangelium" — „Der Tätigkeits-
bereich Johannes des Täufers"). Die Evangelienberichte
werden durch archäologische Erkenntnisse anschaulicher und verständlicher.

BRUNNEN VERLAG GIESSEN / BASEL